Langenscheidt
Praxiswörterbücher

Langenscheidt
Schiele & Schön

Praxiswörterbuch
Bekleidung und Mode

Englisch · Deutsch · Französisch
Italienisch · Spanisch

von

Gerhard Rebmann und Karl Hertel

Zweite, erweiterte Auflage

Langenscheidt

Berlin · München · Wien · Zürich · New York

Bibliografische Information Der Deutschen Bibliothek
Die Deutsche Bibliothek verzeichnet diese Publikation in der Deutschen Nationalbibliografie; detaillierte bibliografische Daten sind im Internet über http://dnb.ddb.de abrufbar.

2., erweiterte Auflage 2006

auf Basis einer gekürzten Ausgabe des Schiele & Schön Bekleidungs-Wörterbuchs mit Genehmigung der Fachverlag Schiele & Schön GmbH, Berlin
Gesamtherstellung: Druckhaus „Thomas Müntzer“ GmbH, Bad Langensalza
Printed in Germany
ISBN-13: 978-3-86117-253-6
ISBN-10: 3-86117-253-4

1. 2. 3. 4. 5. 10 09 08 07 06

Vorwort zur 2. Auflage

Aufgrund der raschen Entwicklungen im Bereich Mode, haben sich die Verlage entschlossen, eine zweite Auflage des Praxiswörterbuchs „Bekleidung & Mode" zu veröffentlichen. Das vorliegende fünfsprachige Werk wurde von Gerhard Rebmann und Karl Hertel um neue Termini aus den Bereichen Damen- und Herrenmode, Modestile, Gewandteile, Stoffe und Accessoires auf nun insgesamt rund 7.300 Fachbegriffe erweitert. Aufgenommen wurden unter anderem hochaktuelle Begriffe wie Cargo-Stil, Ombré-Streifen, Bustierkleid und Volant-Rock.

Aktualisiert wurde ebenfalls der Anhang mit nützlichen Adressen deutscher Fachverbände.

Vorschläge und Anmerkungen, die der Verbesserung dieses Werks dienen, werden vom Verlag gerne entgegen genommen.

Die Verlage

Vorwort zur 1. Auflage

Das Praxiswörterbuch „Bekleidung und Mode" umfasst rund 6900 Fachbegriffe in den Sprachen Englisch, Deutsch, Französisch, Italienisch und Spanisch.

Das Wörterbuch mit der Leitsprache Englisch beinhaltet Grundbegriffe der Bekleidung, Wäsche und Mode sowie modischer Accessoires. Aufgenommen wurde der Basiswortschatz sowohl des Modellentwurfs als auch der maschinellen Fertigung in der Schneiderei und Näherei, von den verschiedenen Sticharten bis hin zu Bezeichnungen für Schnittschablonen.

Das Praxiswörterbuch bietet einerseits Berufs- und Fachschülern, andererseits Praktikern für das Berufsfeld der Bekleidungsindustrie, des Handwerks und des Handels die wichtigsten Begriffe aus dem Bereich Mode und Bekleidung in einem handlichen Format.

Das Ziel des Praxiswörterbuches besteht nicht nur darin, den Modeprofis die Arbeit im zwei- oder mehrsprachigen Berufsumfeld zu erleichtern. Bereits der fünfsprachige Aufbau des Hauptteils bietet dem Nutzer Klarheit über die Bedeutung der Begriffe in der jeweiligen Fachsprache. Die Register im Anhang bieten die Möglichkeit, schnell und effizient das gesuchte Wort oder die Wortgruppe nachzuschlagen, ganz gleich welcher Ausgangssprache diese angehören. Auch findet sich im Anhang ein nützliches Adressenverzeichnis deutscher Fachverbände aus der Bekleidungsbranche.

Das Praxiswörterbuch ist eine gekürzte Fassung des anerkannten Standardwerkes „Bekleidungswörterbuch: Deutsch, Englisch, Französisch, Italienisch, Spanisch" von Gerhard Rebmann und Karl Hertel, erschienen beim Verlag Schiele & Schön, Berlin, 2000.
Besonderer Dank gilt der Redaktion des Langenscheidt Fachverlages für die Betreuung dieses Wörterbuches.

Im Interesse der weiteren Entwicklung dieses Buches bitten wir, Anmerkungen und Hinweise an den Verlag zu richten: Langenscheidt Fachverlag, Postfach 401120, D-80711 München.

Die Verlage

Benutzungshinweise

1. Beispiele für die alphabetische Ordnung

sleeve head
sleeve head dart
sleeve hem
sleeve hem turn-up
sleeve (ironing-)board
sleeveless
sleeveless undershirt
sleeveless vest
sleeve placket slit of shirt
steaming
steaming dummy
steam iron
steam ironing dummy

2. Beispiele für die alphabetische Ordnung im Register

Ärmelsaum *m* 1245
Ärmelsaumeinschlag *m* 1246
Ärmelschlitz *m* 1255
Ärmelspange *f* 1253
Ärmelspange *f*/verstellbare 1254
Ärmelweste *f* 775
Armloch *n* 31, 1097
Armloch-Eckenband *n* 33
Armlochversäuberung *f* 34
Armlochverstärkung *f* 32
aufdämpfen *v* 1291
auffädeln *v* 1378
Auf-Form-Ziehen *n* 122

addition *f* (en largeur) 5
(à) demi-manche 586
à deux fils 386
à deux pièces 1480
à deux rangées 365
à double face 375
à double œillet 1477
aigrette *f* 986
aiguille *f* 837
aiguille *f* à barbe 89
aiguille *f* à coudre 1148
ajustement *m* sans faux plis 296, 1600
à la demi-taille 1135

3. Bedeutung der Zeichen

/	Abstich/spitzer = spitzer Abstich
[ ]	baby articles [requisites] = baby articles *oder* baby requisites
( )	(suit) coat with one button = coat with one button *oder* suit coat with one button
( )	Kursive Klammern enthalten Erklärungen.

Mehrere Übersetzungen innerhalb einer Sprache werden durch Semikolon getrennt und sind durch Einrückung von der nächstfolgenden Sprache abgehoben.

4. Abkürzungen

	English	Deutsch	Français	Italiano	Español
AE	Americanism	amerikanisches Englisch	américanisme	americano	americanismo
allg/gen	general	allgemein	général	in generale	en general
ant/obs	obsolete	veraltet	obsolète	antiquato	obsoleto
co/coll/Koll	collective noun	Kollektivum	terme collectif	termine collettivo	término colectivo
f		Femininum	féminin	femminile	feminino
st/hist	historical	historisch	historique	storico	histórico
m		Maskulinum	masculin	maschile	masculino
milit	military terminology	Militär(wesen)	terme militaire	termine militare	término militar
n		Neutrum			
pl	plural	Plural	pluriel	plurale	plural
pref/préf	preferred term	präferenziell	de préférence	preferito	preferido
v	verb	Verb	verbe	verbo	verbo
z. B.		zum Beispiel		p. es.	

Englisch
Deutsch
Französisch
Italienisch
Spanisch

A

1. above-the-knee look
kniefreie Mode *f*
mode *f* s'arrêtant au-dessus des genoux
moda *f*, che lascia scoperte le ginocchia
moda *f* con la rodilla descubierta; moda *f* de encima de la rodilla

2. accessories *pl*
Accessoires *pl*
accessoires *mpl*
accessori *mpl*
accesorios *mpl*

3. accessories *pl* **of clothing**
Bekleidungszubehör *n (auch Accessoires)*
accessoires *mpl* pour vêtement
accessori *mpl* per abbigliamento
accesorios *mpl* de vestir

4. accordion pleats *pl*
Bahnenplissee *n (akkordeonartig mit Parallelfalten)*
plissé *m* accordéon
plissé *m* fisarmonica
plisado *m* de fuelle

5. addition (in the width)
Lockerungsbeträge *mpl (Addition über die Körpermaße oder Tabellenwerte hinaus, die eine Überweite ergeben)*
addition *f* (en largeur)
addizione *f* (in larghezza)
adición *f* (en anchura)

6. addition to the sleeve width
Ärmelmehrweite *f (zwischen Gesamtlänge der Armlochnaht und dem effektiven Umfang des Armloches)*
addition *f* de la manche
aggiunta *f* della manica
flojo *m* de la manga

7. adjustable back tab
Rückenspange *f*
tirant *m* de réglage (du dos)
tirante *m* di regolazione della vita addietro
ajustador *m* de espalda

8. adjustable cuff
verstellbare Manschette *f*
poignet *m* ajustable
polsino *m* regolabile
puño *m* ajustable

9. adjustable sleeve tab
verstellbare Ärmelspange *f*
patte *f* de manche de réglage *(préf)*; patte *f* de manche ajustable
alamaro *m* di manica regolabile *(fermaglio)*
ceñidor *m* de manga ajustable

10. ageing *(AE)*
Dampfbehandlung *f*
traitement *m* à vapeur
trattamento *m* con vapore
tratamiento *m* con vapor

11. air stitch
Luftstich *m*
point *m* dans le vide
punto *m* ad aria
puntada *f* en vacío

12. A-line
A-Linie *f (schmale Schulter, zum Saum hin glockig ausschwingend)*
ligne *f* en A
linea *f* a (forma di) A
línea *f* (en forma de) A

13. allover printed
Alloverdruck-
imprimé all-over
stampato all over
estampado total

14. allover printed shirt
Alloverdruck-Shirt *n*
shirt *m* à impression all-over
shirt *f* stampata all-over
camiseta *f* estampada

15. allowance *(seam or hem allowance)*
Einschlag *m (Nahteinschlag oder Saumeinschlag)*
repli *m (de la couture ou du bas)*
ripiega *f (della cucitura o del fondo)*
margen *m* de costura; dobladillo *m*

16. all-weather coat
Allwettermantel *m*
manteau *m* pour intempéries
impermeabile *m* vero (che resiste alle tempeste)
impermeable *m*, trinchera *f*

17. alteration (of clothing)
Änderung *f* (an Kleidern)
modification *f* (du vêtement)

modifica *f* al vestito; modificazione *f* (del vestito)
modificación *f*; arreglo *m*

18. anchored pants *pl*
Steghose *f (mit gummiverstürztem Stofffußsteg)*
pantalon *m* à sous-pied
pantaloni *mpl* a staffa
pantalón *m* con cinta bajopie

19. androgynous fashion
androgyne Mode *f*
mode *f* androgyne
moda *f* androgina
moda *f* andrógina

20. angle stitch
Winkelstich *m*
point *m* à angles
punto *m* angolare
puntada *f* angular

21. antislip lining
rutschfestes Futter *n*
doublure *f* antiglissante
fodera *f* antisdrucciolevole
forro *m* antideslizante

22. apparel *(AE) (coll)*
Kleidung *f (jedes Teil, das den Körper bedeckt) (Koll)*
habit *m (ensemble des pièces constituant une tenue particulière) (coll)*
vestiario *m (coll)*
vestuario *m (col)*; vestimenta *f (col)*; ropa *f (col)*

23. appliqué
Applikation *f*
applique *f*
applicazione *f*
aplicación *f*

24. appliqué lace
Spitze *f*/aufgesetzte
dentelle *f* montée
pizzo *m* applicato
puntilla *f* aplicada

25. appliqué seam
Applikationsnaht *f*
couture *f* d'applique
cucitura *f* d'applicazione
costura *f* de aplicación

26. appliqué stitch
Applikationsstich *m*
point *m* d'application
punto *m* d'applicazione
puntada *f* de aplicación

27. après-ski dress
Après-Ski-Kleidung *f*
après-ski *m*
vestiario *m* da doposci
ropa *f* après-ski

28. apron
Schürze *f*
tablier *m*
grembiule *m*
delantal *m*

29. apron with straps
Trägerschürze *f*
tablier *m* à bretelles
grembiule *m* con bretelle
delantal *m* con tirantes

30. arched seam
Bogennaht *f*
couture *f* arquée ou en arc
cucitura *f* arcuata
costura *f* curva; costura *f* arqueada

31. armhole
Armloch *n (Ausholung zum Einnähen des Ärmels)*
emmanchure *f*
giromanica *m*
sisa *f*

32. armhole reinforcement
Armlochverstärkung *f*
renfort *m* d'emmanchure
rinforzo *m* al giromanica
refuerzo *m* de sisa

33. armhole stay tape
Armloch-Eckenband *n*
extra-fort *m* d'emmanchure
fettuccia *f* di giromanica
ligueta *f* de sisa

34. armhole trimming seam
Armlochversäuberung *f*
couture *f* de propreté de l'emmanchure *(couture de surjet)*
cucitura *f* per terminare l'attaccatura della manica
costura *f* de terminación de sisa

35. arm slit *(false pocket)*
Durchgrifftasche *f (keine echte Tasche)*
passe-bras *m (poche fausse)*

tasca *f* passamento *(attraverso una cappa)*
abertura *f* paso de mano

36. arrange *v* **in layers**
aufschichten *v*
empiler *v* par couches
accatastare *v*; impilare *v*
apilar *v*

37. arrowhead stitch
Dreieckstich *m*
point *m* triangle
punto *m* triangolare
puntada *f* triangular

38. assembly seam
Verbindungsnaht *f (auch Schließnaht genannt)*
couture *f* d'assemblage
cucitura *f* d'assemblaggio
costura *f* de unión

39. attached collar
fester Kragen *m*
col *m* fixé *(à l'encolure)*
colletto *m* fisso
cuello *m* fijo

40. attachement
Apparat *m*
appareil *m (assemblage de pièces mécaniques se fixant sur la machine)*
apparecchio *m*
aparato *m*

41. automatic needle positioner
automatischer Nadelpositionierer *m*
positionneur *m* automatique de l'aiguille
posizionatore *m* automatico dell'ago
posicionador *m* automático de la aguja

42. automatic sewing station
automatische Nähstation *f*
station *f* automatique à coudre
stazione *f* automatica di cucitura
estación *f* de costura automática

B

43. baby articles [requisites] *pl (coll)*
Babyartikel *mpl (Koll)*
articles *mpl* premier âge *(coll)*
articoli *mpl* per neonato *(coll)*
artículos *mpl* para bebés *(col)*

44. baby-doll pajamas *pl (AE)*
Baby-Doll *n*
baby-doll *m*
baby-doll *m*
baby-doll *m*

45. baby-doll pyjamas *pl*
Baby-Doll *n*
baby-doll *m*
baby-doll *m*
baby-doll *m*

46. baby equipment *(coll)*
Säuglingsausstattung *f (Koll)*
vêtement *m* pour bébés *(coll)*
corredino *m* per neonati *(coll)*
prendas *fpl* para bebé *(col)*; canastilla *f (col)*; ajuar *m* de bebé *(col)*

47. back *(of a garment)*
Rücken *m (hintere Schnittteile eines Kleidungsstückes)*
dos *m (d'un vêtement)*
dietro *m (di vestito)*
espalda *f (de una prenda)*

48. back armhole
Rückenarmloch *n*
emmanchure *f* (de) dos
giromanica *m* dietro
sisa *f* espalda

49. back armhole seam
Rückenarmlochnaht *f*; Hinterärmel-Einsatznaht *f*
couture *f* d'emmanchure (de) dos
cucitura *f* esterna giro sottomanica; cucitura *f* di giromanica dietro
costura *f* de la sisa de la manga bajera; costura *f* de sisa espalda

50. back belt
Rückengürtel *m*
martingale *f (formée d'une patte ou d'un ensemble de deux pattes)*
martingala *f*
martingala *f*; trabilla *f* de espalda

51. back button
Gegenknopf *m*
contre-bouton *m*
controbottone *m*
contrabotón *m*

52. backless
rückenfrei
décolleté dans le dos

scollato (sul) dietro
de espalda desnuda

53. back neck seam
Kragenansatznaht *f*
couture *f* du dos de col
cucitura *f* di dietro del colletto
costura *f* del cuello inferior

54. back panel
Rückenteil *n*
pièce *f* de dos; panneau *m* de dos
pannello *m* (di) dietro *(destro o sinistro)*
espalda *f*

55. back pocket
hintere Tasche *f*
poche *f* arrière; poche-revolver *f*
tasca *f* posteriore
bolsillo *m* trasero; bolsillo *m* de fondo

56. back seam closure
Schließen *n* der Hinternaht
jointure *f* arrière d'une couture
chiusura *f* della cucitura di dietro
costura *f* de cierre del fondo

57. back shoulder seam
Rückenschulternaht *f*
couture *f* d'épaule (de) dos
cucitura *f* spalla dietro
costura *f* de hombro espalda

58. back sleeve seam
Hinterarmnaht *f*
couture *f* de coude
cucitura *f* posteriore della manica
costura *f* posterior de la manga; costura *f* de codo

59. backstitched seam
Rückwärtsnaht *f*
couture *f* par points arrières *(le résultat)*
cucitura *f* all'indietro *(l'effetto)*
costura *f* para atrás

60. back-strapping of (front) edge
Kantenverstärkung *f (an der vorderen Kante)*
renforcement *m* du bord (de devant)
rinforzo *m* del bordo (di davanti)
refuerzo *m* del canto *(delantero)*

61. back-waist length *(from the 7th cervical vertebra to waist level)*
Rückenlänge *f (vom 7. Halswirbel bis zur Taille)*
longueur *f* taille dos *(de la 7ème cervicale jusqu'à la taille)*
lunghezza *f* della schiena *(dalla settima vertebra cervicale fino alla vita)*
largo *m* de talle centro espalda

62. backward seam
Rückwärtsnaht *f*
couture *f* par points arrières *(le résultat)*
cucitura *f* all'indietro *(l'effetto)*
costura *f* para atrás

63. back yoke
Rückenpasse *f* oder Rückensattel *m*
empiècement *m* de dos
sprone *m* (del) dietro
canesú *m* de espalda

64. baggy
weit (geschnitten)
ample
ampio
ancho, suelto

65. baggy trousers *pl*
Baggy-Hose *f*
pantalon *m* large
pantaloni *mpl* larghi
pantalón *m* bombacho

66. bag-sleeve *(half-length)*
Bauschärmel *m (nicht allzu kurz)*
manche *f* bouffante *(pas très courte)*
manica *f* a sbuffo *(non troppo corta)*
manga *f* balón *(no muy corta)*

67. balloon stitch
Ballonstich *n*
point *m* de ballon
punto *m* di ballone
puntada *f* baloon

68. bar
Riegel *m (zum Befestigen oder Stabilisieren)*
bride *f* d'arrêt; bridon *m* d'arrêt
travetta *f (per rinforzare i bordi delle pieghettature, delle tasche e delle asole)*
presilla *f*

69. bar length
Riegellänge *f*
longueur *f* de la bride d'arrêt
lunghezza *f* della travetta
largo *m* de la presilla

70. barrel cuff
Einfachmanschette *f*
poignet *m* droit *(non replié)*
polsino *m* semplice

puño *m* simple *(no vuelto)*; puño *m* derecho

71. barring seam *(pref)*
Riegelnaht *f*
couture *f* d'arrêt *(le résultat)*
cucitura *f* di travetta
costura *f* de presilla

72. barring stitch
Riegelnahtstich *m*
point *m* d'arrêt
punto *m* di travetta
puntada *f* de remate; puntada *f* de cierre

73. bar stitching [tacking]
Verriegeln *n (von Schlitzen, Tascheneingriffen)*
arrêt *m (à renforcer un assemblage ou une fente)*
travettatura *f (per rinforzare i bordi delle pieghettature, delle tasche o delle asole)*
presillado *m*; rematado *m*

74. bartack
Riegel *m (zum Befestigen oder Stabilisieren)*
bride *f* d'arrêt; bridon *m* d'arrêt
travetta *f (per rinforzare i bordi delle pieghettature, delle tasche e delle asole)*
presilla *f*

75. bartack length
Riegellänge *f*
longueur *f* de la bride d'arrêt
lunghezza *f* della travetta
largo *m* de la presilla

76. base of neck side to bust *(only by ladies' garment)*
Halsansatz *m* vom Schulter- bis zum Brustpunkt *(nur bei Damenoberbekleidung)*
point *m* d'encolure épaule-mamelon *(seulement pour des vêtements de femme)*
attaccatura *f* del collo spalla alla mammella
altura *f* de los senos

77. base of neck side to waist level
Halsansatz *m* von Schulter bis Taille
point *m* d'encolure épaule-taille
attaccatura *f* del collo alla spalla-vita
largo *m* anterior de talle

78. bassoon stitch
Fagotstich *m*
point *m* basson
punto *m* di fagotto
puntada *f* fagot

79. basting
Heften *n (provisorisches Zusammennähen mehrerer Stoffteile)*
bâtissage *m*; faufilage *m*
imbastitura *f*
hilvanado *m*

80. basting seam
Heftnaht *f*
couture *f* de faufilage; faufilure *f*
imbastitura *f*
costura *f* de hilván; hilván *m*

81. basting stitch
Heftstich *m*
point *m* de bâtissage
punto *m* d'imbastitura
puntada *f* de hilván

82. basting thread
Heftfaden *m*
faufil *m*; fil *m* de bâti
filo *m* per imbastitura
hilo *m* de hilvanar

83. bateau neckline
Bateau-Ausschnitt *m*; schiffförmiger Ausschnitt *m*
encolure *f* bateau *(horizontale, s'effilant en points)*
scollatura *f* a barchetta, scollatura *f* a barca
escote *m* barco

84. battle jacket
Battle-Jacket *n*
blouson *m* battle
tenuta *f* (da) combattimento
chaqueta *f* de combate

85. batwing sleeve
Fledermausärmel *m*; Schmetterlingsärmel *m*
manche *f* chauve-souris; manche *f* papillon
manica *f* a pipistrello; manica *f* a farfalla
manga *f* murciélago; manga *f* mariposa

86. beachwear
Strandbekleidung *f*
vêtement *m* de plage

abbigliamento *m* da spiaggia
ropa *f* de playa

87. beaded braid
Perlborte *f*
tresse *f* à perles
treccia *f* a perle
galón *m* con perlas

88. beaded tongue
Überfalllasche *f (über die Lasche überfallend)*
languette *f* revers
linguetta *f* portalucchetto
lengüeta *f* de cartera

89. beard needle
Bartnadel *f*
aiguille *f* à barbe
ago *m* a barba; ago *m* con uncino *(maglia)*
aguja *f* con rebarba

90. behaviour to dimensional changes
Dimensionsänderungsverhalten *n*
comportement *m* à la variation dimensionnelle
comportamento *m* alla deformazione dimensionale
comportamiento *m* a la deformación dimensional

91. bell-bottom(ed) jeans *pl*
ausgestellte Jeans *fpl*
jeans *m* à pattes d'éléphant
jeans *mpl* scampanati
vaqueros *mpl* acampanados

92. bellow(s) pocket
Blasebalgtasche *f*
poche-soufflet *f*
tasca *f* a mantice
bolsillo *m* de fuelle

93. belt
Gürtel *m*
ceinture *f (bande d'étoffe ou de cuir, servant à maintenir un vêtement)*
cintura *f (per stringere alla vita pantaloni, gonne e abiti)*
cinturón *m*

94. belt backing ribbon
Gürteleinlageband *n*
ruban *m* (rigide) de renfort pour ceintures
nastro *m* di rinforzo per cinture
cinta *f* de refuerzo para cinturón

95. belt buckle
Gürtelschnalle *f*
boucle *f* de la ceinture
fibbia *f* della cintura
hebilla *f* del cinturón

96. belt eyelet *(pref)*
Gürtelöse *f*
cran *m* de la ceinture *(préf)*; œillet *m* de la ceinture
buco *m* della cintura *(pref)*; foretto *m* della cintura
ojete *m* de cinturón

97. belt keeper, sewn on
angenähte Gürtelschlaufe *f*
passant *m* fixé de la ceinture
passante *m* fissato della cintura
puente *m* de cinturón fijado

98. belt loop
Gürtelschlaufe *f*
passant *m* de la ceinture
passante *m* della cintura
pasador *m* del cinturón

99. between-season coat
Übergangsmantel *m*
manteau *m* (de) demi-saison
soprabito *m* (di) mezza stagione
abrigo *m* de media estación

100. between-season wear *(coll)*
Übergangsbekleidung *f (Koll)*
vêtement *m* (de) demi-saison *(coll)*
vestiti *mpl* (di) mezza stagione *(coll)*
ropa *f* de media estación *(col)*

101. bias binding
Schrägband *n (aus Futter- oder Einlagestoff mit durch Schrägschnitt hervorgerufener Elastizität)*
biais *m (servant à recouvrir le bord d'une pièce)*
striscia *f* (tagliata) di sbieco
cinta *f* al biés

102. bias cut facing
Besatz *m*/schräg geschnittener
parementure *f* coupée en biais
paramontura *f* tagliata di sbieco
vista *f* cortada al biés

103. bib
Latz *m (Brustlatz)*
bavette *f (partie du tablier ou de la salopette, qui remonte sur la poitrine)*

patta *f (dei pantaloni o del grembiule, che risale verso il petto)*; pettino *m (pref)*
peto *m*

104. big fur collar
Pelzschulterkragen *m*
collet *m* de fourrure de grandes dimensions
colletto *m* cappa di pelliccia
cuello *m* ancho de piel; cuello *m* chal de piel

105. bight of stitch
Überstich *m*
surpoint *m*
sovrapunto *m*
puntada *f* transversal

106. binding
Einfassen *n*
bordage *m*
bordatura *f (l'azione)*
ribeteado *m*

107. binding braid
Einfassborte *f (Applikation von Posament-Besatzband)*
bordé *m (pour le bordage même)*
treccia *f* per la bordatura
galón *m* de ribete

108. binding edge
Einfasskante *f*
lisière *f* à border; rebord *m (à border)*
bordo *m (per la bordatura)*
canto *m* a ribetear

109. binding ribbon
Einfassband *n (zum Absichern der Nähgutkante gegen Ausfransen)*
ruban *m* de bordage
nastro *m* per la bordatura
cinta *f* de ribete

110. bind *v* **the pockets by sewing**
Taschen vernähen *v*
fermer *v* les poches par couture
chiudere *v* le tasche con cucitura
cerrar *v* bolsillos

111. biretta
Mütze *f (ohne Schirm)*
béret *m*
berretto *m*
gorro *m*

112. bishop sleeve
Bauschärmel *m (nicht allzu kurz)*
manche *f* bouffante *(pas très courte)*
manica *f* a sbuffo *(non troppo corta)*
manga *f* balón *(no muy corta)*

113. blazer
Blazer *m*
blazer *m*
blazer *m*; giacca *f* sportiva *(sfoderata, in tinte chiare)*
blazer *m*

114. blind hem
Blindsaum *m*
ourlet *m* invisible
orlo *m* finto; fondo *m* finto
dobladillo *m* invisible

115. blind lockstitch
Steppblindstich *m*
point *m* noué invisible
punto *m* annodato invisibile
pespunte *m* invisible

116. blindstitch *v*
blindannähen *v*
coudre *v* à point invisible
cucire *v* a punto invisibile
coser *v* a puntada invisible

117. blind stitch
Blindstich *m*
point *m* invisible
punto *m* invisibile
puntada *f* invisible

118. bloused
blusig *(weitfallend und ausschwingend)*
blousant
blusante
ablusonado

119. blouse jacket *(blouson)*
Blouson *n*
blouson *m*
giubba *f* sportiva; giubbetto *m*
blusón *m*

120. blouse with collar
Bluse *f* mit Kragen
blouse *f* avec col
camicetta *f* accollata
blusa *f* con cuello

121. Blouson
Blouson *n*
blouson *m*
giubba *f* sportiva; giubbetto *m*
blusón *m*

122. boarding
Auf-Form-Ziehen *n*
mise *f* sur forme
formatura *f*
moldeado *m*

123. boat neckline
Bateau-Ausschnitt *m*; schiffförmiger Ausschnitt *m*
encolure *f* bateau *(horizontale, s'effilant en points)*
scollatura *f* a barchetta
escote *m* barco

124. bobbin
Spule *f*
bobine *f*; canette *f (recevant le fil inférieur)*
bobina *f*; spoletta *f (della macchina per cucire)*; rocchetto *m*
bobina *f*; canilla *f*

125. bodice
Rumpf *m (Schnittteile, die den Oberkörper direkt bekleiden)*
corps *m (partie d'un vêtement qui recouvre le torse)*
busto *m*
cuerpo *m*; tronco *m*

126. bodice back
Rückenoberteil *n (von Damenkleidern)*
dos *m* de corsage
dietro *m* del corpino
espalda *f* del cuerpo *(de un vestido)*

127. bodice front
Vorderteil *n (des Oberteils eines Kleides)*
devant *m* du corsage
davanti *m* del corpino
delantero *m* del cuerpo

128. bodice (of lady's garment)
Oberteil *n* (eines Damenbekleidungsstückes) *(weniger die Ärmel, z. B. ein Kleideroberteil; auch Corsage genannt)*
corsage *m* (d'un vêtement féminin, qui recouvre le torse) *(à l'exclusion des bras) (préf)*; buste *m* (d'un vêtement féminin) *(qui recouvre le torse, à l'exclusion des bras)*
corpino *m* (dell'abito da donna) *(senza maniche)*
cuerpo *m (de una prenda de señora)*

129. bodkin *(to pass-through an elastic)*
Durchziehhaken *m (z. B. für einen Gummizug)*
passe-lacet *m (pour passer par ex. un élastique)*; crochet *m* retourné
passanastro *m*; infilanastro *m*
gancho *m* de hacer pasar; gancho *m* de enhebrar; pasacintas *m*

130. body *(pref)*
Rumpf *m (Schnittteile, die den Oberkörper direkt bekleiden)*
corps *m (partie d'un vêtement qui recouvre le torse)*
busto *m*
cuerpo *m*; tronco *m*

131. body
Body *m*
body *m*
body *m*
body *m*

132. body pressing
Rumpfbügeln *n* (an der Presse)
repassage *m* des corps (à la presse)
stiratura *f* dei busti (alla pressa)
prensado *m* del tronco

133. body seam
Wiener Naht *f*
couture *f* bretelle
cucitura *f* del fianchetto
costura *f* contorneada

134. boiled shirt *(AE)*
Hemd *n*/steifes
chemise *f* empesée
camicia *f* inamidata
camisa *f* almidonada

135. border
Bordüre *f (vorgefertigter Zierstreifen)*
bordure *f*
bordatura *f (di ricamo o pizzo)*
galón *m*

136. border *v*
abfassen *v*
border *v*
bordare *v*
orlar *v*; bordear *v*

137. bottom binding *(for trousers)*
Stoßband *n (Hosenstoßband, mit einseitiger Kantenverstärkung)*
ruban *m* protège-pantalons; talonnette *f (pour éviter l'usure des jambes d'un pantalon)*

legaccio *m* per pantaloni; nastro *m* per pantaloni
cinta *f* talonera

138. bound edge
Einfasskante *f*
lisière *f* à border; rebord *m (à border)*
bordo *m (per la bordatura)*
canto *m* a ribetear

139. box pleat
Kellerfalte *f (an der Außenseite stoßen die Faltenbrüche von zwei einseitigen Falten gegeneinander)*
pli *m* creux *(rencontre bord à bord sur l'endroit)*
piega *f* baciata
pliegue *m* encontrado

140. boxy
gerade fallend
droit *(non cintré)*
diritto
de caída *f* recta

141. boy's garment *(coll)*
Knabenbekleidung *f (Koll)*
vêtement *m* (de) garçons *(coll)*
vestiario *m* da ragazzo *(coll)*
ropa *f* para chicos *(col)*

142. boy's size
Knabengröße *f*
taille *f* de garçon
taglia *f* da ragazzo
talla *f* de chico

143. boy's wear *(coll)*
Knabenbekleidung *f (Koll)*
vêtement *m* (de) garçons *(coll)*
vestiario *m* da ragazzo *(coll)*
ropa *f* para chicos *(col)*

144. braid
Borte *f*, Borde *f (Posament-Besatzband zur Applikation an Kanten und Säumen)*; Tresse *f*
bordé *m*; tresse *f*
treccia *f*
galón *m*; pasamano *m*; trencilla *f*

145. braiding
Litze *f*
liséré *m*
gallone *m (milit)*
galón *m*

146. breast band
Brustband *n*
ruban *m* de poitrine
nastro *m* di petto
cinta *f* de pecho

147. breast dart
Brustabnäher *m*
pince *f* de poitrine
pince *f* (di) petto
pinza *f* de pecho

148. breast girth
Brustumfang *m (bei weiblichen Personen)*
tour *m* de la poitrine *(de femme)*
circonferenza *f* del petto *(da donna)*
ancho *m* de pecho *(de la mujer)*

149. breast measurement
Brustmaß *n*
mesure *f* de la poitrine
misura *f* del petto
medida *f* del pecho

150. breast pocket
Brusttasche *f*
poche *f* à pochette; poche *f* (de) poitrine *(gen)*
taschino *m* di petto
bolsillo *m* de pecho

151. briefs *pl*
Slip *m (ohne Beinansatz)*
slip *m*
slip *m*
slip *m*; calzoncillos *mpl (sin pernera)*

152. broad welt bias side pocket
schräge Pattentasche *f*
poche *f* à patte raglan
tasca *f* raglan con aletta
bolsillo *m* con cartera inclinado

153. brocade hat
Brokatkappe *f*
toque *f* de brocart
berretta *f* di broccato
gorro *m* de brocado, toca *f* de brocado

154. buckled tab for backsides
Rückenspange *f*
tirant *m* de réglage (à l'arrière)
tirante *m* di regolazione della vita addietro
ajustador *m* de espalda

155. built-up shoulder
Vollachsel *f*
remonture *f* pleine d'épaule
spalla *f* imbottita pronunciata
hombro *m* enguatado

156. built-up sleeve
Polsterärmel *m*
manche *f* rembourrée
manica *f* imbottita
manga *f* acolchada

157. bustier dress
Bustierkleid *n*
robe *f* bustier
abito *m* a bustino
vestido *m* bustier

158. butt(ed) seam
Stoßnaht *f (Verbindung zweier voreinander gelegten Nähgutkanten durch Zick-Zack-Stich)*
couture *f* bout à bout
cucitura *f* della pedana
costura *f* a tope

159. button
Knopf *m*
bouton *m*
bottone *m*
botón *m*

160. button catch
Knopfleiste *f*
sous-pont *m* principal
finta *f* dal lato dei bottoni; allacciatura *f* a bottoni
tapeta *f* de botones

161. button covering
Knopfbezug *m*
revêtement *m* des boutons
ricoprimento *m* dei bottoni
forro *m* del botón

162. button-down collar
Button-down-Kragen *m*
boutons-col *m*
colletto *m* button-down
cuello *m* abotonable

163. buttoned placket
Knopflochleiste *f (mit Futter verstürztes Stoffteil mit Knopflöchern)*
patte *f* de braguette *(de pantalon)*; patte *f* de boutonnage *(à boutonnières, qui borde l'ouverture d'un vêtement)*
finta *f* dell'abbottonatura
tapeta *f* de ojales *(en camisa o bragueta del pantalón)*

164. button facing
Knopfleiste *f*
sous-pont *m* principal
finta *f* dal lato dei bottoni; allacciatura *f* a bottoni
tapeta *f* de botones

165. button fastening
Knopfverschluss *m*
fermeture *f* à boutons
chiusura *f* a bottoni
cierre *m* a botón

166. button fly *(of trousers)*
Knopfleiste *f*
sous-pont *m* principal
finta *f* dal lato dei bottoni; allacciatura *f* a bottoni
tapeta *f* de botones

167. buttonhole
Knopfloch *n*
boutonnière *f*
asola *f (pref)*; bottoniera *f*
ojal *m*

168. buttonhole cutting
Knopflochschneiden *n*
coupe *f* de la boutonnière
taglio *m* delle asole
corte *m* de ojales

169. buttonhole facing
Knopflochleiste *f (mit Futter verstürztes Stoffteil mit Knopflöchern)*
patte *f* de braguette *(de pantalon)*; patte *f* de boutonnage *(à boutonnières, qui borde l'ouverture d'un vêtement)*
finta *f* dell'abbottonatura
tapeta *f* de ojales *(en camisa o bragueta del pantalón)*

170. buttonhole fly *(of trousers)*
Knopflochleiste *f (mit Futter verstürztes Stoffteil mit Knopflöchern)*
patte *f* de braguette *(de pantalon)*; patte *f* de boutonnage *(à boutonnières, qui borde l'ouverture d'un vêtement)*
finta *f* dell'abbottonatura
tapeta *f* de ojales *(en camisa o bragueta del pantalón)*

171. buttonhole fly lining
Knopflochleistenfutter *n*
doublure *f* de la patte de boutonnage; doublure *f* de la patte de braguette
fodera *f* della finta dell'abbottonatura
forro *m* de la tapeta de ojales; entretela *f* de la tapeta de ojales

172. buttonhole gymp
Knopflochgimpe *f*
guimpe *f* à boutonnières
cordoncino *m* per asole
cordoncillo *m* para ojales

173. buttonhole panel
Knopflochleiste *f* *(mit Futter verstürztes Stoffteil mit Knopflöchern)*
patte *f* de braguette *(de pantalon)*; patte *f* de boutonnage *(à boutonnières, qui borde l'ouverture d'un vêtement)*
finta *f* dell'abbottonatura
tapeta *f* de ojales *(en camisa o bragueta del pantalón)*

174. buttonhole panel lining
Knopflochleistenfutter *n*
doublure *f* de la patte de boutonnage; doublure *f* de la patte de braguette
fodera *f* della finta dell'abbottonatura
forro *m* de la tapeta de ojales; entretela *f* de la tapeta de ojales

175. buttonhole range
Knopflochreihe *f*
rangée *f* de boutonnières
abbottonatura *f*; fila *f* di asole *(pref)*
línea *f* de ojales

176. buttonhole reinforcement
Knopflochverstärkung *f*
renfort *m* de boutonnière
rinforzo *m* dell'asola
refuerzo *m* del ojal

177. buttonhole seam
Knopflochnaht *f*
couture *f* de boutonnière
cucitura *f* a punto (a) occhiello (di bottoniera)
costura *f* del labio del ojal

178. buttonhole stitch
Knopflochstich *m*; Raupenstich *m*
point *m* de boutonnière
punto *m* asola; punto *m* (a) occhiello (per bottoniere)
puntada *f* de ojal; puntada *f* de realce del ojal; puntada *f* de relieve del ojal

179. buttonhole stitch seam
Knopflochstichnaht *f*
couture *f* à point de boutonnière
cucitura *f* a punto asola
costura *f* a puntada de ojal

180. buttonholing
Knopflochnähen *n*
confection *f* des boutonnières; faire *v* les boutonnières *(préf)*
fare *v* asole
confección *f* de ojales

181. button loop
Knopflasche *f*
bride *f* de boutonnage *(arceau formé d'un cordon ou d'une gause)*
passante *m* di bottone
lengüeta *f* para botón

182. button panel
Knopfleiste *f*
sous-pont *m* principal
finta *f* dal lato dei bottoni; allacciatura *f* a bottoni
tapeta *f* de botones

183. button sewing
Knopfannähen *n*
posage *m* de boutons
attaccatura *f* dei bottoni
pegado *m* de botones

184. button shank
Knopfstiel *m*
tige *f* de bouton
gambo *m* dell'attaccatura del bottone
tallo *m* del botón; cuello *m* del botón

185. button shanking
Umwickeln *n* des Knopfstiels
guipage *m* de la tige de bouton
avvolgimento *m* del gambo (dell'attaccatura) del bottone
refuerzo *m* del tallo del botón; enrollado *m* del tallo del botón

186. button shank stitch
Knopfstielstich *m* *(zum Nähen des Halses zwischen dem Knopf und dem Stoff)*
point *m* de tige de bouton
punto *m* di gambo (dell'attaccatura) del bottone
puntada *f* para hacer el tallo del botón

187. button-stay
Knopfhalter *m*
porte-bouton *m*
stecca *f* per bottoni
portabotones *m*

188. button-through *v*
durchknöpfen *v*
boutonner *v* entièrement
abbottonare *v* interamente
abotonar *v* enteramente; abrochar *v* enteramente

189. button-through dress
durchgeknöpftes Kleid *n*
robe *f* boutonnée entièrement
abito *m* interamente abbottonato *(da donna)*
vestido *m* abierto y con botones

190. button-through (front) edge
durchgeknöpfte Kante *f (mit an der vorderen Außenseite sichtbaren Knöpfen)*
bord *m* (de devant) boutonné entièrement
bordo *m* (di davanti) interamente abbottonato
tapeta *f* de ojales *(con botones visibles en la parte delantera)*

191. button-through skirt
durchgeknöpfter Rock
jupe *f* boutonnée entièrement
gonna *f* interamente abbottonata
falda *f* abierta y con botones

C

192. cap
Mütze *f (ohne Schirm)*
béret *m*
berretto *m*
gorro *m*

193. cape
Cape *n*
cape *f*
cappa *f*
capa *f*

194. cape collar
Cape-Kragen *m*
col *m* de cape
colletto *m* della cappa
cuello *m* de capa

195. Capri pants *pl*
Caprihose *f*
pantalon *m* corsaire *(qui s'arrête à mi-mollet)*
pantaloni *mpl* alla pescatora
pantalón *m* a la pescadora; pantalón *m* Capri

196. cap-sleeve
angeschnittener Ärmel *m*
manche *f* taillée; manche *f* dolman
manica *f* a kimono
manga *f* tipo kimono

197. capuchin(e)
Kapuze *f*
capuchon *m (préf)*; capuche *f (capuchon d'un vêtement imperméable ou se prolongeant par une pèlerine)*
cappuccio *m*
capucha *f*

198. cardigan *(knit vest)*
Cardigan *f (Strickjacke, kragenlos durchgeknöpft)*
cardigan *m (boutonné au milieu, manches longues et encolure ras du cou)*
cardigan *m*
cardigán *m*

199. care properties *pl*
Pflegeeigenschaften *fpl*
propriétés *fpl* d'entretien
caratteristiche *fpl* relative alla cura
características *fpl* del cuidado

200. cargo style
Cargo-Stil *m*
style *m* cargo
stile *m* cargo
estilo *m* cargo

201. casing (of drawstring waist)
Tunnelschlaufe *f*
coulisse *f (ourlet ou rempli pour ceinturer un vêtement ou réduire l'ampleur)*; passant *m (de ceinture en forme de tunnel)*
passante *m*
pasador *m* muy ancho

202. casuals *pl*
Freizeitkleidung *f*
vêtement *m* de loisir
abbigliamento *m* sportivo per il tempo libero *(coll)*
vestuario *m* para tiempo libre

203. casual wear *(coll)*
Legerkleidung *f (Koll)*
vêtement *m* confortable *(coll)*; vêtement *m* léger *(coll)*
abbigliamento *m* comodo *(coll)*; vestiario *m* comodo *(coll)*
ropa *f* cómoda *(col)*; vestuario *m* cómodo *(col)*

204. cat suit
enger Einteiler *m*
tout-en-un *m*
calzamaglia *f* intera
vestido *m* entallado

205. centre back panel
Rückenmittelbahn *f*
panneau *m* de milieu (du) dos
pannello *m* di mezzo dietro; pannello *m* centrale del dietro
panel *m* central de espalda

206. centre back pleat
hintere Falte *f (Mittelfalte)*
pli *m* (d'aisance) du milieu (de) dos
piega *f* di mezzo dietro *(permette di camminare)*
pliegue *m* central de espalda

207. centre panel (of an item)
Mittelbahn *f* (eines Kleidungsstückes)
panneau *m* de milieu (d'une pièce de vêtement); panneau *m* central (d'un vêtement); lé *m* milieu (d'une robe)
pannello *m* centrale (del vestito)
panel *m* central

208. centre part
Mittelteil *n*
partie *f* (de) milieu
parte *f* centrale
parte *f* central

209. cervical to foot sole
Halswirbel *m* bis zur Fußsohle
septième cervicale *f* jusqu'au talon
dalla vertebra *f* cervicale fino alla pianta del piede
altura *f* cervical

210. cervical to knee joint
Halswirbel *m* bis Kniekehle
septième cervicale *f* jusqu'au creux de genou
dalla vertebra *f* cervicale fino al poplite
cervical *f* a rodilla

211. cervical to waist level
Halswirbel *m* bis Taille
septième cervicale *f* jusqu'à la taille
dalla vertebra *f* cervicale fino alla vita
cervical *f* a cintura

212. chain seam
Kettennaht *f*
couture *f* à point de chaînette
cucitura *f* a catenella
costura *f* de cadeneta

213. chain stitch
Kettenstich *m (auch Einfachkettenstich)*
point *m* de chaînette
punto *m* a catenella
puntada *f* de cadeneta

214. chain stitch seam
Kettenstichnaht *f*
couture *f* à point de chaînette
cucitura *f* a punto catenella
costura *f* de cadeneta

215. chasuble
Chasuble *f (ärmellose und kragenlose Damenjacke und -weste)*
chasuble *f (à encolure dégagée, sans manches)*
abito *m* chasuble
chaleco *m (de señora)* tipo casulla; chasuble *m*

216. chest girth
Brustumfang *m (bei männlichen Personen)*
tour *m* de la poitrine *(d'homme)*
circonferenza *f* del petto *(di uomo)*
perímetro *m* de pecho *(del hombre)*

217. chest measurement
Brustmaß *n*
mesure *f* de la poitrine
misura *f* del petto
medida *f* del pecho

218. chest pocket
Brusttasche *f*
poche *f* à pochette; poche *f* (de) poitrine *(gen)*
taschino *m* di petto
bolsillo *m* de pecho

219. children's garment *(coll)*
Kinderbekleidung *f (Koll)*
vêtement *m* pour enfants *(coll)*

abbigliamento *m* per bambini *(coll)*; vestiario *m* per bambini *(coll)*
ropa *f* infantil; ropa *f* de niños *(col)*

220. children's outerwear *(coll)*
Kinderoberbekleidung *f (Koll)*
vêtement *m* de dessus pour enfants *(coll)*
abbigliamento *m* esterno per bambini *(coll)*
ropa *f* exterior para niños *(col)*

221. children's ready-made clothing *(coll)*
Kinderkonfektion *f (Fertigware) (Koll)*
confection *f* pour enfants *(coll)*
confezioni *fpl* per bambini *(coll)*
confección *f* infantil *(col)*

222. children's size
Kindergröße *f*
taille *f* d'enfant
taglia *f* per bambini
talla *f* infantil

223. children's wear *(coll)*
Kinderbekleidung *f (Koll)*
vêtement *m* pour enfants *(coll)*
abbigliamento *m* per bambini *(coll)*; vestiario *m* per bambini *(coll)*
ropa *f* infantil; ropa *f* de niños *(col)*

224. child's bib slacks *pl*
Latzhöschen *n*
culotte *f* à bavette d'enfant
pantaloncini *mpl* con pettino da bambino
pantaloncito *m* con peto

225. chintz piping
Chintzpaspel *m*
passepoil *m* chintz
pistagna *f* (di) chintz
vivo *m* de chintz

226. choker
Vatermörder *m*
col *m* à manger de la tarte *(un col dur)*
collo *m* alto duro
marquesota *f*; cuello *m* alto duro

227. cigarette line
Zigarettenlinie *f (Hosenbein-Silhouette)*
ligne *f* cigarette
linea *f* a sigaretta
línea *f* pitillo

228. cigarette pants *pl*
Zigarettenhose *f (vom Oberschenkel bis zum Saum fast geradlinig)*
pantalon *m* cigarette
pantaloni *mpl* a sigaretta
pantalón *m* pitillo

229. circular pleat
Rundumfalte *f*
pli *m* circulaire
piega *f* circolare
pliegue *m* circular

230. circular stitcher
Rundnäher *m*
couseuse *f* circulaire; machine *f* à coudre circulaire
macchina *f* per cucire circolare
máquina *f* para costuras circulares

231. cisson bust dart
Cisson-Abnäher *m (auch Brustabnäher)*
pince *f* de poitrine cisson
pince *f* del petto cisson
pinza *f* de pecho cissón

232. clasp
Schließhaken *m*
patère *f*
fermaglio *m*
gancho *m* de cierre

233. cloche
glockig
cloché
a campana; scampanato
acampanado

234. close-fitting
eng anliegend
collant; près du corps
attillato
ceñido al cuerpo

235. close-fitting clothing
hautenge Kleidung *f*
vêtement *m* collant
abito *m* attillato; vestiti *mpl* aderenti
ropa *f* ceñida

236. close-fitting garment
eng anliegende Bekleidung *f*
vêtement *m* collant
vestiario *m* attillato
ropa *f* ceñida; ropa *f* entallada

237. closing seam
Verschlussnaht *f*
couture *f* de fermeture

cucitura *f* di fermatura
costura *f* de cierre

238. clothes *pl (coll)*
Kleidung *f (jedes Teil, das den Körper bedeckt) (Koll)*
habit *m (ensemble des pièces constituant une tenue particulière) (coll)*
vestiario *m (coll)*
vestuario *m (col)*; vestimenta *f (col)*; ropa *f (col)*

239. clothing *(coll)*
Kleidung *f (jedes Teil, das den Körper bedeckt) (Koll)*
habit *m (ensemble des pièces constituant une tenue particulière) (coll)*
vestiario *m (coll)*
vestuario *m (col)*; vestimenta *f (col)*; ropa *f (col)*

240. clothing item
Kleidungsstück *n*
pièce *f* de vêtement
capo *m* d'abbigliamento
prenda *f* de vestir

241. clothing machine
Bekleidungsmaschine *f*
machine *f* pour la confection (de l'habillement)
macchina *f* da confezione
máquina *f* de confección

242. clothing manufacturer
Bekleidungshersteller *m*
fabricant *m* de confections
fabbricante *m* d'abbigliamento
fabricante *m* de confección

243. coarse woolen tweed (coat)
Lodenmantel *m*
manteau *m* (de) de loden
cappotto *m* (di) loden
(abrigo) loden *m*

244. coat-dress
Mantelkleid *n*
robe-manteau *f (une robe tailleur chaude)*
abito *m* stile soprabito *(da donna)*
vestido *m* abrigo

245. coat-tail
Rockschoß *m (Herrenrockschoß)*
basque *f* (d'habit)
falda *f* (dell'abito da uomo)
faldón *m (de prendas de caballero)*

246. cockling
glockig
cloché
a campana; scampanato
acampanado

247. cockling cut *(fashion line)*
Glockenschnitt *m (Modelinie)*
ligne *f* clochée
linea *f* a campana *(taglio di moda)*
corte *m* acampanado

248. cockling pleat
Glockenfalte *f*
pli *m* cloche
piega *f* a campana
pliegue *m* acampanado

249. cocktail dress
Cocktailkleid *n (zwischen dem eleganten Nachmittagskleid und dem kleinen Abendkleid)*
robe *f* de cocktail
abito *m* da cocktail *(da donna)*; abito *m* da mezza sera *(da donna)*
vestido *m* de cóctel, vestido *m* de cocktail

250. coin pocket
Münztasche *f*
poche *f* de monnaie
tasca *f* per gli spiccioli
bolsillo *m* monedero

251. collar
Kragen *m*
col *m*; collerette *f (col léger, plissé ou froncé)*
collo *m*
cuello *m*

252. collar and facing seam
Revers- und Kragenspiegelnaht *f*
couture *f* de parementure et de col
cucitura *f* a specchio della paramontura e dell'attaccatura del collo alla paramontura
costura *f* de solapa y entradilla

253. collar band
Kragenbündchen *n*
bande *f* rapportée de col
ribordo *m* del colletto
collarín *m*

254. collar bording
Krageneinfassung *f*
bordage *m* du col

bordatura *f* del colletto
orillado *m* del cuello; ribete *m* del cuello

255. collar crease (line)
Kragenbruch *m*
cassure *f* du col
spezzatura *f* del colletto
quiebre *m* del cuello

256. collar drawing
Kragenspiegel *m*
contre-anglaise *f* du col
attacco *m* del colletto con paramontura
entradilla *f* del cuello

257. collar drawing seam
Kragenspiegelnaht *f*
couture *f* contre-anglaise du col
cucitura *f* a specchio del colletto
costura *f* de entradilla del cuello

258. collar expance
Kragenweite *f (auch Kragengröße)*
largeur *f* du col
larghezza *f* del colletto
medida *f* del cuello

259. collar flap
Kragenpatte *f*
rabattement *m* du col
vela *f* superiore del colletto
tapa *f* del cuello

260. collar gorge seam
Kragenspiegelnaht *f*
couture *f* contre-anglaise du col
cucitura *f* a specchio del colletto
costura *f* de entradilla del cuello

261. collar interlining
Krageneinlage *f*
entre-doublure *f* de col; triplure *f* pour cols
interno *m* per rinforzo del colletto
entretela *f* del cuello

262. collarless
kragenlos
sans col
senza colletto
sin cuello

263. collar notch
Kragenabstich *m (Verlauf der äußeren Kragenkante von der Schulternaht bis zum Revers)*
entaille *f* du col
intaglio *m* del colletto
trazado *m* del cuello

264. collar size
Kragengröße *f*
mesure *f* (du pourtour) d'encolure *(du col; Ex.: chemise d'encolure 39)*
misura *f* del colletto
medida *f* del cuello

265. collar stand
Kragenfuß *m*
pied *m* du col
piedino *m* del colletto
pie *m* del cuello

266. collar step
Kragenabstich *m (Verlauf der äußeren Kragenkante von der Schulternaht bis zum Revers)*
entaille *f* du col
intaglio *m* del colletto
trazado *m* del cuello

267. college shirtwaist
Kollegbluse *f*
chemisier *m* (style) collégien
blusa *f* stile universitario
blusa *f* de colegial

268. combination fashion
Kombi-Mode *f*
mode *f* combinatoire
moda *f* combinatoria
moda *f* combinale

269. combination stitch
Kombinationsstich *m*
point *m* composé
punto *m* combinato
puntada *f* combinable

270. combination (stitch) seam
Kombinations(stich)naht *f*
couture *f* (à point) composée
cucitura *f* (a punto) combinata
costura *f* (a puntada) combinada

271. combination (suit)
kombinierter Anzug *m*
complet *m* combiné
abito *m* combinato
traje *m* dos piezas; traje *m* combinado

272. comfortline
Comfortline *f*
coupe *f* confortable
linea *f* comoda
línea *f* confortable, línea *f* cómoda

273. comfort pleat
Bequemlichkeitsfalte *f (die bei Tragebeanspruchung aufspringt, z. B. Quetschfalte, Kellerfalte und Golffalte)*
pli *m* de confort
piega *f* di comodità
pliegue *m* de comodidad

274. component *(of the maked-up garment)*
Bestandteil *n (Konfektionsbestandteil)*
pièce *f (de confection)*; composant *m (de confection)*
componente *m (del vestito confezionato)*; pezzo *m* di confezione
componente *m (de una prenda)*

275. concealed
verdeckt
caché; recouvert
ricoperto
tapado; oculto

276. concealed basting
verdecktes Zusammenheften *n*
assemblage *m* en faufilant caché
imbastitura *f* mascherata
hilván *m* tapado

277. concealed button fly
Knopfleiste *f*/verdeckte *(unter der Vorderteilkante gearbeitet)*
sous-pont *m* principal recouvré; bande *f* à boutonnières recouvrée
allacciatura *f* a bottoni ricoperta
tapeta *f* de botones tapada

278. concealed button panel
verdeckte Knopfleiste *f (unter der Vorderteilkante gearbeitet)*
bande *f* à boutonnières recouvrée; sous-pont *m* principal recouvré
allacciatura *f* ricoperta
tapeta *f* de botones tapada

279. concealed zip(-fastener)
verdeckter Reißverschluss *m*
fermeture *f* à glissière recouvrée
chiusura *f* lampo ricoperta
cremallera *f* tapada

280. concertina pocket
Blasebalgtasche *f*
poche-soufflet *f*
tasca *f* a mantice
bolsillo *m* de fuelle

281. consumption of materials
Materialverbrauch *m*
consommation *f* de matériel
consumo *m* di materiale
consumo *m* de material

282. control body measures *pl*
Körperkennmaße *npl*
mesures *fpl* de contrôle du corps
misure *fpl* di controllo del corpo
medidas *fpl* de control del cuerpo

283. control measures *pl*
Kontrollmaße *npl (Hilfs- oder Ergänzungsmaße zu den Tabellenmaßen)*
mesures *fpl* de contrôle
misure *fpl* di controllo
medidas *fpl* de control

284. cord *(belt)*
Schnur *f (zum Umbinden)*
cordelière *f (torsade, que l'on noue autour de la taille)*
cordicella *f (cintura)*
cordón *m (de atar)*

285. corsage (of lady's garment) or top of a dress
Oberteil *n* (eines Damenbekleidungsstückes) *(weniger die Ärmel, z. B. ein Kleideroberteil; auch Corsage genannt)*
corsage *m* (d'un vêtement féminin, qui recouvre le torse) *(à l'exclusion des bras) (préf)*; buste *m* (d'un vêtement féminin) *(qui recouvre le torse, à l'exclusion des bras)*
corpino *m* (dell'abito da donna) *(senza maniche)*
cuerpo *m (de una prenda de señora)*

286. corso skirt
Sattelrock *m*
jupe *f* à empiècement
gonna *f* a sprone
falda *f* al canesú

287. costume
Tailleur *m (pref)*; Kostüm *n*
tailleur *m*
tailleur *m*
traje *m* sastre *(para señora)*; traje *m* chaqueta *(para señora)*

288. costume skirt
Kostümrock *m*
jupe *f* de tailleur

gonna *f* di tailleur
falda *f* del traje chaqueta

289. cotton braid
Baumwollbesatz *m (auch Tresse)*
tresse *f* de coton
treccia *f* di cotone
pasamán *m* de algodón

290. cotton interlining
Baumwolleinlagestoff *m*
triplure *f* (de) coton
fusto *m* di cotone *(per rinforzo)*; paramontura *f* di cotone
entretela *f* de algodón

291. counter-buttonhole
Gegenknopfloch *n*
boutonnière *f* de rappel; boutonnière *f* de contre-bouton
controasola *f*; asola *f* di richiamo
ojal *m* de contrabotón

292. covered
verdeckt
caché; recouvert
ricoperto
tapado; oculto

293. cover(ing) seam
Überdecknaht *f*
couture *f* à point de recouvrement
cucitura *f* a punto di copertura
costura *f* de recubrir

294. cover(ing) stitch *(DDD-S-751 cl. 600) (AE)*
Überdeck(ketten)stich *m (Gruppe 600 nach DIN 61400)*
point *m* de recouvrement *(comportant au moins un fil de recouvrement)*
punto *m* di copertura
puntada *f* de recubrimiento

295. crash pad(ding)
Schutzpolsterung *f*
rembourrage *m* protecteur
imbottitura *f* di protezione
acolchado *m* de protección

296. crease-free fit
faltenloser Sitz *m*
ajustement *m* sans faux plis *(du vêtement)*
taglio *m* senza pieghe *(di vestito che cade bene)*
hechura *f* sin pliegues; corte *m* bien aplomado *(que cae bien)*

297. crease (of trousers)
Bügelfalte *f*
pli *m* de repassage *(formé à l'endroit de la pliure du pantalon)*
piega *f* stirata *(dei calzoni)*
raya *f (del pantalón)*

298. crew neck(line)
halsnaher Ausschnitt *m*
encolure *f* ras du cou
scollatura *f* a girocollo
escote *m* cerrado, escote *m* alto

299. crimp (running) across the piece
Querfalte *f*
fronce *f* dans le sens transversal
crespa *f* trasversale
arruga *f* transversal

300. crimp (running) lengthwise the piece
Längsfalte *f (als Fehler)*
fronce *f* dans le sens de la longueur
crespa *f* nel senso della lunghezza
arruga *f* longitudinal

301. crochet cut angle
Crochet-Winkel *m (Winkel des Kragenabstiches zur oberen Reverskante)*
angle *m* crochet *(du façon)*
angolo *m* uncinetto *(della fattura)*
ángulo *m* crochet *(de la solapa)*; cran *m*

302. crochet seam
Häkelnaht *f*
couture *f* à crochet
cucitura *f* all'uncinetto
costura *f* de ganchillo

303. cross cutting
Querzuschneiden *n*
coupe *f* en travers
taglio *m* trasversale
corte *m* transversal

304. cross dressing
Crossdressing *n(m)*
cross dressing *m (en différents styles)*
cross dressing *m*
cross dressing *m*

305. cross-over stitch
Verbindungsstich *m*
point *m* d'assemblage
punto *m* d'assemblaggio
puntada *f* de unión

306. cross seam
Quernaht *f*
couture *f* en biais
cucitura *f* trasversale
costura *f* transversal

307. cross stitch
Kreuzstich *m (beim Ankreuzen an der Außenseite, nicht sichbar)*
point *m* en croix
punto *m* (a) croce
puntada *f* en cruz

308. cross stitch seam
Kreuz(stich)naht *f*
couture *f* à point en croix
cucitura *f* a punto (a) croce
costura *f* a puntada en cruz

309. crotch *(of trousers or underpants) (pref)*
Schritt *m (Hosenschritt oder Unterhosenschritt)*
enfourchure *f (partie échancrée, qui va de la pointe de la fourche jusqu'à la ceinture, devant et derrière)*
cavallo *m (dei pantaloni o delle mutande)*
gavilán *m*

310. crotch *(AE)*
Einsatz *m (Stoffteil, das in einen Ausschnitt eingenäht wird)*
empiècement *m*
incrostazione *f*
entredós *m*; aplique *m*; gaya *f*

311. crotch length
Schrittlänge *(als Fertigmaß von der Gesäßnaht bis zur unteren Saumkante der Hose, am Fertigteil gemessen)*; innere Beinlänge *f (einer Hose)*
longueur *f* de la partie interne des jambes *(mesure finie)*; entrejambe *m (partie interne des jambes, qui va de la fourche au bas)*; longueur *f* d'enjambée
lunghezza *f* del cavallo; lunghezza *f* interna della gamba *(dei pantaloni)*
largo *m* de entrepiernas

312. crotch length of trousers *(pref)*
Hosenschrittlänge *f*
entrejambe *m (longueur de la partie interne des jambes du pantalon, qui va de la fourche au bas)*
lunghezza *f* del cavallo
largo *m* de entrepiernas

313. crotch lining
Schrittfutter *n (an der Schrittspitze der Vorderhose)*
hirondelle *f (de doublure)*
fodera *f* di cavallo
forro *m* de entrepiernas

314. crotch piece
Keil *m (dreieckiges Schnittteil)*
soufflet *m (dans l'angle d'une fente)*; gousset *m (d'une manche)*
gherone *m*; ritaglio *m* triangolare; tassello *m*
gaya *f*; cuchillo *m*; ensanche *m*; godet *m*

315. crotch piece (of trousers) *(back outside piece)*
Schrittecke *f (keilförmiges Ansatzstück im Schrittbereich)*
chanteau *m* (du dos) de pantalon
inserzione *f* del cavallo *(esterno dietro dei pantaloni)*
gaya *f* de entrepiernas; cuchillo *m* de entrepiernas

316. crotch piece reinforcement
Hosenkeilverstärkung *f*
renfort *m* de la patte d'entrejambe
rinforzo *m* del cavallino
refuerzo *m* de entrepiernas *(gavilán)*

317. crotch piece seam
Keilnaht *f (im Zwischenbeinbereich)*
couture *f* du chanteau (de pantalon)
cucitura *f* del cavallino (dei pantaloni)
costura *f* del gavilán

318. crotch tip
Schrittspitze *f (Konstruktionspunkt an der Hinterhose)*
fourche *f (creux de l'enfourchure en pointe)*; pointe *f* de l'enjambée
punta *f* del cavallo
punta *f* del gavilán

319. crowl dress
Kuttenkleid *n (mit blusig geschnittener Form)*
robe *f* à capuchon
abito *m* a cappuccio *(da donna)*
vestido *m* estilo sotana corta; vestido *m* con capucha

320. cuff
Manschette *f*; Ärmelbündchen *n (aus Oberstoff oder Trikot als Saumabschluss)*

poignet *m (rebord ou bande rapportée)*
polsino *m*
puño *m*

321. cuff(ed) sleeve
Bündchenärmel *m*
manche *f* à poignet *(rebord ou bande rapportée)*
manica *f* a polsino
manga *f* a puño

322. cuff interlining
Manschetteneinlage *f*
triplure *f* de poignet
interno *m* del polsino; rinforzo *m* del polsino
entretela *f* del puño

323. cuff-trousers *pl (AE)*
Umschlaghose *f*
pantalon *m* à revers
pantaloni *mpl* con risvolto
pantalón *m* con vuelta

324. cuff turning
Manschettenwenden *n*
retournement *m* des poignets
risvolto *m* (dei) polsini
revuelta *f* de puños

325. culotte skirt
Hosenrock *m*
jupe-culotte *f*
gonna-pantalone *f*
falda *f* pantalón

326. cup (of bra)
Cup *n*
bonnet *m* (de soutien-gorge)
coppa *f* (di reggiseno)
copa *f (del sujetador)*

327. cup(-shaped) collar
Kelchkragen *m*
col *m* à corolle
colletto *m* a calice
cuello *m* estilo cáliz

328. custom(-made) *(AE)*
maßgeschneidert
sur mesure
su misura
confeccionado a medida

329. custom(-made) suit *(AE)*
Maßanzug *m*
costume *m* sur mesure *(suivant les mesures d'une personne)*
completo *m* su misura *(da uomo)*
traje *m* a medida

330. cut *(of a model)*
Linienführung *f (eines Modells)*
coupe *f (d'un modèle)*
linea *f (del modello)*
trazado *m (de un modelo)*; diseño *m (de un modelo)*

331. cut *(of garment)*
Façon *f*
façon *f*
façon *f*
corte *m*; hechura *f*

332. cutaway coat
Cutaway *m (Gehrock mit fallenden Kanten)*
jaquette *f* de cérémonie *(longue veste de cérémonie à basques un peu arrondies)*
tight *m*; giacca *f* a coda di rondine
levita *f*

333. cut away front
Kante *f*/abgerundete
bord *m* arrondi
bordo *m* arrotondato
canto *m* redondeado

334. cut-in marking
Markierschnitt *m*
coupure *f* de marquage
intaglio *m* per marcatura
corte *m* por marcado

335. cut *v* **off**
abschneiden *v*
couper *v*
tagliare *v*
cortar *v*

336. cutting
Zuschnitt *m*
coupe *f*
taglio *m*
corte *m*

337. cutting into pieces
Stückeln *n* (durch Auseinanderschneiden)
coupe *f* en morceaux; morcellement *m*
spezzettatura *f*
troceado *m*

338. cutting layout
Schnittbild *n (Auslegen der Schnittschablonen)*

plan *m* de coupe
piano *m* di taglio
marcada *f*

339. cutting layout optimization
Lagenoptimierung *f (zur Kostenoptimierung in der Zuschneiderei)*
optimisation *f* du plan de coupe
ottimizzazione *f* del piano di taglio
optimación *f* del extendido

340. cutting loss
Schnittverlust *m*
perte *f* à la coupe
perdita *f* al taglio
merma *f* del corte

341. cutting pattern *(after grading)*
Schnittschablone *f*
patron *m* de coupe *(après la gradation)*
cartamodello *m* da taglio
patrón *m* de corte

D

342. dart
Abnäher *m (Ausschnitt in einer vorgegebenen Tiefe und Länge sowie Nahtführung)*
pince *f*
pince *f*
pinza *f*

343. décolleté
Dekolleté *n*; tiefer Ausschnitt *m*
décolleté *m*
décolleté *m*; scollatura *f* profonda
escote *m* (profundo)

344. deep-cuffed sleeve
Stulpenärmel *m*
manche *f* à revers
manica *f* con risvolto
manga *f* con manguito; manga *f* con doble puño vuelto

345. design *(of an item)*
Design *n (die Form- und Schnittgestaltung eines Kleidungsstückes)*
design *m (d'une pièce de vêtement)*
disegno *m (progetto di un indumento)*
diseño *m (de patrones)*

346. detachable collar
Anknöpfkragen *m*
faux-col *m (amovible à l'aide de boutons)*
colletto *m* sbottonabile
cuello *m* abotonable

347. deux-pièces
Deuxpièces *n*
deux-pièces *m*
duepezzi *m*
dos piezas *m*

348. device
Apparat *m*
appareil *m (assemblage de pièces mécaniques se fixant sur la machine)*
apparecchio *m*
aparato *m*

349. diagonal pocket
Diagonaltasche *f*
poche *f* en biais
tasca *f* diagonale
bolsillo *m* al bies; bolsillo *m* inclinado

350. diagonal stitch
Schrägstich *m*; Diagonalstich *m*
point *m* diagonal; point *m* en diagonale
punto *m* diagonale
puntada *f* diagonal

351. dickey
Hemdbrust *f*
devant *m* de chemise
davantino *m* della camicia; pettino *m* della camicia; sparato *m*
pechera *f (de la camisa)*

352. dicky
Plastron *m(n)*
plastron *m*
plastron *m*
plastrón *m*

353. die cutting
Stanzschneiden *n*
découpage *m* à l'emporte-pièce
taglio *m* mediante stampaggio
corte *m* a troquel

354. dimensional stability
Maßhaltigkeit *f*
stabilité *f* dimensionelle
stabilità *f* dimensionale
estabilidad *f* dimensional

355. dimensional tolerance
Maßtoleranz *f*
tolérance *f* dimensionnelle
tolleranza *f* dimensionale
tolerancia *f* dimensional

356. Dior pleat
Dior-Falte *f*
pli *m* Dior
piega *f* Dior
pliegue *m* Dior

357. Dior vent
Dior-Schlitz *m (Öffnung in der Naht mit auf dem Futter aufgenähten Stoffbesetzen)*
fente *f* Dior
spacco *m* Dior
abertura *f* Dior

358. direct fusing
Direktversiegeln *n*
thermofixage *m* direct
termofissaggio *m* diretto (per fusione)
termofijado *m* directo; termosellado *m* directo

359. dirndl (dress)
Dirndlkleid *n*
robe *f* tyrolienne
vestito *m* alla tirolese (da donna)
vestido *m* tirolés

360. distorsion of fabric
Stoffverzerrung *f (bei der Konfektion)*
déformation *f* du tissu *(pendant la confection)*
distorsione *f* del tessuto *(durante la confezione)*
distorsión *f* del tejido

361. divided pocket
unterteilte Tasche *f*
poche *f* subdivisée
tasca *f* suddivisa
bolsillo *m* subdividido

362. divided skirt
Hosenrock *m*
jupe-culotte *f*
gonna-pantalone *f*
falda *f* pantalón

363. dolman sleeve
angeschnittener Ärmel *m*
manche *f* taillée; manche *f* dolman
manica *f* a kimono
manga *f* tipo kimono

364. dot marking
Punktmarkierung *f (von vorgegebenen Positionen)*
marquage *m* par points
tracciatura *f* mediante punti
marcado *m* por puntos

365. double-breasted
zweireihig
à deux rangées; croisé
a doppiopetto
cruzado; de dos filas *(de botones)*; de doble abotonado

366. double-breasted coat
Mantel *m*/zweireihiger
manteau *m* à deux rangées; manteau *m* croisé
cappotto *m* doppiopetto
abrigo *m* cruzado

367. double-breasted coat or suit
Doppelreiher *m*
vêtement *m* à deux rangées (de boutons); vêtement *m* à double boutonnage; vêtement *m* croisé
abito *m* doppiopetto; doppiopetto *m*
traje *m* cruzado; chaqueta *f* de doble abotonado

368. double-breasted garment
Zweireiher *m (Kurzbezeichnung für ein zweireihig geschlossenes Kleidungsstück)*
habillement *m* croisé; habillement *m* à deux rangées (de boutons); habillement *m* à double boutonnage
abbigliamento *m* doppiopetto; vestito *m* doppiopetto
prenda *f* cruzada; vestimenta *f* de dos filas de botones

369. double-breasted suit
Anzug *m*/zweireihiger
complet *m* à deux rangées; complet *m* croisé
completo *m* doppiopetto
traje *m* cruzado

370. double chainstitch
Doppelkettenstich *f (Gruppe 400)*
point *m* de chaînette double
doppio punto *m* catenella
puntada *f* de cadeneta doble

371. double chainstitch seam
Doppelkettennaht *f*
couture *f* à point de chaînette double

cucitura *f* a doppio punto catenella
costura *f* de cadeneta doble

372. double cuff
Doppelmanschette *f (durch Umschlagen)*
poignet *m* mousquetaire *(replié sur lui-même)*
polsino *m* doppio; polsino *m* gemello
puño *m* doble vuelto

373. double diagonal stitch
Doppeldiagonalstich *m*
point *m* en diagonal double
doppio punto *m* diagonale
puntada *f* en diagonal doble

374. double edge
Doppelrand *m*
bord *m* double
bordo *m* doppio
borde *m* doble

375. double-face(d)
seitengleich
à double face
a doppia faccia; double-face
de doble faz

376. double-face garment
Umkehrkleidung *f*
vêtement *m* réversible
vestito *m* rovesciabile
prendas *fpl* doble faz; prendas *fpl* reversibles

377. double hem
Doppelsaum *m*
ourlet *m* double
orlo *m* doppio
dobladillo *m* doble

378. double-lapp(ed) seam
Doppelkappnaht *f*
couture *f* double rabattue
cucitura *f* a doppia ribattitura
costura *f* sobrecargada doble

379. double lay-in *(in the garment)*
Doppelfutter *n (in der Bekleidung)*
double doublure *f (dans un vêtement)*
doppia foderatura *f (nel vestito)*
doble forro *m (en la ropa)*

380. double lockstitch
Doppelsteppstich *m (Gruppe 300 nach DIN 61400)*
double point *m* noué
doppio punto *m* annodato
pespunte *m* doble

381. double seam
Doppelnaht *f (zwei parallel verlaufende Einzelnähte)*
couture *f* double; double couture *f*
cucitura *f* doppia
costura *f* doble

382. double seat of trousers *(reinforced)*
Hoseneinsatz *m (zur Verstärkung)*
fond *m* de pantalon renforcé
fondo *m* rinforzato dei pantaloni
refuerzo *m* del fondo del pantalón

383. double stitch
Doppelstich *m*
point *m* double
doppio punto *m*
puntada *f* doble

384. double stitching *(two-thread stitching)*
zweifädiges Nähen *n*
couture *f* (à) deux fils *(l'action)*
cucitura *f* a due fili *(l'azione)*
cosido *m* a dos hilos

385. double stitch of the front edge
Doppelstürznaht *f (der Kanten)*
double couture *f* de fourreau devant
doppia cucitura *f* dei bordi davanti
costura *f* doble del borde delantero

386. double thread
zweifädig
à deux fils
a due fili
a dos hilos

387. double welt
Doppelrand *m*
bord *m* double
bordo *m* doppio
borde *m* doble

388. double zigzag stitch
Doppelzickzackstich *m (doppelte dreieckförmige Stichanordnung)*
point *m* en zigzag double
doppio punto *m* a zigzag
puntada *f* zigzag doble

389. drawing seam
Spiegelnaht *f*
couture *f* contre-anglaise
cucitura *f* di specchio sopraccollo
costura *f* de espejo *(solapa)*

390. drawstring
Tunnelgürtel *m*
cordon *m (glissé à l'intérieur d'une coulisse)*
cordone *m (per passaggio attraverso un passante)*
cinturón *m* para pretina de túnel

391. drawstring waist
Tunnelbund *m*
ceinture *f* coulissante *(à cordon glissé à l'intérieur d'une coulisse)*
cintura *f* a passante
pretina *f* tipo túnel; cinturilla *f* tipo túnel

392. dress *(gen)*
Kleid *n*
robe *f*
abito *m (da donna)*
vestido *m*

393. dress and jacket
Kleid *n*/zweiteiliges *(Kleid und Jacke)*
ensemble *m* veste et robe; robe *f* en deux pièces *(robe et veste)*
completo *m (giacca e abito da donna)*
vestido *m* de dos piezas; vestido *m* y chaqueta *f*

394. dress hem
Kleidersaum *m*
bas *m* de robe
fondo *m* dell'abito *(da donna)*; piegatura *f* dell'orlo dell'abito *(da donna)*
dobladillo *m* de bajos del vestido

395. dress-preserver
Schweißblatt *n*; Armblatt *n*
dessous-(de-)bras *m (préservateur de transpiration)*
sott(o)ascella *f*
sobaquera *f*

396. dress with halter bodice
Sonnen-Top-Kleid *n (schulterlos)*
robe *f* bain-de-soleil
prendisole *m (abito da spiaggia)*
vestido *m* playero *(de hombros desnudos)*; vestido *m* top

397. dress with (shoulder-)straps
Trägerkleid *n*
robe *f* à bretelles
prendisole *m* a bretelle *(solo estivo)*; abito *m* a bretelle *(da donna)*
vestido *m* de tirantes

398. dropped shoulder sleeve
verlängerter Schulterärmel *m*
manche *f* rallongée à l'épaule
manica *f* prolungata alla spalla
manga *f* prolongada al hombro

399. dry ironing
Trockenbügeln *n*
repassage *m* à sec
stiratura *f* a secco
planchado *m* en seco

400. dry pressing
Trockenbügeln *n*
repassage *m* à sec
stiratura *f* a secco
planchado *m* en seco

401. dummy buttonhole
blindes Knopfloch *n*
fausse boutonnière *f*
bottoniera *f* finta
ojal *m* de imitación

402. duster (coverall)
Stauboverall *m*
pare-poussière *m* (combinaison)
tuta *f* contro la polvere
mono *m* antipolvo

E

403. easy-care shirt
pflegeleichtes Hemd *n*
chemise *f* facile à entretenir
camicia *f* che richiede poca cura
camisa *f* de lavar y poner

404. edge basting
Kantenheften *n*
bâtissage *m* du bord
imbastitura *f* del bordo
hilvanado *m* de cantos

405. edge binding
Eckenband *n (nicht elastisches Band mit festen Webkanten gegen Ausdehnen von Bekleidungsbestandteilen)*
extra-fort *m (pour bords)*
nastro *m* rinforzato *(per bordi)*
ligueta *f* de canto; tira *f* de refuerzo de cantos

406. edge cutting
Randabschneiden *n*
coupe *f* du bord

taglio *m* del bordo
corte *m* del borde; corte *m* del canto

407. edge guide
Kantenführung *f*
guide-bord *m*; guide *m* margeur *(guide le bord de la matière en cours de la couture ou de la piqûre)*
guida *f* del bordo
guíacantos *m*; guía *m* de bordes

408. edge pinker
Kantenauszackeinrichtung *f*
cranteur *m* des bords; accessoire *m* à cranter les bords *(en cours de piquage)*
apparecchio *m* per dentellare i bordi
dispositivo *m* de picotear cantos; dispositivo *m* de dentellar cantos

409. edge pinking attachment *(pref)*
Kantenauszackeinrichtung *f (beim Nähen)*
cranteur *m* des bords; accessoire *m* à cranter les bords *(en cours de piquage)*
apparecchio *m* per dentellare i bordi
dispositivo *m* de picotear cantos; dispositivo *m* de dentellar cantos

410. edge piping
Paspelvorstoß *m*
passepoil *m* en bordure
filetto *m* nel bordo
labio *m* del vivo

411. edge piping *(the strip)*
Kantenpaspel *m (zum Verzieren von Kanten und Schlitzen)*
passepoil *m* du bord *(de devant et de fentes)*
pistagna *f* per i bordi (del davanti e degli spacchi)
vivo *m* para cantos *(adorno de bordes y aberturas)*

412. edge reinforcing
Randverstärken *n*
renforcement *m* du bord
rinforzamento *m* del bordo
refuerzo *m* del canto *(gen)*

413. edge rubbing
Kantenausreiben *n*
écrasage *m* des bords
appiattimento *m* dei bordi
alisado *m* de cantos

414. edge seam
Kantennaht *f*
couture *f* du bord
cucitura *f* del bordo
costura *f* de canto

415. edge stitch
Kantenstich *m (zum Durchnähen von Kanten ohne Stichbrücken, z. B. mittels Punktstich)*
point *m* bord à bord
punto *m* ai bordi
pespunte *m* del canto

416. edge *v* **with ribbon**
mit Band besetzen *v*
garnir *v* à ruban
guarnire *v* con nastro
guarnecer *v* con cinta

417. edging
Einfassen *n*; Randeinfassung *f*
bordage *m*
bordatura *f (l'azione)*
ribeteado *m*; ribete *m* de cantos

418. edging back seam
hintere Besatznaht *f*
couture *f* d'assemblage de la parementure
cucitura *f* di dietro di paramontura
costura *f* posterior de vista

419. edging braid
Einfassborte *f (Applikation von Posament-Besatzband)*
bordé *m (pour le bordage même)*
treccia *f* per la bordatura
galón *m* de ribete

420. edging lace, sewn on
Besatzspitze *f*/aufgenähte
dentelle *f* de garniture cousue
pizzo *m* di guarnizione cucito
puntilla *f* de guarnición aplicada

421. edging ribbon
Einfassband *n (zum Absichern der Nähgutkante gegen Ausfransen)*; Besatzband *n*
ruban *m* de bordage; ruban *m* de garniture
nastro *m* per la bordatura; nastro *m* di guarnizione; nastro *m* per orli
cinta *f* de ribete; cinta *f* de guarnición; pasamano *m*

422. effective length of a model
effektive Modelllänge *f*
longueur *f* effective du modèle
lunghezza *f* effettiva del modello
largo *m* efectivo del modelo

423. effect seam
Effektnaht *f*
couture *f* d'effet
cucitura *f* d'effetto
costura *f* de fantasía; costura *f* de adorno

424. elasticated pants *pl*
Stretchhose *f*
pantalon *m* élastique
pantaloni *mpl* elasticizzati
pantalón *m* elástico

425. elasticated trousers *pl*
Stretchhose *f*
pantalon *m* élastique
pantaloni *mpl* elasticizzati
pantalón *m* elástico

426. elastic leg border
Beinabschluss *m*/elastischer
bord *m* élastique de jambe
bordo *m* elastico di gamba
elástico *m* de muslo

427. elastic sleeveband
elastisches Ärmelbündchen *n*
poignet *m* élastique
polsino *m* elastico
puño *m* elástico

428. elastic waistband
elastischer Bund *m*
ceinture *f* élastique
cintura *f* elastica
cintura *f* elástica

429. elastic waist-border
elastischer Taillenrand *m*
ceinture *f* rapportée à bordure élastique
bordo *m* elastico di cintura rimessa
borde *m* de la cintura elástico

430. elbow patch
Ellbogenverstärkung *f*
renfort *m* au coude *(cousu ou collé)*
rinforzo *m* ai gomiti
codera *f*; refuerzo *m* del codo

431. elbow reinforcement
Ellbogenverstärkung *f*
renfort *m* au coude *(cousu ou collé)*
rinforzo *m* ai gomiti
codera *f*; refuerzo *m* del codo

432. elbow sleeve
halber Ärmel *m*
demi-manche *f*
mezza manica *f*
media manga *f*

433. elephant-leg style
Trompetenstil *m*
style *m* patte d'éléphant
stile *m* tromba
estilo *m* abocinado; estilo *m* trompeta

434. end break
Fadenbruch *m*
casse *f* du fil
rottura *f* del filo
rotura *f* del hilo

435. English standard size
englische Normalgröße *f*
dimensions *mpl* standard en Grande-Bretagne
taglia *f* normalizzata inglese
talla *f* standard inglesa

436. ensemble *(overcoat and dress and/or skirt and/or trousers)*
Ensemble *n (Mantel und Kleid und/oder Rock und/oder Hose, aufeinander abgestimmt)*
ensemble *m (composé d'au moins deux pièces assorties)*; ensemble *m (manteau et robe et/ou jupe et/ou pantalon, assortis)*
insieme *m (soprabito e abito e/o gonna e/o pantaloni)*
conjunto *m* de vestir *(prendas que se llevan juntas, p.ej. abrigo con vestido o chaqueta con pantalón o falda)*

437. epaulet(te)
Schulterklappe *f (aufknöpfbar oder fest aufgenäht)*
épaulette *f*
spallina *f*
charretera *f*

438. evening attire
Abendkleidung *f*
vêtement *m* de soirée
abito *m* da sera
ropa *f* de vestir de noche

439. evening wear
Abendkleidung *f*
vêtement *m* de soirée
abito *m* da sera
ropa *f* de vestir de noche

440. eye *(of a needle)*
Öhr *n (Nadelöhr)*
chas *m (d'aiguille)*
cruna *f (dell'ago)*
ojo *m (de la aguja)*

441. eye(let)
Öse *f*
œillet *m*
femminella *f*; foretto *m (della cintura)*; occhiello *m (pref)*
ojete *m*

442. eye(let) band
Ösenband *n*
bande *f* à œillets; sous-garant *m* d'œillets
nastro *m* a occhielli
cinta *f* de ojetes; cinta *f* de corchetes hembra

443. eye(let) buttonhole
Augenknopfloch *n (mit einer Rundung für den Knopfstiel)*
boutonnière *f* à œillet
asola *f* a occhiello
ojal *m* con ojete; ojal *m* de sastre

444. eye(let) hook
Ösenhäkchen *n*
crochet *m* d'œillet
gancino *m* per occhielli
ganchillo *m* para ojetes; corchete *m* macho

F

445. fabric-covered button
stoffbezogener Knopf *m*
bouton *m* revêtu de tissu
bottone *m* rivestito di tessuto
botón *m* forrado de tejido

446. fabric crease
Stoffbruch *m (durch Unterlegen oder Umknicken einer Stofflage oder eines Kleidungsstückes)*
cassure *f* de tissu
spezzatura *f* del tessuto
pliegue *m* del tejido; quiebre *m* del tejido

447. fabric distortion *(in making-up)*
Stoffverzerrung *f (bei der Konfektion)*
déformation *f* du tissu *(pendant la confection)*
distorsione *f* del tessuto *(durante la confezione)*
distorsión *f* del tejido

448. fabric web
Stoffbahn *f (in der Länge)*
lé *m* de tissu
telo *m* di tessuto
lámina *f* de tejido; hoja *f (de tejido)*

449. facing
Besetzen *n (verstürztes Besetzen, z. B. der vorderen Kante von Sakkos, von der Spiegelnaht bis zum Saum)*
parementure *f*
paramontura *f (l'azione)*
vista *f*

450. facing back seam
hintere Besatznaht *f*
couture *f* de dos de la parementure
cucitura *f* di dietro di paramontura
costura *f* posterior de vista

451. facing pocket *(in overcoats)*
Innentasche *f*
poche *f* intérieure *(gen)*; poche *f* journal *(en pardessus)*
tasca *f* interna
bolsillo *m* interior

452. faggoting *(by hem stitching)*
Hohlsaumbündelung *f*
fagotage *m (par ourlet à jour)*
infagottazione *f (per orlo a giorno)*
dobladillo *m* de vainica

453. fall of a sleeve
Fall *m* des Ärmels
tombant *m* de la manche *(la position)*
caduta *f* della manica *(posizione)*
caída *f* de la manga

454. false pocket
falsche Tasche *f*
fausse poche *f*
tasca *f* finta
bolsillo *m* ciego

455. fancy cuff
Ziermanschette *f (z. B. aus Spitze oder Musselin)*
manchette *f* ornementale *(fixée au bas d'une manche)*

polsino *m* ornamentale
puño *m* ornamental

456. fancy seam
Effektnaht *f*
couture *f* d'effet
cucitura *f* d'effetto
costura *f* de fantasía; costura *f* de adorno

457. fancy stitch
Zierstich *m*
point *m* ornemental
punto *m* ornamentale
puntada *f* de adorno

458. fashion *v*
fassonieren *v*
façonner *v (un vêtement)*
tagliare *v (un abito alla moda)*
cortar *v* a la moda; hechurar *v*

459. fashion appliqué
modische Applikationen *fpl*
appliques *fpl* fantaisies
applicazioni *fpl* di moda
aplicaciones *fpl* de moda

460. fashion trimmings *pl*
modische Applikationen *fpl*
appliques *fpl* fantaisies
applicazioni *fpl* di moda
aplicaciones *fpl* de moda

461. fastness to pleating
Plissierechtheit *f*
solidité *f* au plissage
solidità *f* alla plissettatura
solidez *f* al plisado

462. feather edge braid
Pikotborte *f*
bordé *m* (de) picot
treccia *f* a cappio
pasamano *m* picó; pasamano *m* dentellado

463. feed table
Auflegetisch *m*
table *f* d'alimentation
tavola *f* d'appoggio
mesa *f* de extender; mesa *f* de alimentar

464. fell(ed) seam
Kappnaht *f*
couture *f* rabattue *(le résultat)*; piqûre *f* rabattue
cucitura *f* ribattuta *(effetto)*
costura *f* sobrecargada

465. fell seam attachment
Kappvorsatz *m*
accessoire *m* pour rabattage
apparecchio *m* per ribattitura
aparato *m* sobrecargador

466. fell seam sleeve
Kappnahtärmel *m*
manche *f* à piqûre rabattue
manica *f* a cucitura ribattuta
manga *f* sobrecargada

467. felt collar
Filzkragen *m*
col *m* en feutre
colletto *m* (in) feltro
cuello *m* de fieltro

468. festoon
Feston *n (gezackte und gestickte Borte)*
feston *m*
festone *m*
festón *m*

469. festoon stitch
Festonierstich *m*
point *m* de feston
punto *m* festone
puntada *f* de festón

470. field-jacket
Parka *m*
anorak *m* militaire
giacca *f* a vento militare; giaccone *m* militare
parka *m* militar

471. findings *pl (AE)*
Zutaten *fpl (alle Materialien außer dem Oberstoff)*
fournitures *fpl (de tailleur)*
forniture *fpl* da sarto
fornituras *fpl* de sastre

472. finished measures *pl*
Fertigmaße *npl (auch Fertigteilmaße oder Effektivmaße genannt)*
mesures *fpl* finies
misure *fpl* finite
medidas *fpl* efectivas; medidas *fpl* reales

473. finish(ing) by hand ironing
Finishbügeln *n* durch Handbügeln
achèvement *m* par repassage à la main
finissaggio *m* mediante stiratura a mano; rifinitura *f* mediante stiratura a mano
acabado *m* con plancha a mano

474. finishing up
Nacharbeiten *n*
retouche *f*
rifinitura *f*
retoque *m*; repaso *m*

475. finish *v* **pressing**
abbügeln *v*; endbügeln *v*
égaliser *v (en repassant)*
dare *v* la stiratura finita
pasar *v* el planchado final

476. first pleat of waistband
vordere Bundfalte *f*
premier pli *m* de la ceinture
prima piega *f* della cintura
primer pliegue *m* de pretina

477. fishbone stitch
Zopfstich *m*; Hexenstich *m*; Grätenstich *m*
point *m* natté; point *m* russe *(décoratif)*; point *m* de chausson; point *m* d'arête
punto *m* treccia; punto *m* a spina di pesce; punto *m* strega
puntada *f* de trenza; puntada *f* espina (de pez); punto *m* ruso

478. fitted clothing
anliegende Kleidung *f*
vêtement *m* à la taille
vestito *m* attillato
ropa *f* entallada; ropa *f* ajustada

479. fitted suit *(ladies')*
Tailleur *m (pref) (auch Kostüm)*
tailleur *m*
tailleur *m*
traje *m* chaqueta *(para señora)*; traje *m* sastre *(para señora)*

480. fitting
Anprobe *f*
essayage *m*
prova *f (del vestito)*
prueba *f*

481. fitting snugly
eng anliegend
collant; près du corps
attillato
ceñido al cuerpo

482. fixing strap
Befestigungsband *n*
sangle *f* de fixation
cinghia *f* di fissaggio
cinta *f* de fijación

483. flap
Patte *f (mit Futter verstürztes Stoffteil, z. B. als Klappe an Taschen)*
rabat *m*
aletta *f*
tapeta *f*

484. flared
ausgestellt
évasé
svasato
acampanado

485. flared skirt with godets
ausgestellter Rock *m*
jupe *f* à godets, jupe *f* trapèze
gonna *f* svasata
falda *f* con godets, falda *f* con cuchillos

486. flatlock seam
Flatlock-Naht *f*
couture *f* flatlock
cucitura *f* flatlock
costura *f* flatlock

487. flatlock stitch
Flatlock-Stich *m*
point *m* (de couture) flatlock
punto *m* flatlock
puntada *f* flatlock

488. flat seam
Flachnaht *f*
couture *f* plate
cucitura *f* piatta
costura *f* plana

489. flat stitch
Flachstich *m*
point *m* plat
punto *m* piatto
puntada *f* plana

490. flat woven back
glatte Rückseite *f*
envers *m* uni
rovescio *m* liscio
revés *m* liso

491. floating interlining
nichtanstaffierte Einlage *f*
entoilage *m* flottant
rinforzo *m* flottante
entretelado *m* flotante; entretelado *m* sin fijar

492. floating panel (of a skirt)
Schoß *m*
pan *m*; basque *f (prolongement amovible ou rapporté d'une veste ou d'un corsage, qui retombe en forme de petite jupe sur les hanches)*
falda *f*
faldón *m*

493. floating panel skirt *(pref)*
Zipfelrock *m (mit zipfelförmigem Saum)*
robe *f* à pans (flottants)
gonna *f* con lembi
falda *f* pétalo

494. floss silk band
Risolettband *n*
ruban *m* risolette
risoletto *m (nastro con la peluria della seta)*
cinta *f* risolette

495. flounced skirt
Volant-Rock *m*
jupe *f* à volants
gonna *f* a volant
falda *f* con volantes

496. flounce, frill
Volant *m (aus rundgeschnittenen Streifen)*
volant *m (en formant des plis à l'extrémité)*
volant *m (termine di moda)*
volante *m*

497. flowered vest *(AE)*
geblümte Weste *f*
gilet *m* à fleurs
gilè *m* a fiori
chaleco *m* floreado

498. flowered waistcoat
geblümte Weste *f*
gilet *m* à fleurs
gilè *m* a fiori
chaleco *m* floreado

499. fluted line hem
gekräuselter Saum *m*
ourlet *m* ondulé
orlo *m* increspato
dobladillo *m* embebido

500. fly front
Hosenschlitzleiste *f*
braguette *f* lisière
finta *f* dei pantaloni; sparato *m*
tapeta *f* de la bragueta del pantalón

501. fly lining
Schlitzleistenfutter *n (Hosenschlitzleistenfutter)*
doublure *f* de braguette
fodera *f* per finta *(dell'apertura dei calzoni)*
forro *m* de la tapeta de la bragueta

502. fold
Falte *f*
pli *m (double, formé en repliant le tissu sur lui-même)*
piega *f*
pliegue *m*

503. fold *(by pinching)*
Kniff *m*
pli *m (par pincement)*
piega *f* piccola *(ottenuta volutamente con la cucitura)*
pliegue *m*

504. fold *v* **(a fabric) in book form**
legen *v*/den Stoff in Buchform
plier *v* (un tissu) en forme de livre
infaldare *v* (un tessuto) a forma di libro
extender *v* en forma de libro; plegar *v* en forma de libro

505. folding *(of hem or bottom)*
Umbuggen *n (Einschlagen von Schnittkanten, Nahteinschlägen und Saumeinschlägen)*
rempliage *m (d'ourlet ou de bas)*
piegatura *f (dell'orlo o del fondo)*
doblado *m* de bordes; plegado *m* de bordes

506. footstrap *(of trousers)*
Steg *m (Hosensteg; verstürzter Stoffstreifen)*
sous-pied *m (de pantalon)*
staffa *f (di pantaloni)*
cinta *f* bajopie

507. forepart of the garment
Bekleidungsvorderteil *n*
devant *m* du vêtement
davanti *m* di vestito
delantero *m* de una prenda de vestir

508. fork *(of trousers or underpants)*
Schritt *m (Hosenschritt oder Unterhosenschritt)*

enfourchure *f (partie échancrée, qui va de la pointe de la fourche jusqu'à la ceinture, devant et derrière)*
cavallo *m (dei pantaloni o delle mutande)*
gavilán *m*

509. fork length
innere Beinlänge *f (einer Hose)*
longueur *f* d'enjambée
lunghezza *f* interna della gamba *(dei pantaloni)*
largo *m* de entrepiernas

510. fork length of trousers
Hosenschrittlänge *f*
entrejambe *m (longueur de la partie interne des jambes du pantalon, qui va de la fourche au bas)*
lunghezza *f* del cavallo
largo *m* de entrepiernas

511. formal wear *(coll)*
formelle Kleidung *f (Koll)*; Festkleidung *f (Koll)*
vêtement *m* de cérémonie *(coll)*
abito *m* da cerimonia *(coll)*; vestito *m* da festa *(coll)*
ropa *f* de ceremonia *(col)*

512. forming *(by pressing)*
Formbügeln *n (an der Bügelpresse)*
mise *f* en forme *(avec la machine à repasser)*
formatura *f (mediante stiratura con pressa)*
conformación *f* por plancha; modelado *m* por plancha

513. forward stitch
Vorwärtsstich *m*
point *m* en avant
punto *m* in avanti
puntada *f* adelante

514. foundation slip
Fond-de-Robe *(Unterkleid)*
fond *m* de robe *(avec la partie supérieure prolongée sur les épaules en de larges bretelles non réglables)*
sottoveste *f* stile fond-de-robe
combinación *f* „fond-de-robe"; combinación *f* con manga al hombro

515. four-needle flat seam
Viernadel-Flachnaht *f*
couture *f* plate (à) quatre aiguilles
cucitura *f* piatta a quattro aghi
costura *f* plana a cuatro agujas

516. fraying band for trouser bottom
Hosenstoßband *n*
talonnette *f* de pantalon *(ruban que l'on coud à l'intérieur du bas de la jambe d'un pantalon)*
nastro *m* di protezione del fondo della gamba dei calzoni
cinta *f* talonera

517. French buttonhole
Paspelknopfloch *n*
boutonnière *f* passepoilée
asola *f* (ribattuta a due filetti)
ojal *m* de vivos; ojal *m* viveado

518. French cuff
Doppelmanschette *f (durch Umschlagen)*
poignet *m* mousquetaire *(replié sur lui-même)*
polsino *m* doppio; polsino *m* gemello
puño *m* doble vuelto

519. French lining
Halbabfütterung *f (teilgefütterte Innenseite)*
demi-doublage *f*
mezza foderatura *f*; semifoderatura *f*
semiforro *m*

520. French seam
französische Naht *f (eine Kappnaht)*
couture *f* anglaise
cucitura *f* alla francese
costura *f* francesa; costura *f* de carga

521. French standard size
französische Normalgröße *f*
dimensions *mpl* standard en France
taglia *f* normalizzata francese
talla *f* standard francesa

522. fringe *v*
mit Fransen besetzen *v*
garnir *v* de franges
frangiare *v*; ornare *v* con frange o di frange
guarnecer *v* con flecos

523. frog *v*
mit Schnur besetzen *v*
garnir *v* de ficelle
guarnire *v* con cordoncino
guarnecer *v* con cordón

524. front edge *(of a garment item)*
Kante *f*/vordere *(vorderer Abschluss an Bekleidungsstücken)*
bord *m* de devant *(d'un vêtement)*

bordo *m* di davanti
canto *m* delantero

525. front edge binding
Vorderteil-Eckenband *n*
bolduc *m* du bord de devant; extra-fort *m* pour les devants
nastro *m* di rinforzo per gli orli dei davanti
ligueta *f* de cantos para delanteros

526. front edge seam *(not by ornamental stitching)*
Verstürznaht *f (Kantenverstürznaht)*
couture *f* d'union de la parementure avec le devant
cucitura *f* di unione della paramontura con il davanti
costura *f* de unión de delantero y vista

527. front edge seam of facing
Besatzverstürznaht *f*
couture *f* de fourreau de la parementure au devant
sopracucitura *f* (per fissare la) paramontura del davanti
costura *f* del canto delantero

528. front fly lining
Schlitzleisten-Gegenfutter *n (Hosenschlitzleisten-Gegenfutter)*
doublure *f* de contrebraguette
fodera *f* per controfinta bottoni *(dell'apertura dei calzoni)*
contraforro *m* de la tapeta de la bragueta

529. front fold line
Fassonbruchlinie *f*
pliure *f* du bord de devant et du revers attenant
piega *f* del bordo del davanti della paramontura
línea *f* de quiebre de la solapa

530. front fusing
Fixieren *n* des Vorderteils
thermofixage *m* du devant
termofissaggio *m* del davanti
termofijado *m* del delantero

531. front of the garment
Bekleidungsvorderteil *n*
devant *m* du vêtement
davanti *m* di vestito
delantero *m* de una prenda de vestir

532. front panel (of a dress)
Vorderbahn *f* (eines Kleides)
panneau *m* (de) devant (d'une robe)
pannello *m* davanti (dell'abito da donna)
panel *m* delantero (de un vestido)

533. front (part) *(left or right of an item)*
vordere Seite *f (linke oder rechte eines Kleidungstücks)*
devant *m*; partie *f* de devant *(partie antérieure, gauche ou droite, d'un vêtement)*
davanti *m*; parte *f* davanti
delantero *m*; parte *f* delantera

534. front (part) fold
Vorderumbruch *m*
pliure *f* du bord (de) devant
ripiega *f* del davanti e della paramontura attaccata
quiebre *m* del delantero

535. front point
spitzer Abstich *m*
bord *m* en pointe
orlo *m* a punta
borde *m* en punta

536. front stay tape
Vorderteil-Eckenband *n*
extra-fort *m* pour les devants
nastro *m* di rinforzo per gli orli dei davanti
ligueta *f* de cantos para delanteros

537. front waist length *(from the base of neckside to waist level)*
vordere Länge *f (vom Halsansatz/Schulter über den Brustpunkt bis zur Taillenumfanglinie)*
longueur *f* de la taille devant *(du point d'encolure jusqu'à la taille)*
lunghezza *f* davanti *(dell'attaccatura dal collo/spalla alla vita)*
largo *m* delantero de talle; largo *m* anterior de talle

538. front yoke
Vorderpasse *f*; Vorderteilsattel *m*
empiècement *m* de devant
sprone *m* davanti
canesú *m* delantero

539. fuller fit *(the cutt)*
weiter Schnitt *m*
coupe *f* ample
linea *f* larga *(termino di moda)*
corte *m* ancho

540. full lining
Ganzabfütterung *f*
doublure *f* complète

foderatura *f* completa
forro *m* completo; forrado *m* entero

541. fullness *(of a cut)*
Weite *f (Fertigmaß, einschl. der Überweite)*
ampleur *f (d'une coupe)*; largeur *f (d'une pièce de vêtement)*
ampiezza *f (del taglio)*; larghezza *f (dell' indumento)*
medida *f* de confección *(corte)*; contorno *m (de la prenda)*

542. fully-fashioned
fully-fashioned
fully-fashioned
fully-fashioned *(che segue bene la linea del corpo)*
menguado; hechurado

543. fully-fashion(ed) items *pl (coll)*
Bekleidungsteile *npl*/vollkonfektionierte *(Koll)*
pièces *fpl* entièrement confectionnées *(coll)*
pezzi *mpl* interamente confezionati
piezas *fpl* hechuradas de confección; componentes *mpl* enteramente terminados de confección

544. furbelows *pl*
Falbel *f (abgenähter Falten)*
falbalas *mpl*
falpalà *f*; balza *f*
volante *m*; faralá *m*

545. fur boa
Pelzstola
étole *f* de fourrure; boa *m* de fourrure
stola *f* di pelliccia
estola *f* de piel

546. fur coat
Pelzmantel *m*
manteau *m* de fourrure
pelliccia *f (cappotto)*; cappotto *m* di pelliccia
abrigo *m* de piel

547. fur-lined
pelzgefüttert
doublé de fourrure
foderato di pelliccia
forrado de piel

548. fur stol
Pelzstola
étole *f* de fourrure; boa *m* de fourrure
stola *f* di pelliccia
estola *f* de piel

549. fur-trimmed coat
Mantel *m* mit Pelzbesatz
manteau *m* à garniture de fourrure
cappotto *m* con guarnizione di pelliccia
abrigo *m* con guarnición de piel

550. fused collar
versiegelter Kragen *m*
col *m* thermocollé; col *m* thermosoudé
colletto *m* termocollato
cuello *m* termosellado; cuello *m* termofijado

G

551. gallooning
Galonieren *n (mit Tresse besetzen)*
galonnage *m*
gallonatura *f*
galoneadura *f*

552. garment *(pref)*
Bekleidung *f*
vêtement *m (ensemble des pièces d'habillement) (pref)*; habillement *m (ensemble de tous les vêtements et accessoires)*
abbigliamento *m (pref)*; vestiario *m*
ropa *f (col)*; prendas *fpl* de vestir; vestuario *m*

553. garment component
Bekleidungsbestandteil *n*
composant *m* de vêtement
componente *m* di vestito
componente *m* de confección

554. garment finishing and ironing machine
Appretur- und Bügelmaschine *f* (für Kleidungsstücke)
machine *f* à apprêter et à repasser des vêtements
macchina *f* per apprettare e stirare
máquina *f* de aprestar y planchar; máquina *f* de finizaje

555. garment proportions *pl*
Paßform *f*, Außenmaße *npl*
proportions *fpl* du vêtement
proporzioni *fpl* del vestito
proporción *f* de la prenda

556. gathered seam
eingehaltene Naht *f*
couture *f* retenue
cucitura *f* increspata
costura *f* embebida

557. gathering foot
Kräuselfuß *m*
pied *m* fronceur
piedino *m* per increspatura
pie *m* fruncidor

558. gathering up
Raffen *n (der Länge nach)*
relevage *m*
sollevamento *m (nella lunghezza)*
fruncido *m*; embebido *m*

559. German standard size
deutsche Normalgröße *f*
dimensions *fpl* standard en Allemagne
taglia *f* normalizzata tedesca
talla *f* standard alemana

560. giant saddle stitch
großer Sattlerstich *m*
point *m* sellier géant
punto *m* di sellaio grossolano
puntada *f* grande de guarnicionero

561. girls' garment *(coll)*
Mädchenbekleidung *f (Koll)*
vêtement *m* (de) fille *(coll)*
abbigliamento *m* da ragazza *(coll)*; vestiario *m* da ragazza *(coll)*
ropa *f* de niña *(col)*

562. girls' size
Mädchengröße *f*
taille *f* de fille
taglia *f* da ragazza
talla *f* de niña

563. girls' wear *(coll)*
Mädchenbekleidung *f (Koll)*
vêtement *m* (de) fille *(coll)*
abbigliamento *m* da ragazza *(coll)*; vestiario *m* da ragazza *(coll)*
ropa *f* de niña *(col)*

564. girth
Umfang *m (äußere Umgrenzung des menschlichen Körpers, durch Rundmessung bestimmt)*
tour *m*
circonferenza *f*
perímetro *m*

565. glen (check)
Glencheck *m*
Glencheck *m (prince de Galles)*; prince de Galles *m*
principe *m* di Galles
príncipe *m* de Gales

566. glitter print
Glitzerdruck *m*
impression *f* étincellante
stampa *f* scintillante
estampado *m* brilliante

567. glossy revers
glänzendes Revers *n*
revers *m* brillant
revers *m* lucido; risvolto *m* lucido
solapa *f* brillante

568. godet
Godet-Stück *n (dreieckiges Stoffteil)*
godet *m*
godet *m*; gherone *m*
gaya *f*; godet *m*

569. gore
Bahn *f (z. B. eines Rockes)*
lé *m (par ex. d'une jupe)*
pannello *m (p. es. di gonna)*
tabla *f (p. ej. de falda)*

570. gored skirt
Bahnenrock *m*
jupe *f* à lés
gonna *f* a pannelli
falda *f* de tablas; falda *f* de paneles

571. gorge seam
Besatzspiegelnaht *f*
couture *f* anglaise *(de la parementure)*
cucitura *f* specchio *(di paramontura)*
costura *f* de entradilla

572. grading
Gradieren *n (stufenweises Ableiten kleinerer und größerer Größen)*
graduation *f*
graduazione *f*
graduación *f*

573. great turn-down collar
Tellerkragen *m*
grand col *m* rabattu
colletto *m* grande a (forma di) piatto
cuello *m* de pala grande

574. guide eye
Führungsöse *f*
œillet *m* de guidage

occhiello *m* di guida
ojete-guía *m*

575. gusset
Einsatz *m (Stoffteil, das in einen Ausschnitt eingenäht wird)*; Keil *m (dreieckiges Schnittteil)*
empiècement *m*; soufflet *m (dans l'angle d'une fente)*; gousset *m (d'une manche)*
incrostazione *f*; gherone *m*; ritaglio *m* triangolare; tassello *m*
entredós *m*; aplique *m*; gaya *f*; cuchillo *m*; ensanche *m*; godet *m*

576. gymp
Gimpe *f*
guimpe *f* (de boutonnière); ganse *f*
cordoncino *m*
cordoncillo *m*

577. gymp(ed) buttonhole
Gimpenknopfloch *n*
boutonnière *f* (à œillet renforcé) à guimpe
asola *f* con cordoncino
ojal *m* con cordoncillo

578. gymp thread
Gimpenfaden *m*
fil *m* guimpe *(de boutonnière)*
filo *m* cordoncino
cordoncillo *m (de refuerzo para ojales)*

H

579. hacking welt pocket *(AE)*
schräge Pattentasche *f*
poche *f* à patte raglan
tasca *f* raglan con aletta
bolsillo *m* con cartera inclinado

580. half-belt *(of the back)*
Rückengürtel *m*
martingale *f (formée d'une patte ou d'un ensemble de deux pattes)*
martingala *f*
martingala *f*; trabilla *f* de espalda

581. half cutting layout
Halbbild *n*
plan *m* de demi-coupe
piano *m* di mezzo taglio
semimarcada *f*

582. half-lined
halbgefüttert
mi-doublé; demi-doublé
semifoderato
semiforrado

583. half-lining
Halbabfütterung *f (teilgefütterte Innenseite)*
demi-doublage *f*
mezza foderatura *f*; semifoderatura *f*
semiforro *m*

584. half-revers
Halbspiegel *m*
demi-revers *m*
mezzo specchio *m*
media solapa *f*

585. half-sizes *pl*
Zwischengrößen *fpl*
tailles *fpl* intermédiaires
taglia *f* intermedia
tallas *fpl* intermedias

586. half-sleeve
halber Ärmel *m*; Halbarm...
(à) demi-manche
(a) mezza manica
(de) media manga

587. half-slip
Halbrock *m (mit Taillen-Gummizug)*
demi-jupon *m (de lingerie montée sur un élastique à la taille)*
mezza sottoveste *f*; mezza sottanina *f (con elastico)*
enagua *f*

588. half-slip pass-through
Halbrock-Durchzug *m*
entre-deux *m* de jupon
passaggio *m* della mezza sottoveste *(con elastico)*
pasada *f* de la enagua; dobladillo *m* ancho de la enagua

589. half stocking
Wadenstrumpf *m*
mi-bas *m*
calzettone *m*
calcetín *m* largo

590. halter top dress
Sonnen-Top-Kleid *n (schulterlos)*
robe *f* bain-de-soleil
prendisole *m (abito da spiaggia)*

vestido *m* playero *(de hombros desnudos)*; vestido *m* top

591. hand-made buttonhole
handgemachtes Knopfloch *n*
boutonnière *f* (faite à la) main
asola *f* (fatta) a mano; bottoniera *f* (fatta) a mano
ojal *m* hecho a mano

592. hand-made ornamental stitch
Handzierstich *m*
point *m* ornemental à la main
punto *m* ornamentale a mano
puntada *f* decorativa a mano

593. handstitch
Handstich *m*
point *m* (à la) main
punto *m* a mano
puntada *f* a mano

594. hanging sleeve
Hängeärmel *m*
manche *f* suspendue
manicottolo *m*; manica *f* pendente
manga *f* colgante

595. haute couture
Haute-Couture *f (Modeschaffen)*
haute couture *f*
alta moda *f*; haute-couture *f*
alta costura *f*

596. head size
Kopfumfang *m*
tour *m* de tête
circonferenza *f* del capo
circunferencia *f* de la cabeza

597. heart-shaped neckline
Cœur-Ausschnitt *m*
encolure *f* en cœur
scollatura *f* a cuore
escote *m* en forma de corazón; escote *m* profundo

598. heat sealable band
Fixierband *n (aus Fixiereinlage zugeschnittenes Band, in Rolle)*
ruban *m* pour thermofixage
nastro *m* (adesivo) per termofissaggio
cinta *f* termocolante

599. heat sealable interlining
heißsiegelbare Einlage *f*
triplure *f* thermosoudable; entoilage *m* thermosoudable
paramontura *f* termosaldabile; rinforzo *m* termosaldabile *(pref)*
entretela *f* termosellable

600. heat-sealed collar
versiegelter Kragen *m*
col *m* thermocollé; col *m* thermosoudé
colletto *m* termocollato
cuello *m* termosellado; cuello *m* termofijado

601. hem
Saum *m (unterer Abschluss von Kleidern, Ärmeln und Hosenbeinen)*
bas *m (de jupe, veston, manteau etc.)*; ourlet *m (préf)*
fondo *m (di un indumento)*; orlo *m* (di fondo)
dobladillo *m*; bajo *m*

602. hem *v*
besäumen *v*
ourler *v*
orlare *v*
dobladillar *v*

603. hem *v* **by hand**
säumen *v*/von Hand
ourler *v* (à la) main
orlare *v* a mano
dobladillar *v* a mano

604. hem *v* **in**
einsäumen *v*
ourler *v*
fare *v* un orlo; orlare *v*
dobladillar *v*

605. hemming *(pref)*
Säumen *n*
ourlage *m*
orlatura *f*
dobladillado *m*

606. hemming band
Saumband *n*
bande *f* à ourler
striscia *f* per orlatura
cinta *f* de dobladillar

607. hemming stitch
Saumstich *m*
point *m* d'ourlage
punto *m* a orlo
puntada *f* de dobladillo

608. hem seam
Saumnaht *f*
couture *f* d'ourlet

cucitura *f* dell'orlo
costura *f* del dobladillo

609. hem trimming
Säumen *n*
ourlage *m*
orlatura *f*
dobladillado *m*

610. hem turn-up
Saumeinschlag *m (der nach innen offenkantig eingeschlagene Teil mit Verlängerungsmöglichkeit)*
repli *m* du bas
piegatura *f* dell'orlo *(pref)*; ripiega *f* del fondo
doblez *m* del bajo

611. herringbone stitch
Hexenstich *m*; Grätenstich *m*; Fischgrätenstich *m*
point *m* russe *(décoratif)*; point *m* de chausson; point *m* d'arête; point *m* en chevron
punto *m* a spina di pesce; punto *m* strega
puntada *f* espina de pez; puntada *f* de espina; punto *m* ruso

612. high-brilliant silk revers
hochglänzender Seidenrevers *m*
revers *m* de soie à haut-brillant
revers *m* di seta molto lucente
solapa *f* de seda muy brillante

613. high-closed
hochgeschlossen
montant
accollato
de escote cerrado

614. high-closed crew [round] neckline
hochgeschlossener, runder Ausschnitt *m*; hochgeschlossener Rundausschnitt *m*
encolure *f* montante ronde
scollatura *f* arrontondata accollata
escote *m* alto redondo; escote *m* cerrado redondo

615. high collar
Chinesenkragen *m*; hoher Kragen *m*
col *m* montant *(formé d'une bande cousue sur une encolure ronde)*; haut-col *m*
colletto *m* cinese; colletto *m* alto *(pref)*
cuello *m* levantado; cuello *m* alto

616. high-necked
hochgeschlossen
montant
accollato
de escote cerrado

617. high-necked neckline
steigender Ausschnitt *m*
encolure *f* montante *(prolongement vers le haut, qui forme un col non-rapporté)*
scollatura *f* montante
escote *m* ascendiente

618. high waist
hohe Taille *f*
taille *f* haute
vita *f* alta
talle *m* alto

619. hip depth
Hüfttiefe *f (vom Halswirbel bis zur stärksten Stelle des Hüftumfanges)*
profondeur *f* de la hanche
profondità *f* dei fianchi
profundidad *f* de las posaderas; largo *m* de cervical a posaderas

620. hip girth
Hüftumfang *m (der größte, waagerecht gemessene Umfang der Hüfte)*
tour *m* au niveau de la hanche
circonferenza *f* dei fianchi
circunferencia *f* de las posaderas

621. hip-length surcoat
Stutzer *m (Jäger-Kurzmantel mit der Länge oberhalb des Knies)*
mackinaw *m (canadianisme, désignant une veste-chemise de chasseur)*; manteau *m* court de chasseur
cappottino *m* da caccia
cazadora *f*

622. hip pocket
Gesäßtasche *f*
poche *f* fessière
tasca *f* posteriore
bolsillo *m* trasero

623. hole of the belt
Gürtelöse *f*
cran *m* de la ceinture *(préf)*; œillet *m* de la ceinture
buco *m* della cintura *(pref)*; foretto *m* della cintura
ojete *m* de cinturón

624. hollow band
Hohlband *n*; Hohlborte *f*
bande *f* creuse; tresse *f* creuse
nastro *m* cavo; treccia *f* cava
cinta *f* hueca; galón *m* hueco

625. hollow edge *(front edge)*
Hohlkante *f*
bord *m* creux
bordo *m* cavo
borde *m* hueco

626. hollow hem
Hohlsaum *m*
ourlet *m* à jour
orlo *m* a giorno
calado *m*; vainica *f*

627. homewear *(coll)*
Hauskleidung *f (Koll)*
vêtement *m* d'intérieur *(coll)*
abbigliamento *m* da casa *(coll)*; vestiti *mpl* da casa *(coll)*
prendas *fpl* de vestir en casa *(col)*

628. hood
Kapuze *f*
capuchon *m (préf)*; capuche *f (capuchon d'un vêtement imperméable ou se prolongeant par une pèlerine)*
cappuccio *m*
capucha *f*

629. hood(ed) coat
Kapuzenmantel *m*
manteau *m* à capuche
cappotto *m* con cappuccio
abrigo *m* con capucha

630. hood(ed) dress
Kapuzenkleid *n*
robe *f* à capuchon
abito *m* con cappuccio *(da donna)*
vestido *m* con capucha

631. hood(ed) sweatshirt
Kapuzen-Sweatshirt *n*
sweatshirt *m* à capuche
sweatshirt *f* a cappuccio
sudadera *f* con capucha

632. hook fastening
Hakenverschluss *m*
fermeture *f* à crochet
chiusura *f* a gancio
cierre *m* de gancho

633. hooks and eyes *pl*
Haken *mpl* und Ösen *fpl*
crochets *mpl* et œillets *mpl*
ganci *mpl* e occhielli *mpl*
ganchos *mpl* y ojetes *mpl*; broche *m* y corchete *m*

634. hook stitch
Hakenstich *m*
point *m* crochet
punto *m* gancio
puntada *f* de gancho

635. horsehair interlining
Rosshaar-Einlagestoff *m*
tissu *m* de renfort en crin de cheval
tessuto *m* in crine di cavallo per paramontura
entretela *f* de crin *(de caballo)*

636. horseshoe neckline
Hufeisenausschnitt *m*
encolure *f* en fer à cheval
scollatura *f* a ferro di cavallo
escote *m* de herradura

637. house-coat
Hauskleid *n*
robe *f* d'intérieur *(longue, plus sobre que la robe d'hôtesse)*
abito *m* da casa *(da donna)*
vestido *m* casero

638. humidify *v*
befeuchten *v*
humidifier *v*
inumidire *v*; umettare *v*
humedecer *v*

I

639. imitation buttonhole *(gen)*
blindes Knopfloch *n*
fausse boutonnière *f*
bottoniera *f* finta
ojal *m* de imitación

640. imitation eyelet
blinde Öse *f*
œillet *m* caché
occhiello *m* cieco *(femminella)*; gangherella *f* cieca
ojete *m* de imitación; ojete *m* ciego

641. imitation lapel buttonhole
blindes Reversknopfloch *n*
fausse boutonnière *f* de revers
bottoniera *f* finta (del) revers; bottoniera *f* finta (del) risvolto
ojal *m* de solapa imitado; ojal *m* ciego de la solapa

642. imitation seam
Scheinnaht *f*
fausse couture *f*
cucitura *f* finta
costura *f* imitada; falsa costura *f*

643. indoor garment *(coll)*
Hauskleidung *f (Koll)*
vêtement *m* d'intérieur *(coll)*
abbigliamento *m* da casa *(coll)*; vestiti *mpl* da casa *(coll)*
prendas *fpl* de vestir en casa *(col)*

644. infants' garment *(coll)*
Kleinkinderbekleidung *f (Koll)*
vêtement *m* pour petits enfants *(coll)*
vestiario *m* per bambini *(coll)*
ropa *f* para niños *(col)*

645. infants' wear *(coll)*
Kleinkinderbekleidung *f (Koll)*
vêtement *m* pour petits enfants *(coll)*
vestiario *m* per bambini *(coll)*
ropa *f* para niños *(col)*

646. informal wear *(coll)*
informelle Kleidung *f (Koll)*
habillement *m* informel *(coll)*
vestiario *m* informale *(coll)*
ropa *f* informal *(col)*

647. inserted elastic lace
eingearbeitete Gummischnur *f*
lacet *m* inséré élastique
elastico *m* inserito
hilo *m* elástico insertado

648. inset pocket
eingesetzte Tasche *f*
poche *f* coupée
tasca *f* intagliata
bolsillo *m* insertado

649. inset sleeve
eingesetzter Ärmel *m*
manche *f* montée
manica *f* a giro applicata
manga *f* pegada; manga *f* insertada

650. inside breast pocket
Innenbrusttasche *f*
poche *f* (de) poitrine intérieure
tasca *f* di petto interna
bolsillo *m* de pecho interior

651. inside leg length
innere Beinlänge *f (einer Hose)*; Schritthöhe *f (als Körpermaß von der Rumpfbegrenzung bis zur Fußsohle)*
longueur *f* d'enjambée; longueur *f* de la partie interne des jambes *(qui va du corps jusqu'à la semelle)*
lunghezza *f* interna della gamba *(dei pantaloni)*; lunghezza *f* interna della gamba *(misura corporale)*
largo *m* de entrepiernas

652. inside lining
Innenfutter *n*
doublure *f* intérieure
fodera *f* interna
forro *m* interior

653. inside pocket *(pref)*
Innentasche *f*
poche *f* intérieure *(gen)*; poche *f* journal *(en pardessus)*
tasca *f* interna
bolsillo *m* interior

654. inside seam of a facing
Besatzkantennaht *f*
couture *f* de parementure rapportée
cucitura *f* di paramontura davanti
primera costura *f* de vista

655. interfacing
Einlage *f (aus einem Einlage-Stoff zugeschnittener Bekleidungsbestandteil)*
triplure *f (entre l'étoffe et la doublure pour donner du corps. Ex.: de col chemisier)*; entoilage *m (Ex.: de veston)*; gros grain *m (Ex.: de pantalon)*; entre-doublure *f*
controfodera *f (gen)*
entretela *f*; intertelado *m*; entretelado *m*

656. interlining
Einlage *f (aus einem Einlage-Stoff zugeschnitter Bekleidungsbestandteil)*; Zwischenfutter *n*
triplure *f (entre l'étoffe et la doublure pour donner du corps. Ex.: de col chemisier)*; entoilage *m (Ex.: de veston)*; gros grain *m (Ex.: de pantalon)*; entre-doublure *f*
controfodera *f*

entretela *f*; intertelado *m*; entretelado *m*; contraforro *m*

657. interlining for heat sealing
Siegeleinlage *f*
renfort *m* pour thermocollage; triplure *f* à thermocollage par points
controfodera *f* per incollatura termica
entretela *f* de termofusión

658. interlining with wadding
Wattieren *n*
ouatage *m*
imbottitura *f*
acolchado *m*; enguatado *m*

659. interlock seam
Interlocknaht *f*
couture *f* interlock
cucitura *f* a sopraggitto interlock
costura *f* interlock

660. intermediate lay(er)
Zwischenlage *f*
couche *f* intermédiaire
strato *m* intermedio
copa *f* intermedia

661. intimates *pl (coll)*
Unterwäsche *f (Koll)*
linge *m* de corps *(coll)*; lingerie *f (coll)*
biancheria *f* (intima) *(coll)*
ropa *f* interior *(col)*; ropa *f* íntima *(col)*

662. inverted pleat
Quetschfalte *f (eine entgegengesetzt eingearbeitete Kellerfalte)*
pli *m* rond *(inverse du pli creux; double contreposé à l'extérieur)*
piega *f* inversa *(del ripiego spacco)*
pliegue *m* encontrado

663. invisible armhole facing
nichtsichtbarer Armlochbeleg *m*
propreté *f* non-apparente d'emmanchure
ripresa *f* invisibile della giromanica *(con applicazione di bordura in diritto filo)*
refuerzo *m* de sisa invisible

664. iron finish(ing)
Finishbügeln *n* durch Handbügeln
achèvement *m* par repassage à la main
finissaggio *m* mediante stiratura a mano; rifinitura *f* mediante stiratura a mano
acabado *m* con plancha a mano

665. ironing board
Bügelbrett *n*
planche *f* à repasser
asse *f* da stiro
tabla *f* de planchar

666. ironing cloth
Bügeltuch *n*
drap *m* de repassage
tela *f* da stiro
paño *m* de planchar

667. ironing dummy
Bügelbüste *f*
buste *m* de repassage
busto *m* da stiro
maniquí *m* de planchar

668. ironing pad
Bügelkissen *n*
molleton *m* de repassage
cuscinetto *m* da stiro
cojinete *m* de plancha

J

669. jacket *(man's)*
Jacke *f (Herrenjacke)*; Sakko *m (Straßen- oder Sportsakko, der kein Anzugbestandteil ist; hat in der HAKA die Termini Jackett und Jacke überwiegend ersetzt)*
veste *f* d'homme *(la veste d'un complet s'appelle veston et celle d'un tailleur jaquette)*
giacca *f* da uomo
chaqueta *f (de caballero)*

670. jacket *(of lady's ensemble)*
Jacke *f (Damenjacke)*
jaquette *f (d'un ensemble pour dame)*
giacca *f (da donna)*
chaqueta *f (de señora)*

671. jeans *pl*
Jeanshose *f*
jean(s) *m*
jeans *mpl*
pantalón *m* vaquero; pantalón *m* tejano

672. jersey (pullover)
Jersey *n*
jersey *m (pull de laine très fine ou de soie)*
maglia *f* jersey
jersey *m*

673. jewel neck(line)
halsnaher Ausschnitt *m*
encolure *f* ras du cou
scollatura *f* a girocollo
escote *m* cerrado

674. joined *(e.g. facing to front)*
angesetzt *(z. B. Besatz oder Bund)*
rapporté; monté
rimesso
aplicado

675. joined lapel facing
Besatz *m*/angesetzter *(Reversbesatz)*
parementure *f* haut revers rapportée
paramontura *f* rimessa del revers
vista *f (de la solapa)* aplicada

676. joining by seaming *(pref)*
Zusammennähen *n*
assemblage *m* par couture
assemblaggio *m* mediante cucitura
ensamblado *m* mediante costura

677. joining seam of collar and facing
Besatzkragennaht *f*
couture *f* du fourreau du dessous (de) col
cucitura *f* del rinforzo del sottocollo
costura *f* del refuerzo del cuello inferior

678. jumper
Chasuble *f (ärmellose und kragenlose Damenjacke und -weste)*
chasuble *f (à encolure dégagée, sans manches)*
abito *m* chasuble
chaleco *m (de señora)* tipo casulla; chasuble *m*

679. jumper (dress)
Jumperkleid *n*
chasuble *f (terme de mode)*; robe-chasuble *f (à encolure dégagée sans manches, portée sur un corsage)*
completo *m* jumper
conjunto *m* de falda y niqui

680. juniors' garment *(coll)*
Jugendbekleidung *f (Koll)*
vêtement *m* pour jeunes *(coll)*; vêtement *m* pour adolescents *(coll)*
abbigliamento *m* per i giovani *(coll)*
ropa *f* juvenil *(col)*

K

681. kick pleat
Gehfalte *f*
pli *m* d'aisance
piega *f* di camminare *(permette di camminare in una gonna attillata)*
pliegue *m* de falda; pliegue *m* de vestido

682. kiddy's bib slacks *pl*
Latzhöschen *n*
culotte *f* à bavette d'enfant
pantaloncini *mpl* con pettino da bambino
pantaloncito *m* con peto

683. kitchen apron
Küchenschürze *f*
tablier *m* de cuisine
grembiule *m* da cucina
delantal *m* de cocina

684. knee breeches *pl (tight)*
Kniebundhose *f (mit Bundabschluss unterhalb des Knies ohne Überfall)*
culotte *f* serrée au genou *(mais pas bouffante)*
calzoni *mpl* tesi, serrati sotto il ginocchio
pantalón *m* con perneras sujetas por debajo de las rodillas

685. knee-length
knielang
arrivant jusqu'au genou
lungo fino al ginocchio
de largo hasta la rodilla

686. knee-length *(preconized by Coco Chanel)*
Chanel-Länge *f*
longueur *f* chanel *(longueur préconisée par Coco Chanel)*
lunghezza *f* Chanel
largo *m* Chanel

687. knee measurement
Knieweite *f*
mesure *f* au niveau du genou
misura *f* del ginocchio
medida *f* de la rodilla

688. knitted glove
Trikothandschuh *m*
gant *m* en maille
guanto *m* a maglia
guante *m* de punto

689. knitted waistband
Strickbund *m*
ceinture *f* tricotée
cintura *f* lavorata a maglia
cenefa *f* de punto

690. knurl stitch
Kordonnierstich *m*
point *m* de bourdon
punto *m* a cordoncino
puntada *f* de bordón; puntada *f* cordoné

L

691. labelling
Etikettieren *n*
étiquetage *m*
etichettatura *f*
etiquetado *m*

692. lace collar
Spitzenkragen *m*
col *m* en dentelle
colletto *m* di pizzo
cuello *m* de encaje

693. lace cuff
Spitzenmanschette *f*
manchette *f* en dentelle
polsino *m* di pizzo
puño *m* de encaje

694. lace dress
Spitzenkleid *n*
robe *f* en dentelle
abito *m* di pizzo
vestido *m* de encaje

695. lace edging
Spitzenbesatz *m*
parementure *f* en dentelle
paramontura *f* di merletto
pasamano *m* de encaje

696. lace eyelet
Schnürloch *n*
œillet *m* à lacer
occhiello *m* per cordicella
ojete *m* para el cordón; ojal *m* para el cordón

697. lace fastening
Schnurverschluss *m (an Kleidern)*
fermeture *f* à lacet
chiusura *f* per (mezzo di) allacciatura
cierre *m* acordonado

698. lace hem
Spitzensaum *m*
ourlet *m* de dentelle
orlo *m* di pizzo
dobladillo *m* de encaje

699. lace piping
Spitzenpaspel *f*
passepoil *m* de dentelle
filetto *m* di pizzo
vivo *m* de puntilla

700. lacing
Schnürung *f*
laçage *m (consiste en un lacet passé dans des œillets)*
allacciatura *f*
acordonado *m*

701. ladder stitch
Leiterstich *m*
point *m* échelle
punto *m* a (forma di) scala
puntada *f* a escalera

702. ladies' bikini
Damenslip *m*
slip *m* de femme
slip *m* da donna
braguita *f*; braga *f* bikini

703. ladies' (bikini) panties *pl*
Damenslip *m*
slip *m* de femme
slip *m* da donna
braguita *f*; braga *f* bikini

704. ladies' briefs *pl*
Höschen *n (Damenhöschen)*
culotte *f* de femme *(retenu à la taille par un élastique)*
mutandine *fpl* da donna; calzoncini *mpl* da donna
fajita *f* panty

705. ladies' garment *(coll)*
Damenbekleidung *f (Koll)*
vêtement *m* pour femmes *(coll)*
abbigliamento *m* da donna *(coll)*; vestiario *m* da donna *(coll)*
vestuario *m* para señora *(col)*; ropa *f* para señora *(col)*

706. ladies' making-up
Damenkonfektion *f (Tätigkeit)*
confection *f* pour femmes *(l'activité)*

confezione *f* di vestiario da donna *(la produzione)*
confección *f* de señora *(producción)*

707. ladies' needle trade *(AE)*
Damenkonfektion *f (Tätigkeit)*
confection *f* pour femmes *(l'activité)*
confezione *f* di vestiario da donna *(la produzione)*
confección *f* de señora *(producción)*

708. ladies' outerwear *(coll)*
Damenoberbekleidung *f*, DOB *f (Koll)*
vêtement *m* de dessus féminin *(coll)*
abbigliamento *m* esterno da donna *(coll)*; confezioni *fpl* (di vestiario esterno) da donna *(coll)*; confezioni *fpl* femminili esterne *(coll)*
ropa *f* exterior de señora *(col)*; confección *f* exterior femenina *(col)*

709. ladies' outsize
Damenübergröße *f*
très grande taille *f* de femme
taglia *f* da donna più grande del normale *(pref)*
talla *f* extra grande de señora

710. ladies' shirt
Damenhemd *n*
blouse *f* chemisier
camicetta *f* da donna
blusa *f* camisera; camisa *f* de señora

711. ladies' shirtwaist
Damenhemd *n*
blouse *f* chemisier
camicetta *f* da donna
blusa *f* camisera; camisa *f* de señora

712. ladies' size
Damengröße *f*
taille *f* de femme
taglia *f* da donna; misura *f* da donna
talla *f* de señora; medida *f* de señora

713. ladies' suit
Tailleur *m (pref) (auch Kostüm)*
tailleur *m*
tailleur *m*
traje *m* chaqueta *(para señora)*; traje *m* sastre *(para señora)*

714. ladies' underwear *(coll)*
Damenwäsche *f (Koll)*
lingerie *f* féminine *(coll)*; dessous *m* féminin *(coll)*
biancheria *f* (intima) da donna *(coll)*
ropa *f* íntima de señora *(col)*; lencería *f (col)*

715. ladies' wear *(coll)*
Damenbekleidung *f (Koll)*
vêtement *m* pour femmes *(coll)*
abbigliamento *m* da donna *(coll)*; vestiario *m* da donna *(coll)*
vestuario *m* para señora *(col)*; ropa *f* para señora *(col)*

716. lapel
Revers *n (umgelegter Bereich des Fassons zwischen Spiegelnaht und Fasson-Auslauf)*
revers *m*
revers *m*; risvolto *m*
solapa *f*

717. lapel and collar *(as ensemble)*
Fasson *n (von der Schulternaht bis zum Fassonauslauf)*
revers *m* et col *m (l'ensemble)*
insieme *m* di collo e risvolto; risvolto *m* e colletto *m (l'insieme)*
solapa *f* y cuello *m*

718. lapel and collar fall
Fassonbruch *m*
cassure *f* du revers et col
piegatura *f* del risvolto e colletto
quiebre *m* de la solapa

719. lapel collar
Reverskragen *m*
col *m* de revers
colletto *m* del risvolto
cuello *m* de la solapa

720. lapel dart
Reversabnäher *m*
pince *f* de revers
pince *f* su risvolto; ripresa *f* su risvolto
pinza *f* de la solapa

721. lapel facing
Reversspiegel *m*
parement *m* (de soie) du revers
specchio *m* del risvolto
entradilla *f*; espejo *m* de la solapa

722. lapel facing seam *(joining to coat front)*
Reversbesatz-Kantennaht *f*
couture *f* de fourreau du haut du revers rapporté
sopracucitura *f* per fissare la paramontura rimessa

costura *f* de unión de vista de solapa y delantero

723. lapping frame
Abstapelrahmen *m*
cadre *m* de l'empileur
telaio *m* per infaldare
cuadro *m* de apilar

724. largesize bartack
Großriegel *m*
bride *f* d'arrêt grand-format
grande travetta *f*
presilla *f* grande

725. lasting wrinkle
Zwickfalte *f*
pli *m* de montage
piega *f* di montaggio
pliegue *m* de montaje

726. launderfast *(AE)*
waschecht
solide au lavage
solido al lavaggio
sólido al lavado

727. laundering instructions *pl (AE)*
Waschanleitung *f*
instructions *fpl* de lavage
istruzioni *fpl* per il lavaggio
instrucciones *fpl* de lavado

728. lay *v* **(a fabric) on the double**
doublieren *v*, doppeln *v (ungedoppelten Stoff der Länge nach auf die Hälfte falten)*
doubler *v* (un tissu)
binare *v*; doppiare *v* (un tessuto)
doblar *v* (el tejido)

729. lay(er) *(of a folded fabric)*
Lage *f (einer gelegten Stoffbahn)*
pli *m (mis avant la coupe)*; matelas *m (avant la coupe) (préf)*
materasso *m (di tessuto approntato per il taglio)*
capa *f*; extendido *m*

730. laying
Lagenlegen *n*
mise *f* en matelas; étalage *m* du matelas avant la coupe
approntamento *m* dei materassi (di tessuto); formazione *f* dei materassi (di tessuto)
extendido *m* de las capas

731. laying machine
Legemaschine
metteuse *f* en plis; étaleuse *f*
macchina *f* per approntare materassi (di tessuto)
máquina *f* de extender *(tejidos)*

732. layout planning
Schnittbildplanung *f*
faire *v* le plan de coupe
pianificazione *f* del piano di taglio
planificación *f* de marcada

733. leather button
Lederknopf *m*
bouton *m* de cuir
bottone *m* di cuoio
botón *m* de cuero

734. leather coat
Ledermantel *m*
manteau *m* en peau
cappotto *m* di pelle
abrigo *m* de cuero

735. leg-of-mutton sleeve
Keulenärmel *m*
manche *f* (à) gigot *(ample et bouffante, mais très ajustée, du coude au poignet)*
manica *f* a gigot; manica *f* a prosciutto
manga *f* abullonada

736. leg tab
Beinlasche *f*
patte *f* de réglage des jambes du pantalon; patte *f* de serrage *(du pantalon)* à la jambe
alamaro *m* stringi-gamba
ajustador *m* de pernera

737. leisure wear
Freizeitkleidung *f*
vêtement *m* de loisir
abbigliamento *m* sportivo per il tempo libero *(coll)*
vestuario *m* para tiempo libre

738. length
Länge *f*
longueur *f*
lunghezza *f*
largo *m*

739. lengthening
Längermachen *n*
rallongement *m*

allungamento *m (di un pezzo di vestito)*
alargamiento *m*

740. length measurements *pl*
Längenmaße *npl*
mesures *fpl* en long(ueur)
misure *fpl* di lunghezza
medidas *fpl* longitudinales

741. length of leg *(of trousers)*
Beinlänge *f (Hosenbeinlänge)*
longueur *f* de la jambe (de pantalon)
lunghezza *f* della gamba (dei pantaloni)
largo *m* de pernera

742. length of pant leg *(AE)*
Hosenbeinlänge *f*
longueur *f* de la jambe de pantalon
lunghezza *f* della gamba dei pantaloni
largo *m* de pernera

743. length of trouser leg
Hosenbeinlänge *f*
longueur *f* de la jambe de pantalon
lunghezza *f* della gamba dei pantaloni
largo *m* de pernera

744. let-in piece
Keil *m (dreieckiges Schnittteil)*
soufflet *m (dans l'angle d'une fente)*; gousset *m (d'une manche)*
gherone *m*; ritaglio *m* triangolare; tassello *m*
gaya *f*; cuchillo *m*; ensanche *m*; godet *m*

745. liberty bodice
Leibchen *n*
corselet *m* léger
bustino *m* leggero
corpiño *m*

746. light(weight) overcoat of woven fabric
Stoffmantel *m*, leichter
manteau *m* de femme léger en tissu; pardessus *m* d'homme léger en tissu
soprabito *m* leggero in tessuto
abrigo *m* ligero de tejido

747. line *v*
füttern *v*
doubler *v (le vêtement)*
foderare *v*
forrar *v*

748. line *v (the clothing)*
abfüttern *v (Einarbeiten von Futter)*
doubler *v (l'habillement)*
foderare *v*
forrar *v*

749. lined
gefüttert
doublé
foderato
forrado

750. line *v* **with fur**
mit Pelz füttern *n*
doubler *v* à fourrure
foderare *v* con pelliccia
forrar *v* con piel

751. lining *(liner)*
Futter *n*
doublure *f*
fodera *f*
forro *m*

752. lining *(the activity of)*
Abfütterung *f*
doublage *f*
foderatura *f*
forrado *m*

753. linings *pl*
Futterstoff *m*
tissu *m* pour doublure
foderame *m*; tessuto *m* da fodera
género *m* para forro

754. lockstitch
Steppstich *m*
point *m* noué
punto *m* annodato
pespunte *m*

755. lockstitch seam
Steppnaht *f*
couture *f* à point noué
cucitura *f* a punto annodato *(trapuntata o impuntata)*
costura *f* de pespunte

756. loden coat
Lodenmantel *m*
manteau *m* (de) de loden
cappotto *m* (di) loden
(abrigo) loden *m*

757. longitudinal opening
Längsschlitz *m (An- und Auskleide-schlitz)*
ouverture *f* longitudinale *(pour mettre facilement une robe)*
apertura *f* longitudinale *(per indossare facilmente un indumento)*

abertura *f* longitudinal *(para poner y desvestir una prenda)*

758. longitudinal seam
Längsnaht *f*
couture *f* longitudinale
cucitura *f* longitudinale
costura *f* longitudinal

759. longitudinal vent
Längsschlitz *m (für Bewegungsfreiheit)*
fente *f* longitudinale
spacco *m* longitudinale *(per la libertà di movimento)*
abertura *f* longitudinal *(para libertad de movimiento)*

760. long jacket
Longjacke *f*
blouson *m* long
giacca *f* lunga
chaqueta *f* larga, chaquetón *m*

761. long size
Langgröße *f*
taille *f* longue
lunga taglia *f*
talla *f* grande

762. Loop
Lasche *f*
bride *f*; éclisse *f*
tesa *f*; coprigiunto *m*
lengüeta *f*

763. loop closure
Schlingenverschluss *m*
fermeture *f* à bride
chiusura *f* a cappio
cierre *m* de lazo

764. Looping
Ketteln *n*
remmaillage *m*
rimagliatura *f*
remallado *m*

765. looping seam
Kettelnaht *f*
couture *f* de remmaillage
cucitura *f* a cappio
costura *f* remallada

766. loop stitch
Kettelstich *m*
point *m* de remmaillage
punto *m* a cappio
puntada *f* remallada

767. loose belt
loser Gürtel *m*
ceinture *f* amovible
cintura *f* amovibile, cintura *f* staccabile
cinturón *m* suelto

768. loose-fitting
körperweit *(nicht richtig weit)*
loin du corps *(non ajusté, mais aussi pas véritablement ample)*
lento *(non aderente)*
suelto; no ajustado

769. loose-fitting coat
körperweiter Mantel *(nicht richtig weit)*
manteau *m* vague *(loin du corps)*
cappotto *m* lento *(non aggiustato)*
abrigo *m* suelto

770. loose-fitting dress
Hängerkleid *n*
robe *f* vague *(très ample, de forme floue)*
abito *m* a sacco *(da donna)*
vestido *m* saco

771. loose stitch
lockerer Stich *m*
point *m* peu serré
punto *m* lento
puntada *f* suelta; puntada *f* floja

772. low-creasable
knitterarm
peu froissable
quasi ingualcibile
de pocas arrugas

773. low-cut décolleté
tiefes Dekolleté *n*
décolleté *m* profond ou prononcé
décolleté *m* profondo
escote *m* profundo

774. low-cut neckline
Ausschnitt *m*/tiefer
encolure *f* profonde
scollatura *f* profonda
escote *m* profundo

775. lumberjack
Ärmelweste *f*
veste-blouson *f*
giubbetto *m*
blusón *m*

M

776. mac *(mackintosh)*
Regenmantel *m*
manteau *m* imperméable; manteau *m* de pluie; imperméable *m*
impermeabile *m*
impermeable *m*; trinchera *f*

777. machine-made buttonhole
Maschinenknopfloch *n*
boutonnière *f* (faite à la) machine
asola *f* a macchina
ojal *m* hecho a máquina

778. machine operating
Maschinenbedienung *f*
faire *v* marcher *(une machine)*
condotta *f* di una macchina
manejo *m* de una máquina

779. machine plied yarn
Nähmaschinenzwirn *m*
retors *m* pour machines à coudre
filo *m* ritorto per la macchina per cucire
torzal *m* para máquinas de coser

780. machine seam
Maschinennaht *f*
couture *f* de machine
cucitura *f* a macchina *(l'effetto)*
costura *f* a máquina

781. machine stitch
Maschinenstich *m*
point *m* à la machine
punto *m* a macchina
puntada *f* a máquina

782. mackinaw coat *(AE)*
Stutzer *m* *(Jäger-Kurzmantel mit der Länge oberhalb des Knies)*
mackinaw *m* *(canadianisme, désignant une veste-chemise de chasseur)*; manteau *m* court de chasseur
cappottino *m* da caccia
cazadora *f*

783. made-to-measure
maßgeschneidert
sur mesure
su misura
confeccionado a medida

784. made-to-measure making-up
Maßkonfektion *f*
confection *f* sur mesure
confezione *f* su misura
confección *f* a medida

785. made-to-order suit
Maßanzug *m*
costume *m* sur mesure *(suivant les mesures d'une personne)*
completo *m* su misura *(da uomo)*
traje *m* a medida

786. magnet neckline
Magnetausschnitt *m*
encolure *f* en aimant
scollatura *f* (a forma di) magnete
escote *m* en forma de imán

787. main interlining
Ganzeinlage *f*
triplure *f* complète
controfodera *f* completa; canapina *f* completa
entretela *f* entera

788. making-up
Konfektion *f* *(die Herstellung)*
confection *f* *(la fabrication)*
confezione *f* *(la fabbricazione)*
confección *f* *(la fabricación)*

789. making-up machine
Bekleidungsmaschine *f*
machine *f* pour la confection (de l'habillement)
macchina *f* da confezione
máquina *f* de confección

790. marking drill for fabric layers
Markierbohrer *m* für Gewebelagen
poinçon *m* de marquage pour couches de tissu
trapano *m* di tracciatura per strati di tessuto
punzón *m* de taladrar para tejidos

791. mark-stitching *pl*
Markiernaht *f*
couture *f* de marquage
cucitura *f* di tracciatura
costura *f* de marcar

792. martingale
Rückengürtel *m*
martingale *f* *(formée d'une patte ou d'un ensemble de deux pattes)*
martingala *f*
martingala *f*; trabilla *f* de espalda

793. maternity dress
Umstandskleid *n*
robe *f* de maternité; robe *f* pour future maman
abito *m* per gestanti; abito *m* premaman
vestido *m* premamá

794. measuring
Messen *n (Körper- und Bekleidungsmaße)*
mesurage *m (d'un vêtement ou d'une partie du corps)*
misurazione *f (del vestito o del corpo)*
toma *f* de medidas

795. measuring tape
Messband *n*
mètre-ruban *m*
metro *m* a nastro
cinta *f* métrica

796. medium size
Mittelgröße *f*
taille *f* moyenne
taglia *f* media
talla *f* mediana

797. men's and boy's outerwear *(coll)*
Herren- und Knabenoberbekleidung *f*, HAKA *f (Koll)*
vêtement *m* de dessus pour hommes et garçons *(coll)*
vestiario *m* esterno da uomo e da ragazzo *(coll)*; vestiti *mpl* esterni da uomo e da ragazzo *(coll)*
ropa *f* exterior masculina *(col)*; ropa *f* exterior para caballeros y chicos *(col)*

798. men's garment *(coll)*
Herrenbekleidung *f (Koll)*
vêtement *m* d'homme *(coll)*
vestiario *m* maschile *(coll)*
ropa *f* masculina; prendas *fpl* de vestir para caballero *(col)*

799. men's linen *(coll)*
Herrenunterwäsche *f (Koll)*
lingerie *f* pour hommes *(coll)*; sous-vêtement *m* pour hommes *(coll)*
biancheria *f* (intima) da uomo *(coll)*; maglieria *f* (intima) da uomo *(coll)*
ropa *f* interior masculina

800. men's look blouse
Hemdbluse *f*
blouse-chemise *f*; chemisier *m (corsage rappelant une chemise d'homme)*
camicetta *f (tipo uomo)*
blusa *f* camisera

801. men's outerwear *(coll)*
Herrenoberbekleidung *f (Koll)*
vêtement *m* masculin de dessus *(coll)*
abbigliamento *m* esterno da uomo *(coll)*
ropa *f* exterior masculina *(col)*

802. men's ready-made clothing
Herrenkonfektion *f (Erzeugnis)*
confection *f* pour hommes *(le produit fini)*
confezioni *fpl* maschili
confección *f* de prendas masculinas

803. men's ready-to-wear
Herrenkonfektion *f (Erzeugnis)*
confection *f* pour hommes *(le produit fini)*
confezioni *fpl* maschili
confección *f* de prendas masculinas

804. men's shirt
Herrenhemd *n*
chemise *f* d'homme
camicia *f* da uomo
camisa *f* de caballero

805. men's size
Herrengröße *f*
taille *f* d'homme
taglia *f* da uomo
talla *f* de caballero

806. men's underclothing *(coll)*
Herrenunterwäsche *f (Koll)*
lingerie *f* pour hommes *(coll)*; sous-vêtement *m* pour hommes *(coll)*
biancheria *f* (intima) da uomo *(coll)*; maglieria *f* (intima) da uomo *(coll)*
ropa *f* interior masculina

807. men's underwear *(coll)*
Herrenunterwäsche *f (Koll)*
lingerie *f* pour hommes *(coll)*; sous-vêtement *m* pour hommes *(coll)*
biancheria *f* (intima) da uomo *(coll)*; maglieria *f* (intima) da uomo *(coll)*
ropa *f* interior masculina

808. men's wear *(coll)*
Herrenbekleidung *f (Koll)*
vêtement *m* d'homme *(coll)*
vestiario *m* maschile *(coll)*; abbigliamento *m* da uomo
ropa *f* masculina; prendas *fpl* de vestir para caballero *(col)*

809. Merrow stitch
Merrowstich *m*
point *m* Merrow
punto *m* Merrow
puntada *f* Merrow

810. metallized *(fibres)*
leonisch
métallisé *(fibres)*
metallizzato *(fibre)*
metalizado

811. minimum-iron
bügelleicht
à repassage léger; facile à repasser
che si stira facilmente; facile da stirare
fácil de planchar

812. minimum measures *pl*
Mindestmaße *npl*
mesures *fpl* minimes; mesures *fpl* plus petites
misure *fpl* minime
medidas *fpl* mínimas

813. missing stitch
Fehlstich *m (keine Verschlingung zwischen den Nähfäden)*
point *m* manqué
punto *m* saltato
puntada *f* saltada; puntada *f* fallada

814. mock pocket
falsche Tasche *f*
fausse poche *f*
tasca *f* finta
bolsillo *m* ciego

815. mock safety stitch
imitierter Sicherheitsstich *m*
faux-point *m* de couture et surjet simultanés
punto *m* di sicurezza finto
puntada *f* de seguridad imitada

816. mock seam
Scheinnaht *f*; imitierte Naht *f*
fausse couture *f*
cucitura *f* finta; finta-cucitura *f*
falsa costura *f*

817. model
Modell *n (Gesamtbild (Design) eines Bekleidungsstückes)*
modèle *m*
modello *m (prototipo)*
modelo *m*

818. model dress
Modellkleid *n*
robe-modèle *f*
abito *m* modello *(da donna)*
vestido *m* modelo

819. moss stitch
Moosstich *m*
point *m* mousse
punto *m* muschio
puntada *f* musgo

820. mother (cutting) pattern
Mutterschnittmuster *n*
patron *m* (de coupe) mère
cartamodello *m* madre *(per taglio)*
muestra *f* del patrón base; muestra *f* del patrón maestro

821. mounted lace
Spitze *f*/aufgesetzte
dentelle *f* montée
pizzo *m* applicato
puntilla *f* aplicada

822. multi-needle stitching *(of an ornamental seam)*
Steppen *n (von Ziernähten)*
piqûre *f* (d'ornementation)
impuntura *f* ornamentale
pespunteado *m* ornamental; cosido *m* ornamental

823. multiple seam
Mehrfachnaht *f*
piqûre *f* multiple
cucitura *f* multipla
costura *f* múltiple

824. multi-pocket
Multi-Pocket-Tasche *f*; Mehrwegtasche *f*
poche *f* multiple
tasca *f* multipla
bolsa *f* múltiple; bolsillo *m* múltiple

825. multipurpose sewing machine
Mehrzweck-Nähmaschine *f*
machine *f* à coudre universelle
macchina *f* per cucire universale
máquina *f* de coser universal

826. multi-step zigzag stitch
Mehrstich-Zickzackstich *m*
point *m* en zigzag multistep; boutage *m* en zigzag multistep
punto *m* a zigzag multiplo
puntada *f* zigzag múltiple

827. multi-way (patch) pocket
Multi-Pocket-Tasche *f*; Mehrwegtasche *f*
poche *f* multiple
tasca *f* multipla
bolsa *f* múltiple; bolsillo *m* múltiple

N

828. neck-distant collar
halsentfernter Kragen *m*
col *m* loin de cou
colletto *m* distante dal collo; colletto *m* scostato
cuello *m* holgado

829. neck facing seam
Halsringversäuberung *f*
couture *f* de propreté d'encolure
cucitura *f* di attaccatura della scollatura
acabado *m* del escote

830. neck finishing binding *(or facing)*
Halsschrägband *n (Einfassband)*
biais *m* d'encolure; bande *f* de propreté d'encolure apparente
ripresa *f* del girocollo
cinta *f* al biés para escote *(ribete)*

831. neckhole
Ausschnitt *m (Halsabschluss)*
encolure *f*
scollatura *f*
escote *m*

832. neck(line) *(pref)*
Ausschnitt *m (Halsabschluss)*
encolure *f*
scollatura *f*
escote *m*

833. neck measurement
Halsgröße *f*
mesure *f* du cou
misura *f* del collo
medida *f* del cuello

834. neck opening
Ausschnitt *m (Halsabschluss)*
encolure *f*
scollatura *f*
escote *m*

835. neckpiece *(collar and facing)*
Halsbesatz *m*
fourreau *m* du dessus de col
rinforzo *m* del sottocollo
refuerzo *m* del cuello inferior

836. neck size *(pref)*
Halsgröße *f*
mesure *f* du cou
misura *f* del collo
medida *f* del cuello

837. needle
Nadel *f*
aiguille *f*
ago *m*
aguja *f*

838. needle eye
Nadelöhr *n*
chas *m* de l'aiguille
cruna *f* dell'ago
ojo *m* de la aguja; orificio *m* de la aguja

839. needle fineness
Nadelfeinheit *f (auch Nadelnummer)*
finesse *f* de l'aiguille
finezza *f* dell'ago
finura *f* de la aguja; delgadez *f* de la aguja

840. needle groove
Nadelrinne *f*
gorge *f* de l'aiguille
scanalatura *f* dell'ago
ranura *f* de la aguja; canal *m* de la aguja

841. needle heel
Nadelkolben *m*
pied *m* de l'aiguille
piede *m* dell'ago
pie *m* (de la aguja)

842. needle penetration
Nadeleinstich *m*
pénétration *m* de l'aiguille
penetrazione *f* dell'ago *(nel tessuto)*
penetración *f* de la aguja

843. needle positioning
Nadelpositionierung *f*
positionnement *m* de l'aiguille
posizionamento *m* dell'ago
posicionado *m* de la aguja

844. needle scarf
Nadelschlitz *m*
entaille *f* de l'aiguille
intaglio *m* dell'ago
hendidura *f* de la aguja

845. needle shank
Nadelschaft *f*

tige *f* de l'aiguille; fût *m* de l'aiguille (à coudre)
stelo *m* dell'ago; asta *f* dell'ago
hoja *f* de la aguja; caña *f* de la aguja; vástago *m* de la aguja

846. needle size
Nadelnummer *f (in Nm)*
numéro *m* de l'aiguille
numero *m* dell'ago *(la misura)*
número *m* de la aguja

847. needle stitch
Nadelstich
point *m* d'aiguille
punto *m* di cucito
puntada *f* de aguja

848. needle thread
Nadelfaden *m*
fil *m* d'aiguille
filo *m* dell'ago
hilo *m* de la aguja

849. needle thread (of sewing machine)
Oberfaden *m* (der Nähmaschine)
fil *m* d'aiguille (de la machine à coudre)
filo *m* dell'ago (della macchina per cucire)
hilo *m* de la aguja *(de la máquina de coser)*

850. needle thread tension
Nadelfadenspannung *f*; Oberfadenspannung *f*
tension *f* du fil d'aiguille
tensione *f* del filo superiore; tensione *f* del filo dell'ago
tensión *f* del hilo de la aguja; tensión *f* del hilo superior

851. needle thread tension control
Nadelfadenspannungs-Regelung *f*
réglage *m* de la tension du fil d'aiguille
regolazione *f* della tensione del filo dell'ago
regulación *f* de la tensión del hilo de la aguja

852. needle-trade *(AE)*
Konfektion *f (die Herstellung)*
confection *f (la fabrication)*
confezione *f (la fabbricazione)*
confección *f (la fabricación)*

853. needlework
Nadelarbeit *f*
ouvrage *m* à l'aiguille
lavoro *m* ad ago
labor *f* de aguja

854. neutrals *pl*
Neutrals *pl*
tons *mpl* neutres
colori *mpl* neutri
neutrales *mpl*

855. nightdress *(lady's and child's)*
Nachthemd *n*
chemise *f* de nuit
camicia *f* da notte
camisón *m (de señora)*; camisa *f* de cama *(de caballero)*

856. nightgown
Nachthemd *n*
chemise *f* de nuit
camicia *f* da notte
camisón *m (de señora)*; camisa *f* de cama *(de caballero)*

857. night lingerie *(coll)*
Nachtwäsche *f (Koll)*
lingerie *f* de nuit *(coll)*
biancheria *f* (personale) da notte *(coll)*
prendas *fpl* de dormir *(col)*

858. nightrobe *(AE)*
Nachthemd *n*
chemise *f* de nuit
camicia *f* da notte
camisón *m (de señora)*; camisa *f* de cama *(de caballero)*

859. nightshirt *(men's)*
Nachthemd *n*
chemise *f* de nuit
camicia *f* da notte
camisón *m (de señora)*; camisa *f* de cama *(de caballero)*

860. nightwear *(coll)*
Nachtwäsche *f (Koll)*
lingerie *f* de nuit *(coll)*
biancheria *f* (personale) da notte *(coll)*
prendas *fpl* de dormir *(col)*

861. non-iron
bügelfrei
ne pas repasser
non stiro
sin planchar; lavar y poner

862. non-ironed pleat
ungebügelte Falte *f*
pli *m* non-repassé

piega *f* non stirata
pliegue *m* no planchado

863. nordic walking sock
Nordic-Walking-Socke *f*
chaussette *f* de marche nordique
calzino *m* per nordic walking
calcetín *m* para senderismo (nórdico)

864. normal size
normale Größe *f*
taille *f* normale
taglia *f* normale
talla *f* normal

865. no size
größenlos
sans pointure
senza taglia
sin talla

866. notch *(of collar)*
Abstich *m (Kragenabstich)*
entaille *f (du col)*
intaglio *m (del colletto)*
borde *m (del cuello)*

867. notched collar
angeschnittener Kragen *m*
col *m* cranté
colletto *m* intagliato
cuello *m* no postizo

868. notch lapel
abfallendes Revers *n*
cran *m* ouvert ou baissé; revers *m* ouvert
risvolto *m* aperto
cran *m* abierto; solapa *f* de punta descendiente

869. notch revers
fallendes Revers *n*
cran *m* ouvert ou baissé
risvolto *m* aperto; revers *m* aperto
solapa *f* de punta descendiente; cran *m* abierto

O

870. off-the-peg
Fertig... *(z. B. Fertiganzug)*; von der Stange
prêt-à-porter; de confection
confezionato; di confezione; bell'e pronto *(abito)*; pronto confezionato
confeccionado; de confección

871. off-the-shoulder dress
schulterfreies Kleid *n*
robe *f* à épaules dégagées
abito *m* che lascia scoperte le spalle
vestido *m* de hombros desnudos

872. one-piece
Einteiler *m*
une-pièce *f*
vestito *m* di un solo pezzo
prenda *f* de una sola pieza

873. one-piece
einteilig
en une pièce
a un pezzo *(pref)*; di un solo pezzo; monopezzo
de una sola pieza

874. one-piece sleeve
Einnähärmel *m*
manche *f* à une-pièce ou en une pièce
manica *f* monopezzo
manga *f* de una pieza

875. one-side(d)
einseitig
à un côté
a un solo lato
a un solo lado; unilateral

876. opening
Schlitz *m (An- und Auskleideschlitz)*
taillade *f (pour mettre facilement une robe)*; ouverture *m*
intaglio *m (per indossare facilmente un abito)*; apertura *f (pref)*
abertura *f (para poner y quitar una prenda)*

877. open square neckline
Ausschnitt *m*/rechteckiger *(Halsabschluss)*
encolure *f* rectangulaire
scollatura *f* rettangolare
escote *m* rectangular

878. open width cuttling
Breitfaltenlegen *n*
mise *f* en plis au large
infaldatura *f* in largo
plegado *m* ancho

879. open width plaiting
Breitfaltenlegen *n*
mise *f* en plis au large
infaldatura *f* in largo
plegado *m* ancho

880. open-wing collar
Schillerkragen *m*
col *m* Danton
colletto *m* alla Robespierre
cuello *m* vuelto ancho

881. operate *v (a machine)*
bedienen *v (eine Maschine)*
faire *v* marcher *(une machine)*
fare *v* funzionare *(una macchina)*
operar *v (con una máquina)*; manejar *v (una máquina)*

882. ornamental seam
Ziernaht *f (mit zierender oder Halte- und Befestigungs-Funktion) (allg)*; gesteppte Ziernaht *f*
piqûre *f* ornementale, piqûre *f* d'ornementation *(le résultat)*; piqûre *f* fantaisie *(préf)*
cucitura *f* ornamentale (trapunta)
costura *f* ornamental (pespunteada); costura *f* decorativa

883. outdoor
Outdoor-; Freizeit-
plein air
da portare all'aperto
deportivo

884. outdoor garment
Outdoor-Bekleidung *f*
vêtement *m* plein air
abbigliamento *m* outdoor
prendas *fpl* deportivas

885. outer garment *(coll)*
Oberbekleidung *f (Koll)*
vêtement *m* (de) dessus; survêtement *m (coll)*
vestiario *m* esterno *(coll)*; indumenti *mpl* esterni *(coll)*
ropa *f* exterior *(col)*

886. outerwear *(coll)*
Oberbekleidung *f (Koll)*
vêtement *m* (de) dessus; survêtement *m (coll)*
vestiario *m* esterno *(coll)*; indumenti *mpl* esterni *(coll)*
ropa *f* exterior *(col)*

887. outerwear manufacturing machine
Maschine *f* zur Herstellung von Oberbekleidung
machine *f* pour la confection de vêtements (de) dessus
macchina *f* per la confezione di indumenti esterni
máquina *f* para la confección de ropa exterior

888. outside breast pocket
äußere Büstentasche *f*
poche *f* poitrine extérieure
taschino *m* di petto esterno; tasca *f* di petto esterna
bolsillo *m* de pecho exterior

889. outside collar
Oberkragen *m (Teil des Kragens, der nach außen hin sichtbar ist)*
dessus *m* (de) col
sopraccollo *m*
cuello *m* superior; tapa *f* del cuello

890. outside leg length *(measured from the waistline)*
Beinlänge *f*/äußere *(von Taille bis Fußhöhe)*
longueur *f* extérieure de la jambe *(mesurée de la taille)*
lunghezza *f* esterna della gamba *(dalla vita alla pianta)*
altura *f* lateral de talle

891. oval neckline
ovaler Ausschnitt *m*
encolure *f* en ovale
scollatura *f* ovale
escote *m* ovalado

892. overclothes *pl (coll) (AE)*
Oberbekleidung *f (Koll)*
vêtement *m* (de) dessus; survêtement *m (coll)*
vestiario *m* esterno *(coll)*; indumenti *mpl* esterni *(coll)*
ropa *f* exterior *(col)*

893. overedge seam *(AE)*
Überwendlichnaht *f (Umstechen von Nähgutkanten vor der Verbindungsnaht)*
couture *f* à point de surjet *(le résultat)*; couture *f* en surjet
cucitura *f* a sopraggitto *(il risultato)*
costura *f* overlock; costura *f* de sobrehilado

894. overedging *(to make a seam frayproof)*
Versäubern *n (von Nähgutkanten und Nähgutteilen gegen Ausfransen)*
surfilage *m (contre l'effilochement)*

cucitura *f* a sopraggitto contro la sfilacciatura
sobrehilado *m*

895. over garment *(coll)*
Oberbekleidung *f (Koll)*
vêtement *m* (de) dessus; survêtement *m (coll)*
vestiario *m* esterno *(coll)*; indumenti *mpl* esterni *(coll)*
ropa *f* exterior *(col)*

896. overlapped seam
Überlapp(ungs)naht *f (die Nähgutkanten liegen offenkantig übereinander)*
couture *f* superposée
cucitura *f* sovrapposta
costura *f* sobrepuesta

897. overlay edge of a gusset or of a crotch
Einsatzkante *f*
lisière *f* d'empiècement
lisiera *f* sovraccoperta dell'incrostazione
orilla *f* del aplique; canto *m* del aplique

898. overlock seam
Overlocknaht *f*; Überwendlichnaht *f (Umstechen von Nähgutkanten vor der Verbindungsnaht)*
couture *f* à point (de) surjet *(le résultat)*; couture *f* en surjet
cucitura *f* a sopraggitto *(overlock)*
costura *f* overlock; costura *f* de sobrehilar; costura *f* de sobrehilado

899. overshirt *(obs)*
Oberhemd *n (veraltet; Herrenhemd in klassischer Schnittgestaltung; Kurzform: Hemd)*
chemise *f* de dessus *(obs)*
camicia *f* (da giorno)
camisa *f (clásica)*

900. oversize
Übergröße *f (auf extremen Maßen basierend, einschließlich den Bauchgrößen)*
pointure *f* extra-grande *(de gants, de cols)*; grande taille *f (d'habillement)*
taglia *f* eccezionale; taglia *f* più grande del normale
talla *f* extra grande

901. overskirt *(obs)*
Überrock *m (veraltet)*
jupe *f* de dessus *(obs)*
sopragonna *f (ant)*
faldón *m (ant)*

P

902. pad *(for shoulders)*
Schulterpolster *n*
coussin *m* d'épaule; épaulette *f (pièce rembourrée à l'intérieur des épaules)*
imbottitura *f* alle spalle
hombrera *f*

903. padded
gepolstert
rembourré
imbottito
acolchado

904. padded seam
Pikiernaht *f (zur Verbindung von Einlagen mit den Oberstoffen durch Pikierstiche)*
couture *f* piquée
cucitura *f* a punto catenella invisibile *(per la picchettatura)*
costura *f* picada *(invisible)*

905. padding out
Wattieren *n*
ouatage *m*
imbottitura *f*
acolchado *m*; enguatado *m*

906. padding stitch
Pikierstich *m (an der Oberstoff-Außenseite nicht sichtbar)*
point *m* piqué
punto *m* (a) catenella invisible *(attraverso picchettatura)*
puntada *f* de picado *(invisibile)*

907. paillete embroidery
Paillettenstickerei *f*
broderie *f* à paillettes
ricamo *m* con paillete
bordado *m* con lentejuelas

908. pajamas *pl (AE)*
Pyjama *m*; Schlafanzug *m*
pyjama *pl*
pigiama *m*
pijama *m*

909. pantaloons *(AE)*
Hose *f*
pantalon *m*
pantaloni *mpl*; calzoni *mpl*
pantalón *m*

910. panties *pl (ladies')*
Damenschlüpfer *m*; Höschen *n*

pantalettes *fpl*; culotte *f* de femme *(retenu à la taille par un élastique)*
mutande *fpl* da donna; mutandine *fpl* da donna; calzoncini *mpl* da donna
bragas *fpl*; fajita *f* panty

911. pant leg *(AE)*
Hosenbein *n*
jambe *f* de pantalon
gamba *f* dei calzoni
pernera *f (del pantalón)*

912. pants *(AE)*
Hose *f*
pantalon *m*
pantaloni *mpl*; calzoni *mpl*
pantalón *m*

913. pant skirt *(AE)*
Hosenrock *m*
jupe-culotte *f*
gonna-pantalone *f*
falda *f* pantalón

914. partial lined
teilgefüttert
doublé partiel
semifoderato
semiforrado

915. partial overlapped sewing
teilüberlapptes Nähen *n*
couture *f* partiellement superposée *(le processus)*
cucitura *f* parziale sovrapposizionata *(l'azione)*
costura *f* parcialmente solapada; costura *f* parcialmente compaginada

916. passement or passament *(coll)*
Posamenten *npl (Koll)*
passement *m (coll)*
passamaneria *f (coll)*
pasamanería *f (col)*

917. pass-through *v* **(the thread)**
durchziehen *v*/den Faden
fair *v* passer (le fil)
infilare *v (il filo nella cruna)*
hacer *v* pasar (el hilo)

918. pass-through
Durchzug *m*
entre-deux *m*
guaina *f*; passaggio *m*
paso *m*; pasada *f*

919. patch(ed) *(e.g. pocket)*
aufgesetzt *(z. B. Tasche)*
plaqué *(par ex. une poche)*; rapporté *(par ex. une ceinture)*
applicato *(un taschino)*
aplicado *(por ej. un bolsillo)*; sobrepuesto

920. patch-up *v*
Stückeln *n* (durch Zusammennähen)
assemblage *m* des plusieurs morceaux (par couture)
rappezzatura *f*
empalme *m* de trozos; unión *f* de trozos

921. pattern *(of model)*
Schnittmuster *n*
patron *m*
cartamodello *m*
patrón *m*

922. pattern grading
Schnittmustergradierung *f*
graduation *f* de patrons
graduazione *f* dei cartamodelli
graduación *f* de patrones; escalado *m* de patrones

923. pattern marker
Schnittkanten-Markiergerät *n (zum Markieren an der Schnittschablone)*
marqueur *m* de patrons
apparecchio *m* per marcare i modelli da taglio
aparato *m* marcador de cantos; marcador *m* de patrones

924. pattern repeat
Musterrapport *m*
répétition *f* du dessin
ripetizione *f* del disegno
repetición *f* del dibujo

925. peak lapel
Revers *n*/steigendes
cran *m* à pointe; revers *m* serré; cran *m* aigu *(préf)*; revers *m* à pointe
risvolto *m* a lancia; risvolto *m* a punta ascendente
solapa *f* de punta ascendiente; cran *m* cerrado

926. pedal-pushers *pl*
Caprihose *f*
pantalon *m* corsaire *(qui s'arrête à mi-mollet)*
pantaloni *mpl* alla pescatora

pantalón *m* a la pescadora; pantalón *m* Capri

927. peplum
Schoß *m*
pan *m*; basque *f (prolongement amovible ou rapporté d'une veste ou d'un corsage, qui retombe en forme de petite jupe sur les hanches)*
falda *f*
faldón *m*

928. peplum dress
Schoßkleid *n*
robe *f* à basque
abito *m* a falde *(da donna)*
vestido *m* con faldón

929. perforating
Perforieren *n*
perforage *m*
perforazione *f (l'azione)*
perforación *f*; perforado *m*

930. permanent deformation
bleibende Verformung *f*
déformation *f* permanente
deformazione *f* permanente
deformación *f* permanente

931. permanent pleat
Dauerfalte *f*
pli *m* permanent
piega *f* permanente
pliegue *m* permanente

932. permanent pleating
Dauerfaltenlegen *n*
mise *f* en plis permanent
pieghettatura *f* permanente
plegado *m* permanente

933. permanent plissé
Dauerplissee *n*
plissé *m* permanent
plissé *m* permanente
plisado *m* permanente

934. permanent press pleat
Dauerbügelfalte *f*
pli *m* de repassage permanent
piega *f* stirata permanente
pliegue *m* planchado permanente; raya *f* planchada permanente *(del pantalón)*

935. permanent turn-up of trousers
Hosenumschlag *m (am Saum der Hosenbeine)*
revers *m* de pantalon; bas *m* (de pantalon) relevé
fondo *m* con risvolto (della gamba) dei pantaloni; risvolto *m* dei pantaloni
vuelta *f* de la pernera del pantalón

936. petalled skirt
Zipfelrock *m (mit zipfelförmigem Saum)*
robe *f* à pans (flottants)
gonna *f* con lembi
falda *f* pétalo

937. Peter Pan collar
Bubikragen *m*
col *m* Claudine
colletto *m* alla paggio
cuello *m* Peter Pan

938. petticoat *(stiffened)*
Petticoat *m (versteift)*
petticoat *m*
sottogonna *f* petticoat
enagua *f*

939. petticoat *(unstiffened)*
Jupon *m*
jupon *m (jupe de lingerie non-empesée, montée sur un élastique à la taille)*
sottogonna *f (non inamidata)*
enagua *f*

940. picot border
Pikotbordüre *f*
bordure *f* picot
bordatura *f* a cappio
galón *m* picó

941. picot edge
Pikotkante *f*
bord *m* picot
bordo *m* a cappio
borde *m* picó; borde *m* dentellado

942. picot stitch
Pikotstich *m*
point *m* de picot *(type de point mousse)*
punto *m* a cappio
puntada *f* picó; puntada *f* dentellada

943. pieced waistband
gestückelter Bund *m*
ceinture *f* mise en morceaux
cintura *f* rappezzata
pretina *f* troceada

944. piece *v* **on**
anstückeln *v*
rallonger *v*

rappezzare *v*
unir *v* trozos

945. pinarette
Trägerschürze *f*
tablier *m* à bretelles
grembiule *m* con bretelle
delantal *m* con tirantes

946. pinball
Stecknadelkissen *n*
pelote *f* à épingles
puntaspilli *m*
acerico *m*; almohadilla *f* para alfileres

947. pin cushion
Stecknadelkissen *n*
pelote *f* à épingles
puntaspilli *m*
acerico *m*; almohadilla *f* para alfileres

948. pin hole
Einstich *m (Nadeleinstich)*
perforation *f (de l'aiguille)*
puntura *f (dell'ago)*
penetración *f (de la aguja)*; perforación *f (de la aguja)*; pinchazo *m (de la aguja)*

949. pink *v*
auszacken *v*
denteler *v*
dare *v* lo smerlo; dentellare *v*
dentellar *v*; picotear *v*

950. pinked edge
Zackenkante *f*
bord *m* à picots; bord *m* dentelé
bordo *m* dentellato
borde *m* dentellado; borde *m* dentado

951. pinked seam
Zackennaht *f*
couture *f* dentelée
cucitura *f* dentellata
costura *f* dentada

952. pinking scissors *pl*
Auszackschere *f*
ciseaux *mpl* pour dentelure
forbici *fpl* a coccodrillo; forbici *fpl* a lame dentellate
tijera *f* para dentellar

953. pin *v* **to**
annadeln *v*
épingler *v*
appuntare *v* con spilli
pinchar *v*; pegar *v*

954. pin tuck
Rippen *fpl (durch Nähen erzeugt)*
nervure *f (pli très fin et dressé)*
nervatura *f*
nervuras *fpl*; nervaduras *fpl*

955. pin-tucking
Bieseneinnähen *n*
nervurage *m*
attaccatura *f* di nervature
cosido *m* de nervuras

956. pin-tucking foot
Biesenfuß *m*
pied *m* de nervurage
piedino *m* di nervature
prensatelas *m* de nervuras

957. pin-tucking stitch
Biesenstich *m*
point *m* à nervure
punto *m* di nervature
puntada *f* de nervuras

958. piped buttonhole
Paspelknopfloch *n*
boutonnière *f* passepoilée
asola *f* (ribattuta a due filetti)
ojal *m* de vivos; ojal *m* viveado

959. piped edge
paspelierter Rand *m*
bord *m* passepoilé
bordo *m* a filetto
borde *m* viveado

960. piped hemline of a dress
paspelierter Kleidersaum *m*
ourlet *m* passepoilé du bas de robe
ribattitura *f* a pistagna del fondo dell'abito *(da donna)*
dobladillo *m* de vestido viveado

961. piped pocket
Paspeltasche *f (Eingriff, durch einen oder zwei Paspeln eingegrenzt)*
poche *f* passepoilée
tasca *f* a filetti
bolsillo *m* de vivos

962. pipe dress
Röhrenkleid *n (gerade geschnitten, eng, ohne Taillierung)*
robe *f* tubulaire
abito *m* tubolare *(da donna)*
vestido *m* tubo

963. piped slit
paspelierter Schlitz *m* *(Ankleideschlitz)*
taillade *f* passepoilée
intaglio *m* a filetti
abertura *f* viveada

964. pipe trousers *pl*
Röhrenhose *f* *(mit gerade geschnittenen, engen Hosenbeinen)*
pantalon *m* tubulaire
pantaloni *mpl* tubolari
pantalón *m* tubo

965. piping
Paspel *f(m)*; Paspelieren *n*
passepoil *m*; passepoilage *m*
filetto *f*; ribattitura *f* (a pistagna)
vivo *m*; viveado *m*

966. piping seam
Paspelnaht *f*
couture *f* de passepoil
cucitura *f* del filetto
costura *f* de vivos

967. piping strip
Paspelstreifen *m*
bande *f* (de) passepoil
striscia *f* di filetto
tira *f* de vivos

968. pirate-trousers *pl*
Caprihose *f*
pantalon *m* corsaire *(qui s'arrête à mi-mollet)*
pantaloni *mpl* alla pescatora
pantalón *m* a la pescadora; pantalón *m* Capri

969. plain back
glatte Rückseite *f*
envers *m* uni
rovescio *m* liscio
revés *m* liso

970. plain seam
Einfachnaht *f* oder einfache Naht *f*
couture *f* simple
cucitura *f* semplice
costura *f* simple

971. plait stitch
Flachstich *m*
point *m* plat
punto *m* piatto
puntada *f* plana

972. planning of cutting layout
Schnittbildplanung *f*
faire *v* le plan de coupe
pianificazione *f* del piano di taglio
planificación *f* de marcada

973. pleat
Falte *f*
pli *m* *(double, formé en repliant le tissu sur lui-même)*
piega *f*
pliegue *m*

974. pleated bottom
Faltensaum *m* *(Saumstreifen mit eingearbeiteten Falten zum Annähen unterhalb der Hüfte)*
bas *m* plissé
balza *f* pieghettata
volante *m* plegado

975. pleated flounce
Faltensaum *m* *(Saumstreifen mit eingearbeiteten Falten zum Annähen unterhalb der Hüfte)*
bas *m* plissé
balza *f* pieghettata
volante *m* plegado

976. pleated skirt *(but not plisse skirt)*
Faltenrock *m*
jupe *f* à plis
gonna *f* a pieghe
falda *f* con pliegues

977. pleating
Plissieren *n*
plissage *m*
plissettatura *f*
plisado *m*

978. pleating *(the ensemble of the pleats, not the process)*
Plissee *n*
plissé *m*
plissé *m*
plisado *m*

979. pleating fastness
Plissierechtheit *f*
solidité *f* au plissage
solidità *f* alla plissettatura
solidez *f* al plisado

980. pleat inside
Faltenuntertritt *m*
fond *m* du pli

fondo *m* della piega
fondo *m* del pliegue

981. pleat retention
Faltenbeständigkeit *f*
rétention *f* du pli
conservazione *f* della piega; mantenimento *m* della piega
conservación *f* del pliegue; durabilidad *f* del pliegue

982. pleat tucking *(pleating by sewing)*
Plissieren *n*
plissage *m*
plissettatura *f*
plisado *m*

983. plissé
Plissee *n*
plissé *m*
plissé *m*
plisado *m*

984. plissé skirt
Plisseerock *m*
jupe *f* plissée
gonna *f* plissettata
falda *f* plisada

985. plonking and basting seam
Unterschlagnaht *f (provisorische Verbindung der Einlage mit dem Oberstoff durch Heftnähte)*
couture *f* pour mettre provisoirement un tissu sur toile
cucitura *f* per fissaggio provvisorio (della stoffa con la messa)
costura *f* de hilván

986. plume
Federbusch *m*
aigrette *f*
pennacchio *m*
penacho *m*

987. pocket
Tasche *f*
poche *f*
tasca *f*
bolsillo *m*

988. pocket bag
Taschenbeutel *m*
sac *m* de poche
sacchetto *m* della tasca
bolso *m* del bolsillo; saco *m* del bolsillo

989. pocket flap
Taschenpatte *f (echte Klappe)*
rabat *m* de poche
aletta *f* di tasca
cartera *f* del bolsillo

990. pocket jetting *(welting)*
Taschenpaspel *m (zum Versäubern und Stabilisieren von Tascheneingriffen)*
passepoil *m* de poche
filetto *m* di tasca
vivo *m* del bolsillo

991. pocket mouth
Tascheneingriff *m*
ouverture *f* de la poche
apertura *f* della tasca
boca *f* del bolsillo

992. pocket opening *(pref)*
Tascheneingriff *m*
ouverture *f* de la poche
apertura *f* della tasca
boca *f* del bolsillo

993. pocket piping *(welting)*
Taschenpaspel *m (zum Versäubern und Stabilisieren von Tascheneingriffen)*
passepoil *m* de poche
filetto *m* di tasca
vivo *m* del bolsillo

994. pocket sack
Taschenbeutel *m*
sac *m* de poche
sacchetto *m* della tasca
bolso *m* del bolsillo; saco *m* del bolsillo

995. pocket slash
Tascheneinschnitt *m*
fente *f* de poche
intaglio *m* della tasca
entalladura *f* del bolsillo; incisión *f* del bolsillo

996. pocket welt
Taschenleiste *f*
patte *f* de poche
patta *f* della tasca
tapeta *f* del bolsillo

997. pocket welting *(not the process)*
Taschenpaspel *m (zum Versäubern und Stabilisieren von Tascheneingriffen)*
passepoil *m* de poche
filetto *m* di tasca
vivo *m* del bolsillo

998. pointed toe
Spitze *f (im Zuschnitt betont)*
bout *m* prononcé
punta *f* pronunciata
punta *f* pronunciada

999. point tack
Punktriegel *m*
point *m* (invisible) d'arrêt *(de renforcement)*
travetta *f* in punto
presilla *f* punto

1000. polo neck
Rollkragen *m (schlauchförmig geschnittener Kragen)*
col *m* roulé *(formé d'un bord-côte)*
colletto *m* arrotolato; girocollo *m (pref)*
cuello *m* cisne; cuello *m* alto y vuelto

1001. polo-necked pullover
Rollkragenpullover *m*
pullover *m* à col roulé
pullover *m* a girocollo
jersey *m* de cuello alto

1002. pompon
Quaste *f*/ballförmige
pompon *m*
nappa *f*
pompón *m*

1003. positioned print
platzierter Druck *m*
impression *f* positionnée
stampa *f* posizionata
estampado *m* posicionado

1004. press
Presse *f*
presse *f*
pressa *f*
prensa *f*

1005. press crease *(defect)*
Pressfalte *f (Fehler)*
faux-pli *m (provenant de la presse)*
gualcitura *f (causata dalla pressa)*
arruga *f (causada por la prensa)*

1006. pressed pleat *(of trousers)*
Bügelfalte *f*
pli *m* de repassage *(formé à l'endroit de la pliure du pantalon)*
piega *f* stirata *(dei calzoni)*
raya *f (del pantalón)*

1007. press finish(ing)
Finishbügeln *n* durch Bügelpressen
achèvement *m* par pressage
finissaggio *m* mediante stiratura su pressa
planchado *m* final mediante prensa

1008. press for jackets
Sakkobügelpresse *f*
presse-repasseuse *f* pour vestes
pressa *f* (da stiro) per giacche da uomo
prensa *f* de americanas; prensa *f* de chaquetas

1009. press gloss
Pressglanz *m*
lustre *m* de pressage
lucentezza *f* dalla pressatura
brillo *m* de prensa; brillo *m* de plancha

1010. pressing
Bügelpressen *n*
repassage *m* à la presse
stiratura *f* alla pressa
prensado *m*; planchado *m* a prensa

1011. press lustre
Pressglanz *m*
lustre *m* de pressage
lucentezza *f* dalla pressatura
brillo *m* de prensa; brillo *m* de plancha

1012. press-open seam
Ausbügelnaht *f*
couture *f* d'assemblage à relarges
cucitura *f* di ribattitura *(da stirare)*
costura *f* sentada; costura *f* a planchar

1013. press pression
Pressdruck *m*
pression *f* de pressage
pressione *f* di pressatura
presión *f (de la prensa)*

1014. principal dimensions *pl*
Hauptabmessungen *fpl*
dimensions *fpl* principales
dimensioni *fpl* principali
dimensiones *fpl* principales

1015. puff skirt
Puffrock *m*
jupe *f* bouffante
gonna *f* a sbuffo
falda *f* balón

1016. puff sleeve
Puffärmel *m*
manche *f* bouffante; manche *f* ballon

manica *f* a palloncino o a sbuffo
manga *f* abullonada; manga *f* balón; manga *f* abocinada

1017. pullover vestie (with braces)
Débardeur-Pullover *m*, Trägerpullover *m*
débardeur *m* (pull à bretelles)
argentina *f* débardeur (a bretelle)
suéter *m* Débardeur (con tirantes)

1018. puncture
Einstich *m (Nadeleinstich)*
perforation *f (de l'aiguille)*
puntura *f (dell'ago)*
penetración *f (de la aguja)*; perforación *f (de la aguja)*; pinchazo *m (de la aguja)*

1019. purl edge
Pikotkante *f*
bord *m* picot
bordo *m* a cappio
borde *m* picó; borde *m* dentellado

1020. pyjamas *pl*
Pyjama *m*; Schlafanzug *m*
pyjama *pl*
pigiama *m*
pijama *m*

Q

1021. quilt *v*
absteppen *v*
piquer *v*
trapuntare *v*
pespuntear *v*

1022. quilted
abgesteppt
piqué
impuntito
pespunteado

1023. quilted waistcoat
Steppjanker *m (aus mehrlagigem Stoffmaterial)*
veste *f* (bavaroise) ouatinée
giubba *f* (imbottita) a trapunto
chaleco *m* guateado, chaleco *m* acolchado

1024. quilting *(of wadding and fabric)*
Wattierstepperei *f*
matelassage *m* (en ouatine); piqûre *f* en ouatine
trapunto *m* di ovattina e tessuto
costura *f* de guata en lámina y tejido; costura *f* de acolchado

1025. quilting wadding *(shapeless)*
Steppwatte *f*
ouate *f* à matelasser
ovatta *f* per trapuntare
guata *f* para acolchar

R

1026. raglan cut
Raglan-Schnitt *m*
coupe *f* raglan
taglio *m* a raglan
corte *m* raglán

1027. raincoat
Regenmantel *m*
manteau *m* imperméable; manteau *m* de pluie; imperméable *m*
impermeabile *m*
impermeable *m*; trinchera *f*

1028. rainproof coat
Regenmantel *m*
manteau *m* imperméable; manteau *m* de pluie; imperméable *m*
impermeabile *m*
impermeable *m*; trinchera *f*

1029. ready for sewing
nadelfertig
prèt-à-coudre
pronto per (essere) cucito
listo para la costura

1030. ready-made
Fertig... *(z. B. Fertiganzug)*; von der Stange
prêt-à-porter; de confection
confezionato; di confezione; bell'e pronto *(abito)*; pronto confezionato
confeccionado; de confección

1031. ready-made clothing size
Konfektionsgröße *f*
taille *f* de confection
taglia *f* di confezione
talla *f* de confección

1032. ready-made garment *(coll)*
Fertigkleidung *f (Koll)*; Konfektionsbekleidung *f (Koll)*

vêtement *m* prêt-à-porter *(coll)*; prêt-à-porter *m (coll)*
abbigliamento *m* confezionato [di confezione] *(coll)*; confezioni *fpl* pronte; vestiti *mpl* confezionati *(coll)*
ropa *f* confeccionada [de confección] *(col)*

1033. ready-made interlining
Fertigeinlage *f*
renfort *m* préconfectionné
rinforzo *m* preconfezionato
refuerzo *m* preconfeccionado

1034. ready-to-wear clothes *pl (AE) (coll)*
Fertigkleidung *f (Koll)*
vêtement *m* prêt-à-porter *(coll)*
abbigliamento *m* confezionato *(coll)*; confezioni *fpl* pronte; vestiti *mpl* confezionati *(coll)*
ropa *f* confeccionada *(col)*

1035. ready-to-wear clothing *(coll)*
Konfektionsbekleidung *f (Koll)*
vêtement *m* prêt-à-porter *(coll)*; prêt-à-porter *m (coll)*
abbigliamento *m* di confezione *(coll)*
ropa *f* de confección *(col)*

1036. ready-to-wear clothing size
Konfektionsgröße *f*
taille *f* de confection
taglia *f* di confezione
talla *f* de confección

1037. rectangular neckline
eckiger Ausschnitt *m*
encolure *f* anguleuse
scollatura *f* angolare
escote *m* angular

1038. recutting
Nachschneiden *n*
retouche *f* par coupe
rifinitura *f* mediante taglio
recorte *m*; corte *m* afinado

1039. reel
Spule *f*
bobine *f*; canette *f (recevant le fil inférieur)*
bobina *f*; spoletta *f (della macchina per cucire)*; rocchetto *m*
bobina *f*; canilla *f*

1040. reinforcement
Verstärkung *f (als Bekleidungsbestandteil, z. B. Ellbogenverstärkung)*
renfort *m (qui sert à renforcer un vêtement aux endroits vulnérables)*
rinforzo *m*
refuerzo *m*

1041. reinforcing row
Riegelnaht *f*
couture *f* d'arrêt *(le résultat)*
cucitura *f* di travetta
costura *f* de presilla

1042. rentering seam
Anstoßnaht *f*
rentraiture *f*
cucitura *f* della pedana
costura *f* a tope

1043. resistant to machine washing
waschmaschinenfest
résistant au lavage à la machine
resistente al lavaggio in lavatrice
resistente al lavado en lavadora

1044. retro style look
Retrostil-Look *m*
look *m* rétrospectif
stile *m* retro
estilo *m* retro

1045. revers
Revers *n (umgelegter Bereich des Fassons zwischen Spiegelnaht und Fasson-Auslauf)*
revers *m*
revers *m*; risvolto *m*
solapa *f*

1046. revers and collar *(as ensemble)*
Fasson *n (von der Schulternaht bis zum Fassonauslauf)*
revers *m* et col *m (l'ensemble)*
insieme *m* di collo e risvolto; risvolto *m* e colletto *m (l'insieme)*
solapa *f* y cuello *m*

1047. reverse welting
Reversumkehr *f*
formation *f* du revers (rabattu)
formazione *f* del risvolto
formación *f* de la solapa

1048. reversible coat
Mantel *m*/zweiseitiger
manteau *m* à double face; manteau *m* réversible
cappotto *m* double-face [a due facce]
abrigo *m* reversible; abrigo *m* doble faz

1049. reversible garment
Umkehrkleidung *f*; Wendekleidung *f*; zweiseitige Kleidung *f*
vêtement *m* réversible; vêtement *m* à double face
vestiario *m* double-face [a due facce]; abbigliamento *m* double-face [a due facce]; vestiti *mpl* rovesciabili
prendas *fpl* doble faz; prendas *fpl* reversibles; ropa *f* reversible

1050. reversible wearable
beidseitig tragbar
portable réversible
indossabile da entrambe le parti; portabile da ambedue le parti
de uso reversible

1051. revers (in the length) of a dress
Kleideraufschlag *m*
revers *m* du bas (dans le sens de la longueur) d'une robe
ripiega *f* del fondo dell'abito *(da donna)*
vuelta *f* en los bajos de una prenda

1052. revers (in the length) of an item
Aufschlag *m (Saumabschluss)*
revers *m* du bas *(dans le sens de la longueur d'une pièce)*
ripiega *f* del fondo
vuelta *f (del extremo de una prenda)*; doblez *m*

1053. rib
Grat *m*
sillon *m*; arête *f*
costa *f*; costina *f*
rebaba *f*; arista *f*

1054. rib(bed) border
Rippenrand *m*
bord-côte *m (qui resserre, renforce ou garni les ouvertures d'un vêtement)*
bordo *m* a costine *(elastico)*
borde *m* de canalé; cenefa *f* de canalé

1055. rib(bed) waist
gerippte Taille *f*
taille *f* côtelée
vita *f* a costine
cintura *f* acanalada

1056. ribbon binding
Bandeinfassen *n*
bordage *m* à ruban
bordatura *f* a nastro
ribete *m* con cinta

1057. ribbon ends *pl*
Bandüberstände *mpl*
dépassages *mpl* de ruban
passaggi *mpl* di nastro
sobrantes *mpl* de cinta

1058. ribbon pass-through trimming
Banddurchzug *m*
trou trou *m*
passanastro *m*
paso *m* de la cinta

1059. ribbon sewing attachement
Bandaufnäher *m*
accessoire *m* à coudre un ruban
accessorio *m* da cucire nastro
accesorio *m* de coser cinta

1060. rib set
Diamantstich *m*
boutage *m* en côte ou à côtes
punto *m* romboide
puntada *f* romboidal

1061. rib trimming
Rippenrand *m*
bord-côte *m (qui resserre, renforce ou garni les ouvertures d'un vêtement)*
bordo *m* a costine *(elastico)*
borde *m* de canalé; cenefa *f* de canalé

1062. rickrack frill [ruffle]
Zickzackrüsche *f*
ruche *f* en zigzag
ruche *f* (a) zigzag
volante *m* en zigzag

1063. ridge
Grat *m*
sillon *m*; arête *f*
costa *f*; costina *f*
rebaba *f*; arista *f*

1064. rising neckline
Ausschnitt *m*/steigender
encolure *f* montante *(prolongement vers le haut, qui forme un col non-rapporté)*
scollatura *f* montante
escote *m* de punta ascendiente

1065. rivet *v* **on**
aufnieten *v*
surriveter *v*
inchiodare *v*; ribadire *v*
remachar *v*

1066. roll collar
Rollkragen *m (schlauchförmig geschnittener Kragen)*

col *m* roulé *(formé d'un bord-côte)*
colletto *m* arrotolato; girocollo *m* *(pref)*
cuello *m* cisne; cuello *m* alto y vuelto

1067. roll collar pullover
Rollkragenpullover *m*
pullover *m* à col roulé
pullover *m* a girocollo
jersey *m* de cuello alto

1068. roll hem
Rollsaum *m*
ourlet *m* roulé ou roulotté
orlo *m* arrotolato
dobladillo *m* enrollado

1069. roll pleat
Rollfalte *fpl*
pli *m* roulé
piega *f* arrotolata
pliegue *m* enrollado

1070. roll seam
Rollnaht *f*
couture *f* roulée
cucitura *f* arrotolata
costura *f* enrollada

1071. roll-up sleeve
Aufrollärmel *m*
manche *f* retroussable
manica *f* per rimboccare
manga *f* enrollable

1072. rope stitch
Grobstich *m*
point *m* (de couture) grossier
punto *m* grossolano
puntada *f* gruesa

1073. roundabout *(AE)*
Jacke *f (Herrenjacke)*; Sakko *m (Straßen- oder Sportsakko, der kein Anzugbestandteil ist; hat in der HAKA die Termini Jackett und Jacke überwiegend ersetzt)*
veste *f* d'homme *(la veste d'un complet s'appelle veston et celle d'un tailleur jaquette)*
giacca *f* da uomo
chaqueta *f (de caballero)*

1074. rounded front edge
Kante *f*/abgerundete
bord *m* arrondi
bordo *m* arrotondato
canto *m* redondeado

1075. rounded front edge
abgerundete Kante *f*
bord *m* arrondi
bordo *m* arrotondato
canto *m* redondeado

1076. ruche collar
Rüschenkragen *m*
col *m* ruché
colletto *m* (in) ruche
cuello *m* fruncido

1077. ruff *(hist)*
Mühlsteinkragen *m (hist)*
fraie *f* godronnée *(hist)*
gorgiera *f (st)*
gorguera *f (hist)*

1078. ruffled cuff *(pref)*
Ziermanschette *f (z. B. aus Spitze oder Musselin)*
manchette *f* ornementale *(fixée au bas d'une manche)*
polsino *m* ornamentale
puño *m* ornamental

1079. ruffler *(foot)*
Kräuselfuß *m*
pied *m* fronceur
piedino *m* per increspatura
pie *m* fruncidor

1080. run back *(of twist)*
Rückdrehung *f (vom Zwirn)*
remontée *f (de la torsion d'un retors)*
rimozione *f (della torsione d'un ritorto)*
destorcedura *f (del torzal)*

1081. rustic style
Linie *f*/rustikale
style *m* rustique
stile *m* rustico
estilo *m* rústico

S

1082. sable fur
Zobelpelz *m*
fourrure *f* de zibeline
pelliccia *f* di zibellino
piel *f* de cibelina

1083. sack dress
Hängerkleid *n*; Sackkleid *n*
robe *f* vague *(très ample, de forme floue)*; robe-sac *f*

abito *m* a sacco *(da donna)*
vestido *m* saco

1084. Saddle
Sattel *m*
empiècement *m (pièce rapportée dans un vêtement à partir des épaules)*
sprone *m*
canesú *m*

1085. saddle stitch
Sattlerstich *m*
point *m* sellier
punto *m* sellaio
puntada *f* de guarnicionero

1086. safety stitch
Sicherheitsstich *m*
point *m* simultané de couture et surjet
punto *m* di sicurezza
puntada *f* de seguridad

1087. safety (stitch) seam
Sicherheitsnaht *f (Absicherung von Nähgutkanten)*
couture *f* à point de couture et surjet simultanés
cucitura *f* di sicurezza
costura *f* con puntada de seguridad

1088. sailor collar
Matrosenkragen *m*
col *m* marin *(carré dans le dos et prolongé en des revers effilés)*
colletto *m* alla marinara
cuello *m* marinero

1089. sandwich seam
Überfangnaht *f*
couture *f* sandwich
cucitura *f* sandwich
costura *f* sándwich

1090. sash
Taillenschärpe *f*
écharpe *f (en bandoulière ou nouée autour de la taille)*
sciarpa *f (alla vita)*
faja *f* a la cintura; fajín *m* al talle

1091. saylor blouse style
Vareuse-Stil *m*
style *m* vareuse *(rappelant la chemise de laine des marins)*
stile *m* camicia da marinaio
estilo *m* marinero

1092. scalloped button panel
ausgebogte Knopfleiste *f*
bande *f* festonnée de boutons
finta *f* festonata di bottoni
tapeta *f* de botones festoneada

1093. scalloped edging
Feston *n (gezackte und gestickte Borte)*
feston *m*
festone *m*
festón *m*

1094. scalloped neckline
Ausschnitt *m*/festonierter
encolure *f* festonnée
scollatura *f* festonata
escote *m* festoneado

1095. scalloped sleeve
Zaddelärmel *m*
manche *f* festonnée
manicha *f* svasata, ornata di festoni
manga *f* festoneada

1096. scalloping stitch
Festonierstich *m*
point *m* de feston
punto *m* festone
puntada *f* de festón

1097. scye *(pref)*
Armloch *n (Ausholung zum Einnähen des Ärmels)*
emmanchure *f*
giromanica *m*
sisa *f*

1098. seam
Naht *f*
couture *f*
cucitura *f (pref)*; costura *f*
costura *f*

1099. seam allowance
Nahteinschlag *m (Nahtzugabe, über die normale Zugabe hinaus)*
repli *m* de la couture
risvolto *m* della cucitura
margen *m* de la costura

1100. seam allowance *(distance from seam to border)*
Nahtzugabe *f (von der Nahtlinie bis zur Nähgutkante)*
relarge *m* de la couture *(jusqu'au bord)*
aggiunta *f* della cucitura *(dall'impuntura fino al bordo)*
margen *m* de la costura

1101. seam appearance
Nahtbild *n (optischer Gesamteindruck der Fertignaht)*
apparence *f* de la couture
aspetto *m* della cucitura
apariencia *f* de la costura

1102. seam back stacking
Nahtverriegeln *n (Absichern gegen Lösen der Nähfadenverschlingung)*
couture *f* d'arrêt *(l'activité)*; arrêt *m* de la couture *(afin que les coutures ne se défassent pas)*
cucitura *f* di fermatura *(l'azione)*; fermacucitura *f (per la fissazione della cucitura)*
presillado *m* de la costura; remate *m* de la costura

1103. seam baring by backstitching *(AE)*
Nahtverriegeln *n (Absichern gegen Lösen der Nähfadenverschlingung)*
couture *f* d'arrêt *(l'activité)*; arrêt *m* de la couture *(afin que les coutures ne se défassent pas)*
cucitura *f* di fermatura *(l'azione)*; fermacucitura *f (per la fissazione della cucitura)*
presillado *m* de la costura; remate *m* de la costura

1104. seam bartacking
Nahtverriegeln *n (Absichern gegen Lösen der Nähfadenverschlingung)*
couture *f* d'arrêt *(l'activité)*; arrêt *m* de la couture *(afin que les coutures ne se défassent pas)*
cucitura *f* di fermatura *(l'azione)*; fermacucitura *f (per la fissazione della cucitura)*
presillado *m* de la costura; remate *m* de la costura

1105. seam binding
Nahtbund *m (Anziehspannung)*
serrage *m* de la couture
serraggio *m* della cucitura
aprieto *m* de la costura

1106. seam construction
Nahtbild *n (Schema)*
schéma *m* de la couture; construction *f* de la couture
schema *m* della cucitura
esquema *m* de la costura

1107. seam direction
Nahtrichtung *f (des Nähfortschritts)*
direction *f* de la couture
direzione *f* della cucitura
sentido *m* de la costura

1108. seam distortion
Verziehen *n* der Naht
distorsion *f* de la couture
deformazione *f* della cucitura
deformación *f* de la costura

1109. seamed pleat
Nähfalte *f*
pli *m* cousu
piega *f* cucita
pliegue *m* cosido

1110. seam impression
Nahtabdruck *m*
impression *f* de couture
impronta *f* della cucitura; marca *f* della cucitura
marca *f (involuntaria)* de la costura

1111. seam interruption
Nahtunterbrechung *f (beabsichtigt oder durch Störung)*
interruption *f* de la couture
interruzione *f* della cucitura
interrupción *f* de la costura

1112. seam ironing *(by hand)*
Nahtbügeln *n*
repassage *m* de la couture
stiratura *f* della cucitura
planchado *m* de costuras

1113. seam joining lapel facing to grown on facing
Besatzumbruchnaht *f*
couture *f* d'ajout de la parementure
cucitura *f* finita della paramontura
costura *f* del quiebre de la vista

1114. seam lengthening
Nahtverlängerung *f*
prolongement *f* de la couture
allungamento *m* della cucitura
prolongación *f* de la costura

1115. seamless
nahtlos
sans couture
senza cucitura
sin costura

1116. seam letting-out
Nahtauslassen *n*
relarge *m* de la couture
allargamento *m* della cucitura
ensanche *m* de la costura

1117. seam line-up
Nahtlinie *f*
ligne *f* de la couture
linea *f* della cucitura
línea *f* de la costura

1118. seam mark
Nahtabdruck *m*
impression *f* de couture
impronta *f* della cucitura; marca *f* della cucitura
marca *f (involuntaria)* de la costura

1119. seam ondulation
Nahtwelligkeit *f (wellenförmige Verformung)*
ondulation *f* de la couture
ondulazione *f* della cucitura
ondulación *f* de la costura

1120. seam pattern
Nahtbild *n (Schema)*
schéma *m* de la couture; construction *f* de la couture
schema *m* della cucitura
esquema *m* de la costura

1121. seam pressing
Nahtbügeln *n*
repassage *m* de la couture
stiratura *f* della cucitura
planchado *m* de costuras

1122. seam ripping
Nahtauftrennen *n*
découture *f*
scucitura *f*
descosido *m*

1123. seam stay stitching
Nahtverriegeln *n (Absichern gegen Lösen der Nähfadenverschlingung)*
couture *f* d'arrêt *(l'activité)*; arrêt *m* de la couture *(afin que les coutures ne se défassent pas)*
cucitura *f* di fermatura *(l'azione)*; fermacucitura *f (per la fissazione della cucitura)*
presillado *m* de la costura; remate *m* de la costura

1124. seam strength
Nahtfestigkeit *f*
résistance *f* de la couture
resistenza *f* della cucitura
resistencia *f* de la costura

1125. seam stretching
Nahtdehnung *f*
extension *m* de la couture
estensione *f* della cucitura
alargamiento *m* de la costura

1126. seam tightness
Nahtdichtung *f*
étanchéité *f* de la couture
ermeticità *f* della cucitura
cierre *m* hermético de la costura

1127. seam underpressing
Nahtbügeln *n*
repassage *m* de la couture
stiratura *f* della cucitura
planchado *m* de costuras

1128. seat girth
Gesäßweite *f (eines Bekleidungsstücks)*
ampleur *f* au niveau du fond
larghezza *f* del fondo *(dei pantaloni o del dietro della gonna)*
ancho *m* del fondo *(de la falda o del pantalón)*

1129. seat lining
Gesäßfutter *n*
doublure *f* du fond
fodera *f* del cavallo; fodera *f* del fondo
forro *m* de fondo

1130. seat (of trousers)
Gesäßpartie *f* (einer Hose); Hosenboden *m*
fond *m* (de pantalon)
fondo *m* (dei pantaloni)
fondo *m* (del pantalón)

1131. secondary body measures *pl*
Körpersekundärmaße *npl*
mesures *fpl* secondaires du corps
misure *fpl* secondarie del corpo
medidas *fpl* secundarias del cuerpo

1132. second pleat
hintere Bundfalte *f*
deuxième pli *m*
seconda piega *f*
segundo pliegue *m* de la cintura

1133. selvedge thread
Kantenfaden *m*
fil *m* de lisière
filo *m* di lisiera
hilo *m* del orillo

1134. semi-fitted
antailliert; leicht tailliert
à (la) demi-taille; demi-cintré; légèrement cintré *(à la taille)*
a vita semisottile; leggermente sciancrato o sfiancato
entallado; ligeramente entallado

1135. semi-slim fitted
antailliert
à la demi-taille; demi-cintré
a vita semisottile
entallado

1136. separates *pl (for combinations)*
Separates *pl (kombinationsfähige Kleidungsstücke)*
séparables *mpl (vêtement combinable)*
indumenti *mpl* spezzati; spezzati *mpl*
prendas *fpl* combinables

1137. sew *v* **by hand**
nähen *v*/von Hand
coudre *v* (à la) main
cucire *v* a mano
coser *v* a mano

1138. sewing *(pref)*
Nähen *n*
couture *f*
cucitura *f (l'azione)*
cosido *m*

1139. sewing attachement *(to make a sewing machine more specialized)*
Nähapparat *m*
accessoire *m* à coudre *(remplissant une fonction donnée en cours de couture)*; accessoire *m (pièce ou mécanisme auxiliaire sur la machine à coudre pour la rendre plus spécialisée)*
accessorio *m (di una macchina)* per cucire; apparecchio *m* per cucire
accesorio *m (de una máquina de coser)*; aparato *m* para la costura

1140. sewing attachment
Nähapparat *m*
accessoire *m* à coudre *(remplissant une fonction donnée en cours de couture)*; accessoire *m (pièce ou mécanisme auxiliaire sur la machine à coudre pour la rendre plus spécialisée)*
accessorio *m (di una macchina)* per cucire; apparecchio *m* per cucire
accesorio *m (de una máquina de coser)*; aparato *m* para la costura

1141. sewing bobbin
Nähspule *f*
bobine *f (de fil à coudre)*
bobina *f (di filo cucirino)*
bobina *f (de coser)*; canilla *f (de coser)*

1142. sewing in
Einnähen *n*
insertion *f (par exemple de la fermeture à glissière)*; pose *f (d'une pièce de vêtement par couture)*; couture *f* de montage *(d'une pièce de vêtement)*; montage *m (d'une pièce de vêtement)*
cucitura *f* da inserzione
pegado *m*; cosido *m*; inserción *f*

1143. sewing machine *(pref)*
Nähmaschine *f*
machine *f* à coudre
macchina *f* per cucire
máquina *f* de coser

1144. sewing machine bobbin
Nähmaschinenspule *f*
bobine *f* pour la machine à coudre
bobina *f* per la macchina per cucire
bobina *f* de la máquina de coser

1145. sewing machine oil
Nähmaschinenöl *n*
huile *f* pour machines à coudre
olio *m* per macchine per cucire
aceite *m* para máquinas de coser

1146. sewing (machine) room
Näherei *f*
atelier *m* de couture *(tissus)*; atelier *m* de piquage *(peau)*
sala *f* di cucitura
sala *f* de costura

1147. sewing material
Nähgut *n*
ouvrage *m (matière en cours de couture)*; matière *f* en cours de couture
materiale *m* da cucire
material *m* de costura

1148. sewing needle
Nähnadel *f*
aiguille *f* à coudre

ago *m* da cucire
aguja *f* de coser

1149. sewing (right) round
Umstechen *n*
surfilage *m*
sopraggitto *m*
sobrehilado *m*

1150. sewing stitch
Nähstich *m (Element einer Fadenlegung)*
point *m* de couture
punto *m* di cucito
puntada *f* de costura

1151. sewing thread
Nähfaden *m*
fil *m* à coudre
filo *m* cucirino
hilo *m* de coser

1152. sewing together
Zusammennähen *n*
assemblage *m* par couture
assemblaggio *m* mediante cucitura
ensamblado *m* mediante costura

1153. sewing workplace
Nähplatz *m*
poste *m* de couture
posto *m* di cucitura
puesto *m* de costura

1154. sewing yarn
Nähgarn *n*
fil *m* à coudre
cucirino *m*
hilo *m* de coser

1155. sewn tuck
genähte Falte *f*
petit-pli *m* cousu
piega *f* cucita
pliegue *m* cosido

1156. shaded stripe
Ombré-Streifen *m*
rayure *f* ombrée
righe *fpl* ombreggiate
rayas *fpl* sombreadas

1157. shape (of garment)
Façon *f*
façon *f*
façon *f*
corte *m*; hechura *f*

1158. shape press
Formpresse *f*
presse *f* à former
pressa *f* formatrice
prensa *f* de conformar

1159. shape retention
Formbeständigkeit *f*
stabilité *f* de la forme
stabilità *f* della forma
estabilidad *f* de la forma

1160. shaping or shape pressing
Formbügeln *n (an der Bügelpresse)*
mise *f* en forme *(avec la machine à repasser)*
formatura *f (mediante stiratura con pressa)*
conformación *f* por plancha; modelado *m* por plancha

1161. shawl collar
Schalkragen *m*
col *m* châle
colletto *m* scialle
cuello *m* chal

1162. shawl lapel
Schalfasson *n (Revers und Kragen nahtlos verbunden)*
revers *m* châle
risvolto *m* sciallato
solapa *f* chal

1163. sheath dress
Futteralkleid *n*
robe *f* fourreau *(épouse la forme du corps)*
abito *m* affusolato *(da donna)*; fourreau *m*
vestido *m* estuche

1164. shell seam
Muschelsaum *m*
ourlet *m* à point-coquille
orlo *m* a conchiglia
dobladillo *m* con efecto de concha

1165. shell stitch
Festonstich *m*
point *m* de coquille
punto *m* conchiglia
puntada *f* de concha

1166. shift dress with wearers
Trägerkleid *n*
robe *f* à bretelles
prendisole *m* a bretelle *(solo estivo)*; abito *m* a bretelle *(da donna)*
vestido *m* de tirantes

1167. shine (on a fabric), resulted by ironing
verbügelte Stelle *f*
lustre *m* causé par repassage
lucentezza *f* causata da stiratura
brillo *m* de plancha *(una zona)*

1168. shirred elastic lace
eingearbeitete Gummischnur *f*
lacet *m* inséré élastique
elastico *m* inserito
hilo *m* elástico insertado

1169. shirring *(an elastic)*
Gummibandeinnähen *n*; Pullern *n*
froncage *m* (d'un élastique)
increspatura *f* (di un nastro elastico)
embebido *m* mediante cinta elástica

1170. shirring *(with the help of a rufflette)*
Kräuselband-Einziehen *n*
bouillonné *f*
increspatura *f* mediante nastro
fruncido *m* mediante cinta

1171. shirring foot
Kräuselfuß *m*
pied *m* fronceur
piedino *m* per increspatura
pie *m* fruncidor

1172. shirt
Hemd *n*
chemise *f*
camicia *f*
camisa *f*

1173. shirt back pleat
Hemdrückenfalte *f*
pli *m* (d'aisance) de chemise
piega *f* di dietro della camicia
pliegue *m* de espalda de la camisa

1174. shirt blouse *(AE shirtwaist)*
Hemdbluse *f*
blouse-chemise *f*; chemisier *m (corsage rappelant une chemise d'homme)*
camicia *f (tipo uomo)*
blusa *f* camisera

1175. shirt bosom *(AE)*
Hemdbrust *f*
devant *m* de chemise
davantino *m* della camicia; pettino *m* della camicia; sparato *m*
pechera *f* de camisa

1176. shirt collar
Hemdkragen *m*
col *m* de chemise
colletto *m* di camicia
cuello *m* de camisa

1177. shirt-front
Hemdbrust *f*; Plastron *m(n)*
devant *m* de chemise; plastron *m*
davantino *m* della camicia; pettino *m* della camicia; sparato *m*; plastron *m*
pechera *f* (de la camisa); plastrón *m*

1178. shirt with french cuffs
Manschettenhemd *n*
chemise *f* à poignets mousquetaire
camicia *f* a polsini gemelli; camicia *f* a polsini doppi
camisa *f* de puño doble vuelto

1179. shoe-guard (binding)
Stoßband *n (Hosenstoßband; mit einseitiger Kantenverstärkung)*
ruban *m* protège-pantalons; talonnette *f (pour éviter l'usure des jambes d'un pantalon)*
legaccio *m* dei pantaloni; nastro *m* dei pantaloni
cinta *f* talonera

1180. shoesstring (shoulder) straps *pl*
Spaghettiträger *mpl*
bretelles *fpl* spaghetti
bretelline *fpl* spaghetti
tirante *m* espagueti

1181. short-and-long stitch *(for buttonholing)*
Knopflochstich *m*
point *m* de boutonnière
punto *m* asola
puntada *f* de ojal

1182. short pants *pl (AE)*
kurze Hose *f*
pantalon *m* court; short *m*
pantaloncini *mpl* corti *(non da sport)*
pantalón *m* corto; shorts *mpl*

1183. shorts *pl*
kurze Hose *f*
pantalon *m* court; short *m*
pantaloncini *mpl* corti *(non da sport)*
pantalón *m* corto; shorts *mpl*

1184. shorts dress
Hosenkleid *n*
robe *f* culotte

abito *m* pantalone
vestido *m* pantalón

1185. short seam
Kurznaht *f*
couture *f* courte
cucitura *f* corta
costura *f* corta

1186. short sleeve
kurzer Ärmel *m*
manche *f* courte
manica *f* corta
manga *f* corta

1187. short slip
Unterkleid *n*/kurzes
combinaison *f* courte; combinaison (-jupon) *f* courte
sottoveste *f* corta
combinacióln *f* corta

1188. shoulder length
Schulterbreite *f (zwischen Halsansatz/Schulter und Armkugel)*
longueur *f* de l'épaule
lunghezza *f* della spalla
anchura *f* del hombro

1189. shoulder line
Schulterlinie *f (waagerechte Konstruktionslinie)*
ligne *f* d'épaule
linea *f* della spalla
línea *f* del hombro

1190. shoulder pad
Schulterpolster *n*
coussin *m* d'épaule; épaulette *f (pièce rembourrée à l'intérieur des épaules)*
imbottitura *f* alle spalle
hombrera *f*

1191. shoulder piece
Schulterklappe *f (aufknöpfbar oder fest aufgenäht)*
épaulette *f*
spallina *f*
charretera *f*

1192. shoulder sleeve
Schulterärmel *m*
manche *f* d'épaule prolongée
manica *f* (di) spalla prolungata
manga *f* de hombro prolongado

1193. shoulder strap *(suspender)*
Träger *m (an Damenkleidung)*
bretelle *f (qui passent sur les épaules)*
bretellina *f*
tirante *m*

1194. shrinkproof
nicht einlaufend
irrétrécissable
irrestringibile
que no encoge; inencogible

1195. side dart
Seitenabnäher *m*
pince *f* côté
pince *f* laterale
pinza *f* lateral

1196. side length
Seitenlänge *f (als Fertigmaß von der Bundnaht bis zur Saumkante)*
longueur *f* côté
lunghezza *f* laterale
largo *m* lateral

1197. side panel
Seitenteil *n*
panneau *m* côté
pannello *m* laterale
panel *m* de costado

1198. side panel *(of a skirt)*
Seitenbahn *f (eines Rockes)*
panneau *m* côté *(d'une jupe)*
pannello *m* laterale *(della gonna)*
panel *m* lateral *(de la falda)*

1199. side pocket
Seitentasche *f*
poche *f* côté
tasca *f* laterale
bolsillo *m* lateral

1200. side seam
Seitennaht *f (linke oder rechte Schließnaht)*
couture *f* côté
cucitura *f* laterale
costura *f* lateral

1201. side seam binding
Abdeckung *f* der Seitennaht
bordage *m* de la couture (de) côté
profilatura *f* di cucitura fianchi
ribete *m* de la costura de costado

1202. side vent
Seitenschlitz *m (in die Seitennähte eingearbeitet)*
fente *f* latérale
apertura *f* laterale; spacco *m* laterale
abertura *f* lateral

1203. silk lapel
Seidenblende *f* eines Revers
revers *m* de soie
revers *m* di seta; finta *f* di seta *(gen)*
solapa *f* de seda

1204. silk revers
Seidenrevers *n*
revers *m* de soie
risvolto *m* di seta
solapa *f* de seda

1205. silk shantung
Seidenschantung *m*
shantung *m* de soie
shantung *m* di seta
shantung *m* de seda

1206. simple chainstitch
Einfachkettenstich *m (Gruppe 100 nach DIN 61400)*
point *m* de chaînette simple
punto *m* a catenella semplice
puntada *f* de cadeneta simple

1207. simple fell seam
Einfachkappnaht *f (auch Kappnaht genannt)*
couture *f* rabattue simple
cucitura *f* ribattuta semplice
costura *f* cargada

1208. single-breasted coat
Einreiher *(einreihig geschlossenes Kleidungsstück) (allg)*
manteau *m* droit; veston *m* à une rangée
cappotto *m* diritto; soprabito *m* monopetto; vestito *m* monopetto
prenda *f* de vestir recta

1209. single hole thread guide
Einloch-Fadenführer *m*
guide-fil *m* à un trou
guidafilo *m* con un occhiello
guíahilo *m* a un solo agujero

1210. single part
Einzelteil *n*
pièce *f* détachée
pezzo *m* singolo
pieza *f* suelta; pieza *f* separada

1211. single-side(d)
einseitig
à un côté
a un solo lato
a un solo lado; unilateral

1212. singlet
Leibchen *n*
corselet *m* léger
bustino *m* leggero
corpiño *m*

1213. single thread blindstitch
einfädiger Blindstich *m*
point *m* invisible à un fil
punto *m* invisibile a un filo
puntada *f* invisible a un solo hilo

1214. size
Größe *f*
taille *f (d'un vêtement)*; pointure *f (préf)*
taglia *f*
talla *f*

1215. size designation of garment
Größenbezeichnung *f* von Bekleidung
désignation *f* de la taille du vêtement
indicazione *f* della taglia dell'abbigliamento
denominación *f* de tallas de ropa

1216. size of ready-to-wear clothing
Konfektionsgröße *f*
taille *f* de confection
taglia *f* di confezione
talla *f* de confección

1217. ski jacket
Skijacke *f*
anorak *m* de ski *(avec ou sans capuche)*; blouson *m* de ski
giacca *f* da sci
chaqueta *f* de esquí

1218. skipped stitch
Fehlstich *m (keine Verschlingung zwischen den Nähfäden)*
point *m* manqué
punto *m* saltato
puntada *f* saltada; puntada *f* fallada

1219. skirt
Rock *m*
jupe *f*
gonna *f*
falda *f*

1220. skirt back
hinteres Rockteil *n*
dos *m* de jupe
dietro *m* della gonna
fondo *m* de la falda

1221. skirt braid
Rockborte *f*
bordé *m* de la jupe
battitacco *m* della gonna
galón *m* de la falda

1222. skirt flap
Rockschoß *m (Damenrockschoß)*
pan *m* de jupe
falda *f* della gonna
faldón *m* de la falda

1223. skirt hem-line marker
Rockrunder *m*
appareil *m* pour marquer la longueur de jupes
apparecchio *m* per marcare la lunghezza delle gonne
aparato *m* marcador del bajo de la falda

1224. skirt length
Rocklänge *f (Fertigmaß in der Mitte oder über den Seitennähten)*
longueur *f* de la jupe
lunghezza *f* della gonna
largo *m* de la falda

1225. skirt length gauge
Rocklängen-Messgerät *n*
dispositif *m* pour mesurer la longueur des jupes
dispositivo *m* di misurazione della lunghezza delle gonne
dispositivo *m* de medir el largo de la falda

1226. skirt revers
Rockaufschlag *m*
revers *m* de bas de la jupe
risvolto *m* della gonna
vuelta *f* de la falda

1227. skirt with (shoulder) straps
Trägerrock *m*
jupe *f* à bretelles
gonna *f* con bretelle
falda *f* con tirantes

1228. skirt with unpressed pleats
Faltenrock *m*/ungebügelter
jupe *f* plissée à plis non-repassées
gonna *f* plissettata a pieghe non stirate
falda *f* plisada no planchada; falda *f* de tablas no planchada

1229. skirt yoke
Rocksattel *m (Damenrocksattel)*
empiècement *m* de jupe
sprone *m* della gonna
canesú *m* de la falda

1230. slack end
schlaffer Faden *m*
fil *m* détendu; fil *m* lâche
filo *m* più lento di quelli adiacenti
hilo *m* flojo

1231. slacks *pl*
Slacks *pl (gerade geschnittene Damenhose mit Bügelbrüchen)*
pantalon *m* droit et lâche de femme
pantaloni *mpl* diritti e sciolti da donna; calzoni *mpl*
pantalón *m* de ciudad de señora *(de corte recto)*

1232. slashed neckline
Schlupfausschnitt *m*
encolure *f* de passage
scollatura *f* di passaggio *(per infilarsi l'abito)*
escote *m* de vestir *(por la cabeza)*

1233. slash pocket
Tasche *f*/eingesetzte
poche *f* coupée
tasca *f* intagliata
bolsillo *m* insertado

1234. sleepwear *(coll)*
Nachtwäsche *f (Koll)*
lingerie *f* de nuit *(coll)*
biancheria *f* (personale) de notte *(coll)*
prendas *fpl* de dormir *(col)*

1235. sleeve
Ärmel *m*
manche *f*
manica *f*
manga *f*

1236. sleeveband cuff
Ärmelbündchen *n (aus Oberstoff oder Trikot als Saumabschluß)*
poignet *m (rebord ou bande rapportée)*
polsino *m*
puño *m*

1237. sleeveband hem
Bündchen *n (Saumabschluss an Ärmeln)*
bande *f* rapportée *(à l'extrémité d'une manche)*
bordo *m* (al polso) della manica
puño *m* dobladillo

1238. sleeve cuff
Ärmelaufschlag *m (zierendes Stoffteil am Saum eines Ärmels)*
parement *m (replié sur la manche et non sur lui-même)*
risvolto *m* della manica
vuelta *f* de manga *(guarnición de la bocamanga)*

1239. sleeve dart
Ärmelabnäher *m*
pince *f* de manche
crespa *f* dell'attaccatura manica
pinza *f* de manga

1240. sleeve gather
Kräuselnaht *f* des Ärmels
fronce *f* de la manche
increspatura *f* della manica
costura *f* de embebido de la manga

1241. sleeve gore
Ärmelkeil *m*
pointe *f* de manche
gheda *f* manica
gaya *f* de la manga

1242. sleeve gusset
Ärmelkeil *m*
pointe *f* de manche
gheda *f* manica
gaya *f* de la manga

1243. sleeve head
Ärmelkugel *f*
tête *f* de manche
tromba *f* (di) manica
copa *f* de la manga

1244. sleeve head dart
Kugelabnäher *m*
pince *f* de la tête de manche
pince *f* della testa di manica
pinza *f* de la copa de la manga

1245. sleeve hem
Ärmelsaum *m (unterer Anschluss)*
bas *m* de manche
fondo *m* (di) manica
boca-manga *f*; dobladillo *m* de la manga

1246. sleeve hem turn-up
Ärmelsaumeinschlag *m*
repli *m* du bas de manche
ripiega *f* del fondo (di) manica
remetido *m* del dobladillo de la manga

1247. sleeve (ironing-)board
Ärmelbügelbrett *n*
planche *f* à repasser les manches
asse *f* da stiro maniche
tabla *f* de planchar mangas

1248. sleeveless
ärmellos
sans manches
senza maniche
sin manga

1249. sleeveless undershirt *(men's)*
Achselhemd *n*
gilet *m* sans manches *(de femme)*; maillot *m (d'homme)*
corpetto *m*; maglia *f*
camiseta *f* sin mangas

1250. sleeveless vest *(ladies')*
Achselhemd *n*
gilet *m* sans manches *(de femme)*
corpetto *m*; maglia *f*
camiseta *f* sin mangas

1251. sleeve placket slit of shirt
Hemdärmelschlitz *m*
fente *f* de la manche de chemise
apertura *f* del polso di camicia
abertura *f* de la manga de la camisa

1252. sleeve puff
Ärmelpuffe *f*
gigot *m* (de) manche
sbuffo *m* (di) manica
manguito *m*

1253. sleeve tab
Ärmelspange *f (oberhalb des Ärmelsaumes, mit/ohne Knopf, auch verstellbar)*
patte *f* de manche
alamaro *m* (di) manica
pata *f* de manga; ceñidor *m* de manga

1254. sleeve tightener
Ärmelspange *f*/verstellbare
patte *f* de manche de réglage *(préf)*; patte *f* de manche ajustable
alamaro *m* di manica regolabile *(fermaglio)*
ceñidor *m* de manga ajustable

1255. sleeve vent or sleeve slit
Ärmelschlitz *m (Saumöffnung in der Ellbogennaht)*
fente *f* (de bas) de la manche *(préf)*; fente *f* de poignet

apertura *f* del fondo (di) manica; spacco *m* del fondo (di) manica
abertura *f* de la manga *(en la costura posterior)*

1256. sleeve width at wrist level
Handgelenk-Ärmelweite *f*
largeur *f* de la manche au poignet
larghezza *f* della manica alla giuntura
ancho *m* del puño de la manga

1257. slide fastener *(AE)*
Reißverschluss *m*
fermeture *f* à glissière
chiusura *f* lampo
cremallera *f*

1258. sliding keeper of the belt
lose Gürtelschlaufe *f*
coulant *m* de la ceinture *(passant mobile)*
passante *m* amovibile della cintura
pasador *m* del cinturón suelto

1259. sliding ring of a belt *(pref)*
lose Gürtelschlaufe *f*
coulant *m* de la ceinture *(passant mobile)*
passante *m* amovibile della cintura
pasador *m* del cinturón suelto

1260. slimmer fit *(form)*
schlanker Schnitt *m*
coupe *f* cintrée
linea *f* a vita
corte *m* delgado

1261. slims *pl*
Keilhose *f*
pantalon *m* fuseau
pantaloni *mpl* a fuso
pantalón *m* con cinta bajopie; pantalón *m* de trabilla

1262. slip-on
Überschlupfkleidung *f*
vêtement *m* à enfiler
vestito *m* facile da infilare
ropa *f* fácil de poner

1263. slip-on cut
Slipon-Schnitt *m*
façon *f* de vêtement à enfiler; façon *f* style slip-on
façon *f* dell'indumento facile da infilare
corte *m* estilo slipon *(fácil de poner)*

1264. slipover dress
Überwurfkleid *n*
robe *f* d'intérieur, tunique *f*
sopravveste *f*
vestido *m* suelto

1265. slit
Schlitz *m (An- und Auskleideschlitz)*
taillade *f (pour mettre facilement une robe)*; ouverture *m*
intaglio *m (per indossare facilmente un abito)*; apertura *f (pref)*
abertura *f (para poner y quitar una prenda)*

1266. slit skirt
geschlitzter Rock *m*
jupe *f* à fente
gonna *f* con spacco
falda *f* acuchillada

1267. slit stop
Schlitzriegel *m*
arrêt-fente *m*
cucitura *f* di fissatura dello spacco o dell'intaglio
presilla *f* de la bragueta

1268. small change pocket
Münztasche *f*
poche *f* de monnaie
tasca *f* per gli spiccioli
bolsillo *m* monedero

1269. soft collar
weicher Kragen *m*
col *m* mou
colletto *m* floscio
cuello *m* blando

1270. soft line
weiche Linie *f (auch Softline)*
ligne *f* souple
linea *f* morbida
línea *f* suave

1271. soft line *(for casual wear)*
Softline *f (bequeme Formgestaltung)*
ligne *f* molle, légère
linea *f* soffice
línea *f* suave

1272. soil release finish
Soil-Release-Ausrüstung *f*
apprêt *m* de lavage facilité
appretto *m* di lavaggio facile
acabado *m* antimanchas; acabado *m* de fácil cuidado

1273. spare collar
Reservekragen *m*

col *m* de rechange; col *m* de réserve
colletto *m* di riserva
cuello *m* de reserva

1274. specimen *(of clothing item)*
Musterteil *n (Kleidungsstück)*
spécimen *m (pièce de vêtement)*
modello *m* campione
muestra *f* tipo; prenda *f* de muestra

1275. spoke stitch
Leiterstich *m*
point *m* échelle
punto *m* a (forma di) scala
puntada *f* a escalera

1276. Spool
Spule *f*
bobine *f*; canette *f (recevant le fil inférieur)*
bobina *f*; spoletta *f (della macchina per cucire)*; rocchetto *m*
bobina *f*; canilla *f*

1277. sport shirt
Sporthemd *n (mit bis zum Saum offener Knopfleiste und aufgesetzter Brusttasche)*
Chemise *f* (de) sport
camicia *f* sportiva
camisa *f* sport

1278. (spot bonded) interlining
Fixiereinlage *f (zur punktförmigen Verbindung)*
triplure *f* (à liage par points)
rinforzo *m* di termofissaggio per punti
refuerzo *m* de termofijación por puntos; entretela *f* termofijable por puntos

1279. spot bonding
Punktbondieren *n*
liage *m* par points
collegamento *m* a punti
conexión *f* por puntos

1280. spotted blouse
Tupfenbluse *f*
blouse *f* à pois
blusa *f* a puntini
blusa *f* con lunares

1281. spreading in lays
Lagenlegen *n*
mise *f* en matelas; étalage *m* du matelas *(avant la coupe)*
approntamento *m* del materasso (di tessuto); formazione *f* del materasso (di tessuto)
extendido *m* de las capas

1282. spreading machine *(in lays for tayloring)*
Legemaschine
metteuse *f* en plis; étaleuse *f*
macchina *f* per approntare materassi (di tessuto)
máquina *f* de extender *(tejidos)*

1283. spreading table
Legetisch *m*
table *f* d'étalage
tavola *f* per approntare materassi (di tessuto)
mesa *f* de extender *(tejidos)*

1284. square neckerchief [neckscarf]
Vierecktuch *n (Einlegetuch)*
foulard *m*, carré *m*
fisciù *m* quadrato
pañuelo *m* de cuello cuadrado

1285. staggered stitch
Flatterstich *m*
point *m* (de couture) flottant
punto *m* svolazzante
puntada *f* flotante; puntada *f* vacilante

1286. standard size
normale Größe *f*
taille *f* normale
taglia *f* normale
talla *f* normal

1287. stand-up collar *(pref)*
Stehkragen *m (ohne Umschlagteil)*; Chinesenkragen *m*
col *m* montant *(formé d'une bande cousue sur une encolure ronde)*
colletto *m* alla coreana; colletto *m* alto *(pref)*; colletto *m* cinese
cuello *m* levantado

1288. stand-up pleat
aufspringende Falte *f*
plis *m* ouvert
piega *f* aperta
pliegue *m* abierto

1289. stay button
Gegenknopf *m*
contre-bouton *m*

controbottone *m*
contrabotón *m*

1290. stay ribbon
Eckenband *n (nicht elastisches Band mit festen Webkanten gegen Ausdehnen von Bekleidungsbestandteilen)*
extra-fort *m (pour bords)*
nastro *m* rinforzatore
ligueta *f* de canto; tira *f* de refuerzo de cantos

1291. steam *v*
aufdämpfen *v*
traiter *v* à la pattemouille
trattare *v* a vapore
tratar *v* con vapor; vaporizar *v*

1292. steaming
Dampfbehandlung *f*
traitement *m* à vapeur
trattamento *m* a vapore
tratamiento *m* con vapor

1293. steaming dummy
Dampfbüste *f*
mannequin-forme *f* vaporisant
manichino *m* per la stiratura a vapore
maniquí *m* para planchado a vapor

1294. steam iron
Dampfbügeleisen *n*
fer *m* à repasser à vapeur
ferro *m* da stiro a vapore
plancha *f* a vapor

1295. steam ironing dummy
Dampfbüste *f*
mannequin-forme *f* vaporisant
manichino *m* per la stiratura a vapore
maniquí *m* para planchado a vapor

1296. stem stitch *(of a button)*
Knopfstielstich *m (zum Nähen des Halses zwischen dem Knopf und dem Stoff)*
point *m* de tige de bouton
punto *m* di gambo (dell'attaccatura) del bottone
puntada *f* para hacer el tallo del botón

1297. step collar
fallendes Revers *n*
cran *m* ouvert ou baissé
risvolto *m* aperto; revers *m* aperto
solapa *f* de punta descendiente; cran *m* abierto

1298. step-ins *pl*
Höschen *n (Damenhöschen)*
culotte *f* de femme *(retenue à la taille par un élastique)*
mutandine *fpl* da donna; calzoncini *mpl* da donna
fajita *f* panty

1299. step lapel
steigendes Revers *n*
cran *m* aigu *(préf)*; cran *m* à pointe; revers *m* à pointe; revers *m* serré
risvolto *m* a lancia; risvolto *m* a punta ascendente
solapa *f* de punta ascendiente; cran *m* cerrado

1300. stiff collar
steifer Kragen *m*
col *m* dur
colletto *m* duro
cuello *m* duro

1301. stiff shirt
Hemd *n*/steifes
chemise *f* empesée
camicia *f* inamidata
camisa *f* almidonada

1302. stiff turn-down collar *(pref)*
Umlegekragen *m*/steifer
col *m* rabattu dur
colletto *m* rovesciato duro
cuello *m* vuelto duro

1303. stiff turned-over collar
Umlegekragen *m*/steifer
col *m* rabattu dur
colletto *m* rovesciato duro
cuello *m* vuelto duro

1304. Stitch
Stich *m (Element einer Fadenlegung)*
point *m (de couture par fil)*
punto *m (di cucito con filo)*
puntada *f*

1305. stitch change
Stichwechsel *m*
changement *m* du point
cambiamento *m* del punto
cambio *m* de puntada

1306. stitch density
Stichdichte *f (Anzahl der ausgeführten Stiche auf eine Längeneinheit)*
densité *f* des points

densità *f* dei punti
densidad *f* de puntadas

1307. stitch diagram
Stichbild *n*
schéma *m* de points
diagramma *m* dei punti
esquema *m* de puntadas

1308. stitching
Nähen *n*
couture *f*
cucitura *f (l'azione)*
cosido *m*

1309. stitching machine
Nähmaschine *f*
machine *f* à coudre
macchina *f* per cucire
máquina *f* de coser

1310. stitch size
Stichgröße
dimension *f* du point
dimensione *f* del punto
dimensión *f* de la puntada

1311. stitch tension
Stichspannung *f*
tension *f* des points
tensione *f* dei punti
tensión *f* de las puntadas

1312. stitch width
Stichbreite *f (Ausdehnung eines Stiches quer zur Vorschubrichtung)*
largeur *f* du point
larghezza *f* del punto
anchura *f* de la puntada

1313. stole or stola
Stola *f*
étole
stola *f*
estola *f*

1314. stone-washed
gewaschen (auf Stein)
délavé sur pierre
lavato a pietra
lavado a pietra

1315. stop lever
Abstellhebel *m*
levier *m* d'arrêt
leva *f* d'arresto
palanca *f* de parada

1316. store clothes *pl (AE) (coll)*
Konfektionsbekleidung *f (Koll)*; Fertigkleidung *f (Koll)*
vêtement *m* prêt-à-porter *(coll)*; prêt-à-porter *m (coll)*
abbigliamento *m* di confezione *(coll)*; confezioni *fpl* pronte; vestiti *mpl* confezionati *(coll)*
ropa *f* de confección *(col)*; ropa *f* confeccionada *(col)*

1317. stormcoat
Allwettermantel *m*
manteau *m* pour intempéries
impermeabile *m* vero (che resiste alle tempeste)
impermeable *m*, trinchera *f*

1318. straight *(pref)*
gerade fallend
droit *(non cintré)*
diritto
de caída recta

1319. straight angle
gerade Ecke *f*
coin *m* droit
angolo *m* diritto
ángulo *m* derecho

1320. straight(-away) stitch
Geradstich *m*
point *m* rectiligne ou droit
punto *m* rettilineo
puntada *f* recta

1321. straight bottom of trousers
Hosensaum *m*/gerade geschnittener
bas *m* droit de pantalon
fondo *m* diritto della gamba dei pantaloni
bajo *m* recto del pantalón

1322. straight corner
gerade Ecke *f*
coin *m* droit
angolo *m* diritto
ángulo *m* derecho

1323. straight neckline
gerader Ausschnitt *m*
encolure *f* droite
scollatura *f* diritta
escote *m* recto

1324. straight stitch seam
Bestechnaht *f*
couture *f* au point droit

cucitura *f* a punto retto
costura *f* a puntada recta

1325. straight trouser hem
Hosensaum *m*/gerade geschnittener
bas *m* droit de pantalon
fondo *m* diritto della gamba dei pantaloni
bajo *m* recto del pantalón

1326. strap *(of trousers)*
Steg *m (Hosensteg; verstürzter Stoffstreifen)*
sous-pied *m (de pantalon)*
staffa *f (di pantaloni)*
cinta *f* bajopie

1327. strap for fixing
Befestigungsband *n*
sangle *f* de fixation
cinghia *f* di fissaggio
cinta *f* de fijación

1328. strapless
trägerlos
sans bretelles
senza bretelline
sin tirantes

1329. strapless bodice [corsage]
trägerloses Kleideroberteil *n*
buste *m* de robe sans bretelles; corsage *m* de robe sans bretelles
corpino *m* senza bretelle
cuerpo *m* del vestido sin tirantes

1330. strapless bra(ssiere)
trägerloser Büstenhalter *m (siehe auch Büstenhebe)*
soutien-gorge *m* sans bretelles
reggiseno *m* senza bretelline o senza spalline
sujetador *m* sin tirantes

1331. strapless neck(line)
schulterfreier Ausschnitt *m*
décolleté *m* à épaules nues
scollatura *f* a spalla nuda
escote *m* palabra de honor

1332. stretch braid
Stretchborte *f*
bordé *m* élastique *(à élasticité conferée)*
treccia *f* elasticizzata
cinta *f* elástica

1333. stretch pucker
elastische Kräuselnaht *f*
fronce *f* élastique
crespa *f* elastica *(per cucitura d'increspatura)*; cucitura *f* elastica d'increspatura
costura *f* elástica de embebido

1334. striking fancy seam
markante Ziernaht *f*
couture *f* d'ornement marquante
cucitura *f* ornamentale pronunciata
costura *f* de adorno pronunciada

1335. striking ornamental seam
markante Ziernaht *f*
couture *f* d'ornement marquante
cucitura *f* ornamentale pronunciata
costura *f* de adorno pronunciada

1336. striped trousers *pl*
gestreifte Hose *f*
pantalon *m* rayé; pantalon *m* à rayures
pantaloni *mpl* rigati, pantaloni *mpl* a righe
pantalón *m* a rayas

1337. striped trousers *pl (appropriate to a cutaway coat)*
Cut-Hose *f*; Scheitelhose *f*
pantalon *m* rayé *(porté avec à la jaquette de cérémonie)*
pantaloni *mpl* a righe *(abbinati alla giacca a coda di rondine)*
pantalón *m* listado *(llevado con levita)*

1338. St. Tropez trousers *pl*
Nabelhose *f*
pantalon *m* St. Tropez
pantaloni *mpl* St. Tropez
pantalón *m* St. Tropez

1339. Stuart collar
Stuartkragen *m*
col *m* Stuart
colletto *m* alla Stuarda
cuello *m* Stuart

1340. Stuffed
gepolstert
rembourré
imbottito
acolchado

1341. Suit
Anzug *m*
complet *m (gen)*; costume *m (complet)*
completo *m (da uomo)*; vestito *m* composto di giacca e pantaloni *(completo)*
traje *m*

1342. (suit) coat *(man's)*
Sakko *m (als Anzugbestandteil)*
veston *m (veste qui fait partie d'un complet d'homme; on le nomme aussi bien veste dans la langue courante)*
giacca *f (di completo da uomo)*
americana *f*

1343. (suit) coat with one button
Einknopfsakko *m*
veston *m* à un bouton
giacca *f* monopetto *(da uomo)*
chaqueta *f* a un botón

1344. suit size
Anzuggröße *f*
taille *f* du complet
taglia *f* del completo
talla *f* de traje

1345. suit trousers *pl*
Anzughose *f*
pantalon *m* de complet
pantaloni *mpl* del completo
pantalón *m* de traje

1346. summer top
Sommer-Top *n*
top *m*
camiciola *f* estiva
camiseta *f* estival

1347. sunburst pleats *pl*
Sonnenplissee *n*
plissé *m* soleil
plissé *m* a (forma di) sole
plisado *m* sol

1348. sundress
Sonnen-Top-Kleid *n (schulterlos)*
robe *f* bain-de-soleil
prendisole *m*
vestido *m* playero *(de hombros desnudos)*; vestido *m* top

1349. sunray pleats *pl*
Sonnenplissee *n*
plissé *m* soleil
plissé *m* a (forma di) sole
plisado *m* sol

1350. superposed seam
Überlapp(ungs)naht *f (die Nähgutkanten liegen offenkantig übereinander)*
couture *f* superposée
cucitura *f* sovrapposta
costura *f* sobrepuesta

1351. suspended trouser making-up
hängende Hosenfertigung *f*
confection *f* de pantalons suspendue
confezione *f* di pantaloni sospesi
fabricación *f* colgada de pantalones; fabricación *f* suspendida de pantalones

1352. sweater dress
Sweaterkleid *n*
robe-sweater *f*
abito *m* (in stile) sweater *(da donna)*
vestido *m* suéter

1353. swingy skirt
Glockenrock *m*
jupe *f* cloche
gonna *f* a campana
falda *f* acampanada

T

1354. tab
Spange *f (zur Weitenregulierung)*
tirant *m*
tirante *m*
hebilla *f*

1355. tab collar
Tab-Kragen *m (mit Lasche)*
col *m* à bride
colletto *m* a tesa
cuello *m* de lazo

1356. tacking stitch
Heftstich *m*
point *m* de bâtissage
punto *m* d'imbastitura
puntada *f* de hilván

1357. tail
Schoß *m*
pan *m*; basque *f (prolongement amovible ou rapporté d'une veste ou d'un corsage, qui retombe en forme de petite jupe sur les hanches)*
falda *f*
faldón *m*

1358. tailor
Schneider *m*
tailleur *m (d'habits)*
sarto *m*
sastre *m*

1359. tailored dress
Schnittkleid *n*
robe *f* sur mesure
abito *m* (da donna) su misura
vestido *m* a medida

1360. tailored suit *(ladies')*
Kostüm *n (besser Tailleur)*
tailleur *m*
tailleur *m*
traje *m* sastre *(para señora)*; traje *m* chaqueta *(para señora)*

1361. tailor-made suit
Maßanzug *m*
costume *m* sur mesure *(suivant les mesures d'une personne)*
completo *m* su misura *(da uomo)*
traje *m* a medida

1362. tailor's measuring tape
Schneiderbandmaß *n*
mètre-ruban *m* de tailleur
metro *m* a nastro da sarto
cinta *f* métrica de sastre

1363. tailor's schears *pl*
Schneiderschere *f*
ciseaux *mpl* de tailleur
forbici *fpl* da sarto
tijera *f* de sastre

1364. tailor's trimmings *pl*
Zutaten *fpl (alle Materialien außer dem Oberstoff)*
fournitures *fpl (de tailleur)*
forniture *fpl* da sarto
fornituras *fpl* de sastre

1365. take *v* **measure**
maßnehmen *v*
prendre *v* les mesures
prendere *v* le misure
tomar *v* medida

1366. tank top
Débardeur-Pullover *m*; Trägerpullover *m*; Pullunder *m*
débardeur *m* (pull à bretelles); pullunder *m*
argentina *f* débardeur (a bretelle); panciotto *m* lavorato a maglia
suéter *m* Débardeur (con tirantes); chaleco *m* de punto

1367. taper bar(tack)
Keilriegel *m*
arrêt *m* en pointe; bride *f* fuseau
travetta *f* a cuneo
presilla *f* de cuña

1368. tapered toe revers and collar *(the ensemble)*
Spitzenfasson *n (mit steigendem Revers und Kragen)*
revers *m* à pointe ascendante et col *m (l'ensemble)*
risvolto *m* a punta ascendente e collo *m (l'insieme)*
solapa *f* de punta ascendiente y cuello *m (en conjunto)*

1369. tapered trousers *pl*
Keilhose *f*
pantalon *m* fuseau
pantaloni *mpl* a fuso
pantalón *m* con cinta bajopie; pantalón *m* de trabilla

1370. taping
Anbringen *n* von Posamenten
pose *f* de passementerie
applicazione *f* di passamano
puesta *f* de pasamanería; aplicación *f* de pasamanería

1371. teenage garment *(coll)*
Jugendbekleidung *f (Koll)*
vêtement *m* pour jeunes *(coll)*; vêtement *m* pour adolescents *(coll)*
abbigliamento *m* per giovani *(coll)*
ropa *f* juvenil *(col)*

1372. tee-shirt
T-Shirt *n (ergibt mit ausgebreiteten Ärmeln den Buchstaben T)*
T-shirt *f*
T-shirt *f*
camiseta *f (de manga corta o larga)*

1373. tensionless seam
verzugsfreie Naht *f*
couture *f* non-déformée (par tension)
cucitura *f* non deformata (per tensione)
costura *f* sin desfase

1374. thermal underwear *(coll)*
Gesundheitswäsche *f (Koll)*
sous-vêtement *m* de santé *(coll)*
biancheria *f* (intima) sanitaria *(coll)*
ropa *f* interior de sanidad *(col)*

1375. thermofixing *(of interlining)*
Fixieren *f (Verbinden beschichteter Einlagen mit der linken Warenseite von*

Schnittteilen durch Heißpressen oder Heißbügeln)
thermofixage *m*
termofissaggio *m*
termofijado *m*

1376. thimble
Fingerhut *m*
dé *m* à coudre
ditale *m*
dedal *m*

1377. thread
Faden *m*
fil *m (unique)*
filo *m*
hilo *m*

1378. thread *v*
auffädeln *v*
soufiler *v*
infilare *v*
enhebrar *v*

1379. thread controller
Fadenwächter *m (an der Nähmaschine)*
casse-fil *m (sur la machine à coudre)*
dispositivo *m* d'arresto del filo
detector *m* de hilo; vigilahilos *m*

1380. thread drawing-off
Fadenabzug *m*
tirage *m* du fil
svolgimento *m* del filo
fluir *m* del hilo

1381. thread guiding
Fadenführung *m*
guidage *m* du fil
guidafilo *m*
guíahilo *m*

1382. threading *(of sewing thread)*
Einfädeln *n (des Nähfadens)*
enfilage *m (du fil à coudre)*
infilatura *f (di filo cucirino)*
enhebrado *m*

1383. thread line
Fadenlauf *m*
parcours *m* du fil
corsa *f* del filo
recorrido *m* del hilo

1384. thread slippage
Nähfadenschlupf *m*
glissement *m* du fil de couture
scorrimento *m* del filo cucirino
deslizamiento *m* del hilo de coser

1385. thread stop-motion
Fadenwächter *m (an der Nähmaschine)*
casse-fil *m (sur la machine à coudre)*
dispositivo *m* d'arresto del filo
detector *m* de hilo; vigilahilos *m*

1386. thread tension
Nähfadenspannung *f*
tension *m* du fil de couture
tensione *f* del filo cucirino
tensión *f* del hilo de coser

1387. three-needle covering stitch
Dreinadel-Deckstich *m*
point *m* de recouvrement à trois aiguilles
punto *m* di copertura a tre aghi
puntada *f* de recubrir de tres agujas

1388. three-needle flat seam
Dreinadel-Flachnaht *f*
couture *f* plate (à) trois aiguilles
cucitura *f* piatta a tre aghi
costura *f* plana a tres agujas

1389. three-piece
Troispièces *n*
trois-pièces *fpl*
completino *m* di tre indumenti
tres piezas *m*

1390. three-piece sleeve
dreiteiliger Ärmel *m*
manche *f* à trois-pièces
manica *f* trepezzi
manga *f* tres piezas

1391. three-piece suit *(jacket, skirt and trousers)*
dreiteiliger Damenanzug *m (Jacke, Rock und Hose)*
tailleur *m* à trois pièces *(composé de veste, jupe et pantalon)*
tailleur *m* trepezzi *(composto di giacca, gonna e pantaloni)*
traje *m* sastre combinado de señora *(chaqueta, falda y pantalón)*

1392. three-piece suit *(men's)*
dreiteiliger Herrenanzug *m (Sakko, Hose und Weste)*
costume *m* à trois pièces *(composé de veston, pantalon et gilet)*
vestito *m* trepezzi *(composto di giacca, gilè e pantaloni)*

traje *m* tres piezas *(chaqueta, pantalón y chaleco)*

1393. three-quarter length
Dreiviertellänge *f*
longueur *f* trois-quarts
lunghezza *f* a tre quarti
largo *m* a tres cuartos

1394. three-quarter length coat
Mantel *m*/dreiviertellanger
manteau *m* trois-quarts *(de femme)*; pardessus *m* trois-quarts *(d'homme)*; trois-quarts *mpl*
giaccone *m* a tre quarti
abrigo *m* tres cuartos

1395. three-quarter-length trousers *pl*
Caprihose *f*
pantalon *m* corsaire *(qui s'arrête à mi-mollet)*
pantaloni *mpl* alla pescatora
pantalón *m* a la pescadora; pantalón *m* Capri

1396. three-quarter sleeve
Dreiviertelarm *m*
manche *f* trois-quarts
manica *f* a tre quarti
manga *f* tres cuartos

1397. three-quarter trousers *pl*
Dreiviertelhose *m*
pantalon *m* trois-quarts
pantaloni *mpl* a tre quarti
pantalón *m* tres cuartos

1398. through pocket
Durchgrifftasche *f (keine echte Tasche)*
passe-bras *m (fausse poche)*
tasca *f* passamento *(attraverso una cappa)*
abertura *f* paso de mano

1399. throwover dress
Überwurfkleid *n*
marlotte *f*
sopravveste *f*
vestido *m* suelto

1400. thrust-in-pocket
Schubtasche *f (schräg, paspeliert oder mit Leiste)*
poche *f* oblique sans patte
tasca *f* obliqua senza patta
bolsillo *m* de boca inclinada *(sin cartera)*

1401. ticket pocket
Billettasche *f (an der rechten Außenseite der Oberbekleidung oder im Taschenbeutel der rechten Tasche)*
poche-ticket *f*
tasca *f* di biglietti
bolsillo *m* billetero

1402. tie collar
Fallkragen
col *m* cravatte; col *m* écharpe
colletto *m* a cravatta
cuello *m* de lazada; cuello *m* a corbata

1403. tiered skirt
Stufenrock *m*
jupe *f* en gradins
gonna *f* a gradini
falda *f* escalonada

1404. tiered volants *pl*
Stufenvolant *n*
volant *m* en gradins
volant *m* a gradini
volante *m* escalonado

1405. tight-fit(ted)
eng tailliert
cintré serré
a vita attillata
ceñido; muy entallado

1406. tight-fitting
eng anliegend
collant; près du corps
attillato
ceñido al cuerpo

1407. tight-fitting clothing
enganliegende Bekleidung *f*
vêtement *m* collant
vestiario *m* attillato
ropa *f* ceñida; ropa *f* entallada

1408. T-line
T-Linie *f (mit waagerechten Ärmeln und gerade geschnittenem Rumpf)*
ligne *f* en T
linea *f* a (forma di) T
línea *f* (en forma de) T

1409. to button-on *v*
anknöpfen *v*
attacher *v* par boutons
abbottonare *v*
abotonar *v*

1410. tongue
Zunge *f (laschenartig)*
languette *f*
linguetta *f*
lengüeta *f*

1411. top-collar *(pref)*
Oberkragen *m (Teil des Kragens, der nach außen hin sichtbar ist)*
dessus *m* (de) col
sopraccollo *m*
cuello *m* superior; tapa *f* del cuello

1412. top-collar fall
Kragenumschlag *m (nach außen bei eingebügeltem Kragenbruch)*
tombant *m* du (dessus de) col
cadenza *f* del sopraccollo
caída *f* del cuello exterior

1413. top-collar interlining
Oberkrageneinlage *f*
triplure *m* du dessus (de) col
rinforzo *m* del sopraccollo
refuerzo *m* de la tapa del cuello; entretela *f* de la tapa del cuello

1414. top fashion(able)
topmodisch
tendance, dernier cri
all'ultima moda
a la última moda

1415. top fusing
Direktversiegeln *n*
thermofixage *m* direct
termofissaggio *m* diretto (per fusione)
termofijado *m* directo; termosellado *m* directo

1416. top-part
Oberteil *n(m)*
dessus *m (d'un vêtement)*
sopra *m*
parte *f* superior

1417. top-side fly lining
Hosenschlitz-Gegenfutter *n*
doublure *f* de devant de la braguette
fodera *f* della patta dei pantaloni
contraforro *m* de la bragueta del pantalón

1418. top-sleeve
Oberärmel *m*
dessus *m* de manche
soprammanica *f*
manga *f* cimera

1419. top-sleeve head
Oberärmelkugel *f*
tête *m* du dessus de manche
tromba *f* della soprammanica
copa *f* de la manga cimera

1420. top-sleeve width
Oberärmelweite *f (als Fertigmaß)*
largeur *f* du dessus de manche
larghezza *f* della soprammanica
anchura *f* de la manga cimera

1421. trap
Fangband *n*
lien *m*
reggetta *f (un nastro)*
cinta *f* detentora

1422. trapeze neckline
Trapezausschnitt *m*
encolure *f* en trapèze
scollatura *f* a (forma di) trapezio
escote *m* en forma de trapecio

1423. trekking sock
Trekking-Socke *f*
chaussette *f* (de) trekking
calzino *m* da trekking
calcetín *m* de montañismo

1424. trenchcoat
Trenchcoat *m (mit großem Kragen, wuchtigem Revers, Achselklappen, Ärmelspangen und Ringsgurt)*
trench-coat *m*
trench *m*
trinchera *f*

1425. trend fashion
Trend-Fashion *f*
mode *f* trend
moda *f* trendy
moda *f* trend fashion

1426. trial production
Probefertigung *f*
production *f* d'essai
produzione *f* di prove
producción *f* de prueba; producción *f* de ensayo

1427. trimmed with fur
pelzbesetzt
garni de fourrure
guarnito di pelliccia
guarnecido de piel

1428. trimmings *pl*
Dekor *m*
Décor *m*
ornamento *m*
decorado *m*; adorno *m*

1429. trimming seam
Versäuberungsnaht *f (gegen Ausfransen abgesichert)*; Staffiernaht *f (Blindstichnähte zum Befestigen von Saumeinschlägen und Besetzen)*
couture *f* de surjet contre l'effilochement; couture *f* de garniture (invisible)
cucitura *f* a sopraggitto contro la sfilacciatura; cucitura *f* a punto incrociato (invisibile)
costura *f* de sobrehilado; costura *f* overlock; costura *f* a puntada invisible

1430. trimming with galloon
Galonieren *n (mit Tresse besetzen)*
galonnage *m*
gallonatura *f*
galoneadura *f*

1431. triple seam
Dreifachnaht *f*
couture *f* triple
cucitura *f* tripla
costura *f* triple

1432. tropical wear *(coll)*
Tropenkleidung *f (Koll)*
vêtement *m* tropical *(coll)*
vestiti *mpl* tropicali *(coll)*
ropa *f* tropical *(col)*

1433. trouser back
Hinterhose *f*
dos *m* de pantalon
dietro *m* dei pantaloni
pantalón *m* trasero

1434. trouser bottom
Hosensaum *m*
bas *m* de pantalon
fondo *m* della gamba dei pantaloni
bajo *m* del pantalón

1435. trouser (bottom) binding
Hosenstoßband *n*
talonnette *f* de pantalon *(ruban que l'on coud à l'intérieur du bas de la jambe d'un pantalon)*
nastro *m* di protezione del fondo della gamba dei calzoni
cinta *f* talonera

1436. trouser button
Hosenknopf *m*
bouton *m* de pantalon
bottone *m* per calzoni o pantaloni
botón *m* del pantalón

1437. trouser crease
Hosenbügelfalte *f*
pli *m* de pantalon
piega *f* dei pantaloni o dei calzoni
raya *f* del pantalón

1438. trouser crotch piece
Zwischenbeinkeil *m*
chanteau *m* d'entrejambe
cavallino *m* dei pantaloni
gaya *f* de entrepiernas; cuchillo *m* de entrepiernas; gavilán *m*

1439. trouser cuff *(AE)*
Hosenumschlag *m (am Saum der Hosenbeine)*
revers *m* de pantalon; bas *m* (de pantalon) relevé
fondo *m* con risvolto (della gamba) dei pantaloni; risvolto *m* dei pantaloni
vuelta *f* de la pernera del pantalón

1440. trouser cuff (protector) binding
Hosenstoßband *n*
talonnette *f* de pantalon *(ruban que l'on coud à l'intérieur du bas de la jambe d'un pantalon)*
nastro *m* di protezione del fondo della gamba dei calzoni
cinta *f* talonera

1441. trouser fall
Hosentürchen *n*
pont *m* de pantalon *(une partie du devant que s'attache à la ceinture par boutonnage)*
brachetta *f* dei pantaloni
bragueta *f* del pantalón

1442. (trouser) fly
Hosenschlitz *m*
braguette *f*
brachetta *f* dei pantaloni; apertura *f* dei pantaloni; patta *f* dei pantaloni
bragueta *f* del pantalón

1443. trouser footstrap
Hosensteg *m*
sous-pied *m* du pantalon *(patte élastique, qui passe sous le pied)*

staffa *f (di pantaloni)*
cinta *f* bajopie

1444. trouser hem *(pref)*
Hosensaum *m*
bas *m* de pantalon
fondo *m* della gamba dei pantaloni
bajo *m* del pantalón

1445. trouser hook
Hosenhaken *m*
crochet *m* à pantalon
gancio *m* di pantaloni
gancho *m* del pantalón

1446. trouser leg
Hosenbein *n*
jambe *f* de pantalon
gamba *f* dei calzoni
pernera *f (del pantalón)*

1447. trouser manufacture
Hosenfertigung *f*
confection *f* de pantalons
confezione *f* di pantaloni
confección *f* de pantalones

1448. trouser press
Hosenpresse *f*
presse *f* pour pantalons
pressa *f* per calzoni
prensa *f* para pantalones

1449. trousers *pl (pref)*
Hose *f*
pantalon *m*
pantaloni *mpl*; calzoni *mpl*
pantalón *m*

1450. trouser shoe-guard binding
Hosenstoßband *n*
talonnette *f* de pantalon *(ruban que l'on coud à l'intérieur du bas de la jambe d'un pantalon)*
nastro *m* di protezione del fondo della gamba dei calzoni
cinta *f* talonera

1451. trouser strap
Hosensteg *m*
sous-pied *m* du pantalon *(patte élastique, qui passe sous le pied)*
staffa *f (di pantaloni)*
cinta *f* bajopie

1452. trousers *pl* **with footstrap**
Steghose *f (mit gummiverstürztem Stofffußsteg)*
pantalon *m* à sous-pied
pantaloni *mpl* a staffa
pantalón *m* con cinta bajopie

1453. trouser turn-up *(pref)*
Hosenumschlag *m (am Saum der Hosenbeine)*
revers *m* de pantalon; bas *m* (de pantalon) relevé
fondo *m* con risvolto (della gamba) dei pantaloni; risvolto *m* dei pantaloni
vuelta *f* de la pernera del pantalón

1454. trouser underfly
Hosenschlitz-Untertritt *m*
sous-pont *m* de la braguette (de pantalon)
finta *f* inferiore della brachetta dei pantaloni
aparamento *m* de la bragueta *(montante de la bragueta)*

1455. trouser upperfly
Hosenschlitzübertritt *m*
pont *m* supérieur de la braguette (de pantalon)
finta *f* superiore della brachetta dei pantaloni
tapeta *f* superior de la bragueta del pantalón

1456. trouser waistband
Hosenbund *m*
ceinture *f* du pantalon
cintura *f* dei pantaloni
pretina *f* del pantalón; cintura *f* del pantalón

1457. trouser waistband seam
Hosenbundnaht *f*
couture *f* (d'assemblage) de la ceinture avec les jambes de pantalon
cucitura *f* d'assemblaggio della cintura con le gambe dei pantaloni
costura *f* de la pretina del pantalón

1458. trouser width
Hosenweite *f*
largeur *f* de pantalon
larghezza *f* dei pantaloni
ancho *m* del pantalón

1459. trumpet style
Trompetenstil *m*
style *m* trompette
stile *m* tromba
estilo *m* abocinado; estilo *m* trompeta

1460. T-shirt
T-Shirt *n (ergibt mit ausgebreiteten Ärmeln den Buchstaben T)*
T-shirt *f*
T-shirt *f*
camiseta *f (de manga corta o larga)*

1461. tube dress
Schlauchkleid *n*
robe *f* tube
abito *m* a tubino
vestido *m* tubo

1462. tucking
Bieseneinnähen *n*
nervurage *m*
attaccatura *f* del filetto piatto o della nervatura
cosido *m* de nervuras

1463. tucking foot
Biesenfuß *m*
pied *m* de nervurage
piedino *m* del filetto piatto
prensatelas *m* de nervuras

1464. tucking of a pleat
Einschlagen *n (einer Falte)*
plissage *m (par couture)*
ripiegatura *f*
doblado *m*; plegado *m*

1465. tucking stitch
Biesenstich *m*
point *m* à nervure
punto *m* al filetto (piatto)
puntada *f* de nervuras

1466. tuck *v* **up** *(sewing)*
falten *v (Bekleidungsbestandteile beim Nähen)*
plier *v (les composants de vêtement pendant la couture)*
pieghettare *v*
plegar *v*; doblar *v*

1467. tulip skirt
Tulpenrock *m*
jupe *f* tulipe
gonna *f* a tulipano
falda *f* de tulipán

1468. T-undershirt
Unterhemd *n* mit kurzem Arm *(T-förmig)*
maillot *m* de corps en (forme de) T
maglia *f* intima a forma di T
camiseta *f* de manga corta

1469. turn-back cuff
aufgeschlagene Manschette *f*
manchette *f* retroussée ou rabattue
polsino *m* rimboccato
puño *m* doble vuelto

1470. turn-down collar
Umlegekragen *m (im Gegensatz zum Stehkragen mit Kragensteg und Umlegeteil)*
col *m* rabattu
colletto *m* rovesciato
cuello *m* vuelto

1471. turn-down flap
Taschenumschlag *m (keine echte Tasche)*
revers *m* de poche
risvolto *m* della tasca
vuelta *f* del bolsillo

1472. turn-down flap of pocket
Taschenaufschlag *m*
revers *m* de poche
risvolto *m* della tasca
cartera *f* del bolsillo

1473. turn-over collar
Umlegekragen *m (im Gegensatz zum Stehkragen mit Kragensteg und Umlegeteil)*
col *m* rabattu
colletto *m* rovesciato
cuello *m* vuelto

1474. turn-up trousers *pl*
Umschlaghose *f*
pantalon *m* à revers
pantaloni *mpl* con risvolto
pantalón *m* con vuelta

1475. turtleneck collar
Rollkragen *m (schlauchförmig geschnittener Kragen)*; Schildkrötenkragen *m*
col *m* roulé *(formé d'un bord-côte)*; col *m* tortue
colletto *m* arrotolato; girocollo *m (pref)*; colletto *m* tartaruga
cuello *m* cisne; cuello *m* alto y vuelto; cuello *m* tortuga

1476. turtleneck jumper
Jumper *m* mit Schildkrötenkragen
pull *m* à col cheminée
lupetto *m*
jersey *m* de cuello medio alto

1477. twin-eyeleted
zweiösig
à double œillet
ad occhiello gemellato o doppio
a doble ojete

1478. two-needle edge seam
Zweinadel-Randnaht *f*
couture *f* de bord (à) deux aiguilles
cucitura *f* del bordo a due aghi
costura *f* de canto a dos agujas

1479. two-needle hem seam
Zweinadel-Saumnaht *f*
couture *f* d'ourlet (à) deux aiguilles
cucitura *f* di orlo a due aghi
costura *f* de dobladillo a dos agujas

1480. two-piece
zweiteilig
à deux pièces
a due pezzi
de dos piezas

1481. two-piece dress
Kleid *n*/zweiteiliges *(Kleid und Jacke)*
ensemble *m* veste et robe; robe *f* à deux pièces *(robe et veste)*
completo *m (giacca e abito da donna)*
vestido *m* de dos piezas; vestido *m* y chaqueta *f*

1482. two-piece item
Zweiteiler *m*
deux-pièces *m*
vestito *m* a due pezzi
prenda *f* de dos piezas

1483. two-piecer *(dress and jacket)*
Kleid *n*/zweiteiliges *(Kleid und Jacke)*
ensemble *m* veste et robe; robe *f* à deux pièces *(robe et veste)*
completo *m (giacca e abito da donna)*
vestido *m* de dos piezas; vestido *m* y chaqueta *f*

1484. two-way convertible collar *(to be worn open or closed)*
Variokragen *m*
col *m* transformable
colletto *m* a doppio uso
cuello *m* de uso variable

1485. two-way pocket
Zweiwegtasche *f*
poche *f* à deux ouvertures
tasca *f* a due aperture
bolsillo *m* (de parche) de dos bocas

1486. tying stitch (of buttons)
Befestigungsstich *m* (bei Knöpfen)
point *m* de nouage (de boutons)
punto *m* di fissaggio (per bottoni)
puntada *f* de fijación; puntada *f* de remate

U

1487. unbuttonable
abknöpfbar
déboutonnable
sbottonabile
desabotonable

1488. underarm shield
Schweißblatt *n*; Armblatt *n*
dessous-(de-)bras *m (préservateur de transpiration)*
sott(o)ascella *f*
sobaquera *f*

1489. underarm sleeve dart
Unterärmel-Ellbogennaht *f*
couture *f* de coude du dessous (de) manche
cucitura *f* di gomito della sottomanica
costura *f* de codo de la manga bajera

1490. underarm sleevehole seam
Unterärmel-Armlochnaht *f*
couture *f* du dessous (de) manche à l'emmanchure
cucitura *f* girosottomanica
costura *f* de sisa de la manga bajera

1491. underclothes *pl (coll)*
Unterkleidung *f (Koll)*
sous-vêtement *m (coll)*; vêtement *m* (de) dessous *(coll)*
indumenti *mpl* intimi *(coll)*
ropa *f* interior *(col)*; ropa *f* íntima *(col)*

1492. underclothing ensemble *(lady's)*
Dessous *npl (Ensemble von Damenwäsche)*
dessous *mpl (ensemble de sous-vêtements féminins)*
dessous *mpl (l'insieme di biancheria intima femminile)*
lencería *f* femenina; ropa *f* interior femenina

1493. undercollar
Unterkragen *m (das Gegenstück von Oberkragen)*

dessous *m* (de) col
sottocollo *m*
cuello *m* inferior

1494. underpants *pl*
Unterhose *f (Herrenunterhose)*
caleçon *m*
mutande *fpl (da uomo)*
calzoncillos *mpl*

1495. underpress seam
Ausbügelnaht *f*
couture *f* d'assemblage à relarges
cucitura *f* di ribattitura *(da stirare)*
costura *f* sentada; costura *f* a planchar

1496. underside hindarm seam
Unterärmel-Ellbogennaht *f*
couture *f* de coude du dessous (de) manche
cucitura *f* di gomito della sottomanica
costura *f* de codo de la manga bajera

1497. underside of the seam
Nahtunterseite *f*
côté *m* inférieur de la couture; revers *m* de la couture *(pref)*
lato *m* inferiore della cucitura
revés *m* de la costura

1498. underside turn-up seam
untere Einschlagnaht *f*
couture *f* du bordage du bas
cucitura *f* del risvolto del fondo
costura *f* de orillado inferior

1499. undersleeve
Unterärmel *m (Teil des Ärmels, der am Körper anliegt)*
dessous *m* (de) manche
sottomanica *f*
manga *f* bajera

1500. underthread
Unterfaden *m*
fil *m* inférieur
filo *m* inferiore
hilo *m* inferior

1501. underwaist
Untertaille *f (hüftlanges Unterhemd)*
sous-taille *f*
camiciola *f* lunga *(fino ai fianchi)*
cubre *m*

1502. underwear *(coll)*
Unterwäsche *f (Koll)*; Unterkleidung *f (Koll)*; Wäsche *f*
sous-vêtement *m (coll)*; vêtement *m* (de) dessous *(coll)*; linge *m* de corps *(coll)*; lingerie *f (coll)*
indumenti *mpl* intimi *(coll)*; biancheria *f* (intima) *(coll)*
ropa *f* íntima *(col)*; ropa *f* interior *(col)*

1503. underwear ensemble *(lady's)*
Dessous *npl (Ensemble von Damenwäsche)*
dessous *mpl (ensemble de sous-vêtements féminins)*
dessous *mpl (l'insieme di biancheria intima femminile)*
lencería *f* femenina; ropa *f* interior femenina

1504. Undo *v* **the seam**
auftrennen *v*/die Naht
découdre *v*
scucire *v*
descoser *v*

1505. unisex clothing
Unisex-Kleidung *f*
habillement *m* unisexe
abbigliamento *m* unisex
ropa *f* unisex

1506. unlined
futterlos; ungefüttert
sans doublure; non-doublé
senza fodera; sfoderato
sin forro

1507. unlined leather glove
Lederhandschuh *m*/ungefütterter
gant *m* en peau non-doublé
guanto *m* di pelle sfoderato
guante *m* de cuero sin forro

1508. unpressed pleat
ungebügelte Falte *f*
pli *m* non-repassé
piega *f* non stirata
pliegue *m* no planchado

1509. unshrinkable
nicht einlaufend
irrétrécissable
irrestringibile
que no encoge; inencogible

1510. upper arm girth
Oberarmumfang *m (Körpermaß)*
tour *m* de la part supérieure du bras
circonferenza *f* della parte superiore del braccio
perímetro *m* del brazo superior

1511. upper arm length *(from the shoulder to the elbow)*
Ellbogenlänge *f (Abstand zwischen Armkugel und Ellbogenspitze)*
longueur *f* au coude *(épaule-coude)*
lunghezza *f* dal condilo *(del braccio fino al gomito)*
largo *m* de brazo a codo

1512. upper shirt *(obs)*
Oberhemd *n (veraltet; Herrenhemd in klassischer Schnittgestaltung; Kurzform: Hemd)*
chemise *f* de dessus *(obs)*
camicia *f* (da giorno)
camisa *f (clásica)*

1513. upperside turn-up
oberer Einschlag *m*
relevé *m* du haut
risvolto *m* dall'alto
doblez *m* superior; remetido *m* superior

1514. upper sleeve
Oberärmel *m*
dessus *m* de manche
soprammanica *f*
manga *f* cimera

1515. upper thigh girth
Oberschenkelumfang *m (unterhalb des Rumpfes)*
tour *m* de la cuisse
circonferenza *f* della coscia
perímetro *m* del muslo

1516. upper thigh width *(of a trouser leg)*
Oberschenkelweite *f (der Hose)*
largeur *f* en jambe (du pantalon) au niveau de la cuisse
larghezza *f* della gamba (dei pantaloni) all'altezza della coscia
ancho *m* de la pernera a la altura del muslo

V

1517. vacuum and blowing ironing table
Absaug- und Blasbügeltisch *m*
table *f* de repassage soufflante et aspirante
tavola *f* da stiro aspirante e soffiante
mesa *f* de plancha aspirante y soplante

1518. Vandyke collar
Van-Dyck-Kragen *m*
col *m* Van Dyck
colletto *m* Van Dyck
cuello *m* van Dyck

1519. vareuse style
Vareuse-Stil *m*
style *m* vareuse *(rappelant la chemise de laine des marins)*
stile *m* camicia da marinaio
estilo *m* marinero

1520. Vent
Schlitz *m (Bewegungsfreiheitsschlitz)*
fente *f*
spacco *m*
abertura *f*

1521. vest *(AE)*
Gilet *n*; Weste *f (körpernah geschnitten, mit oder ohne Ärmel)*
gilet *m (de dessus)*
gilè *m*; panciotto *m*
chaleco *m*

1522. vintage look
Vintage-Look *m*
style *m* vintage
vintage look *m*
estilo *m* Vintage

1523. virtual model collection
virtuelle Modellkollektion *f*
collection *f* virtuelle des modèles
campionario *m* virtuale di modelli
collecciòn *f* virtual de modelos

W

1524. wadding *(shapeless)*
Watte *f (Wickelwatte)*
ouate *f*
ovatta *f (per imbottiture)*
guata *f*

1525. wadding *(by metre)*
Watteline *f (Zwischen-(Stepp-)Futterstoff)*
ouatine *f (non-tissé, au mètre)*
ovattina *f (a metraggio)*
guata *f* punzonada *(por metro)*

1526. waist
Taille *f (engste Stelle eines Kleidungsstücks bzw. des Rumpfes zwischen dem unteren Bogen der Rippen und der Hüfte)*
taille *f*
cintola *f*; vita *f*
cintura *f*; talle *m*

1527. waist *v*
taillieren *v*
Cintrer *v*
sagomare *v* a vita; sciancrare *v*
entallar *v*

1528. waistband *(of a skirt)*
Bördchen *n (Rockbördchen)*
ceinture *f (de jupon)*
cintura *f (della gonna)*
cinturilla *f (de falda)*

1529. waistband *(sewn-on)*
Bund *m (angesetzt)*
ceinture *f (rapportée, comme partie fixe d'un vêtement)*
cintura *f (rimessa, cucita a livello della vita)*
cintura *f (aplicada)*; pretina *f (aplicada)*

1530. waistband addition
Bundüberweite *f (Differenz zwischen der Bundweite und dem Bundumfang)*
addition *f* de ceinture
aggiunta *f* di cintura
flojo *m* de la cintura; sobrante *m* de la cintura

1531. waistband closing seam
Taillenverschlussnaht *f*
couture *f* de fermeture de la ceinture (de la taille)
cucitura *f* di chiusura della cintura
costura *f* de cierre de la cintura

1532. waistband drawstring
Bundschnürung *f*
serrage *m* de la ceinture
allacciatura *f* della vita con cintura a nastro
encordonado *m* de la cintura; lazado *m* de la cintura

1533. waistband extension
Bundverlängerung *f*
capucin *m* de la ceinture (de jupe); prolongement *m* de la ceinture (de pantalon)
linguetta *f* della cintura *(dei pantaloni)*; sormonto *m* della cintura *(di gonna)*
extensión *f* de la pretina; cruce *m* de la pretina

1534. waistband hem *(of a skirt)*
Bördchensaum *m (Rockbördchensaum)*
rempli *m* de la ceinture *(de jupon)*
orlo *m* della cintura *(di gonna)*
dobladillo *m* de cinturilla *(de la falda)*

1535. waistband interlining
Bundeinlage *f*
tissu *m* de renfort de la ceinture
tessuto *m* di rinforzo della cintura
refuerzo *m* de la pretina

1536. waistband joined to skirt
Rockbund *m*/angesetzter
ceinture *f* rapportée d'une jupe
cintura *f* rimessa della gonna
cinturilla *f* de la falda; pretina *f* de la falda

1537. waistband line
Bundumfanglinie *f (Konstruktionslinie bei der Hosen- oder Rockschnittkonstruktion)*
ligne *f* du tour de la ceinture
linea *f* della circonferenza della cintura
línea *f* del perímetro de la cintura

1538. waistband pleat
Bundfalte *f*
pli *m* de ceinture
piega *f* di cintura
pliegue *m* de cintura

1539. waistband seam
Bundnaht *f (an Hosen und Röcken)*
couture *f* (d'assemblage) de la ceinture *(de pantalon ou de jupe)*
cucitura *f* di unione della cintura *(di gonna o pantaloni)*
costura *f* de la pretina *(en faldas o pantalones)*

1540. waistband, sewn on
Bund *m*/angesetzter
ceinture *f* rapportée
cintura *f* rimessa
cinturilla *f* aplicada; pretina *f* aplicada

1541. waistband size
Bundweite *f (Fertigmaß, inkl. Überweite)*
largeur *f* de la ceinture
larghezza *f* della cintura
ancho *m* de la pretina

1542. waistband trousers *pl*
Rundbundhose *f*
pantalon *m* à ceinture montée
pantaloni *mpl* a cintura cucita
pantalón *m* de pretina recta

1543. waistband width *(pref)*
Bundweite *f (Fertigmaß, inkl. Überweite)*
largeur *f* de la ceinture
larghezza *f* della cintura
ancho *m* de la pretina

1544. waistbelt
Gürtel *m*
ceinture *f (bande d'étoffe ou de cuir, servant à maintenir un vêtement)*
cintura *f (per stringere alla vita pantaloni, gonne e abiti)*
cinturón *m*

1545. waistcoat
Weste *f (körpernah geschnitten, mit oder ohne Ärmel)*; Gilet *n*
gilet *m (de dessus)*
gilè *m*; panciotto *m*
chaleco *m*

1546. waist girth
Bundumfang *m (Körper- und Tabellenmaß für den Umfang in der Tailleneinbuchtung von Herren und Knaben; Bundumfang + Bundüberweite = Bundweite)*
tour *m* de la taille d'homme
circonferenza *f* della vita da uomo
perímetro *m* de la cintura de caballero

1547. waistline
Gürtellinie *f*; Taillenlinie *f (Höhe der Taillennaht)*
ligne *f* de (la) taille *(rétrécissement d'un vêtement, que peut se situer à différents niveaux)*
linea *f* della vita
línea *f* del (la) talle

1548. waist measurement
Taillenumfang *m (Körpermaß in Höhe der Taille bei Damen- und Mädchen-Oberbekleidung)*
tour *m* de la taille *(du corps)*
circonferenza *f* della vita *(del corpo)*
perímetro *m* de la talle *(del cuerpo)*

1549. waistshirt
Chemisier-Hemd *n*
chemisier *m (corsage, rappelant la chemise d'homme)*
chemisier *m (che ricorda una camicia da uomo)*
camisa *f* chemisier

1550. waistslip *(with elastic lace)*
Halbrock *m (mit Taillen-Gummizug)*
demi-jupon *m (de lingerie montée sur un élastique à la taille)*
mezza sottoveste *f*; mezza sottanina *f (con elastico)*
enagua *f*

1551. walking pleat
Gehfalte *f*
pli *m* d'aisance
piega *f* di camminare *(permette di camminare in una gonna attillata)*
pliegue *m* de falda; pliegue *m* de vestido

1552. Wallace shirt
Serafino *n*
t-shirt *m* tunisien
serafino *m*
camiseta *f* panadera

1553. warm lining
Warmfutter *n*
doublure *f* pour rendre un article vestimentaire plus chaud
fodera *f* calda
forro *m* grueso; forro *m* caliente

1554. washability labeling
Waschbarkeits-Etikettierung *f*
étiquetage *m* concernant le mode de lavage
contrassegno *m* riguardante la lavabilità
etiquetado *m* referente al lavado

1555. wash-and-wear
bügelfrei
ne pas repasser
non stiro
sin planchar; lavar y poner

1556. wash-and-wear *(property)*
wash and wear *(Wasch- und Bügelfreieigenschaft)*
wash and wear *(proprieté)*
lava-e-indossa; wash-and-wear
lavar y poner

1557. washfast
waschecht
solide au lavage
solido al lavaggio
sólido al lavado

1558. washing instructions *pl*
Waschanleitung *f*
instructions *fpl* de lavage
istruzioni *fpl* per il lavaggio
instrucciones *fpl* de lavado

1559. washing machine resistant
waschmaschinenfest
résistant au lavage à la machine
resistente al lavaggio in lavatrice
resistente al (lavado en) lavadora

1560. watch pocket
Uhrtasche *f*
poche *f* de montre
taschino *m* per orologio
bolsillo *m* reloj

1561. wear *v (the clothes)*
tragen *v (die Kleider)*
porter *v (les vêtements)*
portare *v*; indossare *v*
llevar *v*; ponerse *v*

1562. wear behaviour
Trageverhalten *n*
comportement *m* au porter
comportamento *m* all'uso
comportamiento *m* al uso

1563. wear resistance
Strapazierfähigkeit *f*
résistance *f* à l'usage
resistenza *f* all'usura
resistencia *f* al uso

1564. web
Bahn *f (Warenbahn)*
tissu *m* au mètre
telo *m*
hoja *f (de tejido)*; capa *f (de tejido)*

1565. welt(ed) pocket
Paspeltasche *f (Eingriff, durch einen oder zwei Paspeln eingegrenzt)*
poche *f* passepoilée
tasca *f* a filetto, tasca *f* a doppio filetto
bolsillo *m* de vivos

1566. welt fastening
Pattenverschluss *m*
fermeture *f* à rabat
chiusura *f* ad aletta
cierre *m* a cartera

1567. welting
Paspelieren *n*
passepoilage *m*
ribattitura *f* (a pistagna)
viveado *m*

1568. welting seam
Paspelnaht *f*
couture *f* de passepoil
cucitura *f* del filetto
costura *f* de vivos

1569. welt pocket with a flap [flap pocket]
Pattentasche *f (mit einer Patte verarbeitet, veraltet auch als Klappentasche bezeichnet)*
poche *f* à rabat
tasca *f* con aletta
bolsillo *m* con cartera

1570. welt pocket *(of jacket, waistcoat or raglan)*
Leistentasche *f (mit eingearbeitetem, verstürztem Leistenstreifen bei Sakko, Veste oder Raglan)*
poche *f* gilet *(la partie libre de l'ouverture est bordée d'une patte)*
tasca *f* a patta filetto
bolsillo *m* lateral *(de americana, chaleco o raglán con vista)*

1571. westover
Weste *f (körpernah geschnitten, mit oder ohne Ärmel)*
gilet *m (de dessus)*
gilè *m*; panciotto *m*
chaleco *m*

1572. wet ironing
Nassbügeln *n*
repassage *m* humide
stiratura *f* a umido
planchado *m* húmedo

1573. whip *v*
umnähen *v*
border *v*
ricucire *v (un orlo)*
sobreorillar *v*

1574. wide blouse jacket
weit fallende Jacke *f*
veste *f* large
giacca *f* larga
chaqueta *f* suelta

1575. widen *v*
weiten *v*
élargir *v*

allargare *v*
ensanchar *v*

1576. wide overblouse
weit fallende Jacke *f*
veste *f* large
giacca *f* larga
chaqueta *f* suelta

1577. wide sleeve
Tonnenärmel *m*
manche *f* large
manica *f* larga
manga *f* ancha; manga *f* abullonada

1578. width *(of an item)*
Weite *f (Fertigmaß, einschl. der Überweite)*
ampleur *f (d'une coupe)*; largeur *f (d'une pièce de vêtement)*
ampiezza *f (del taglio)*; larghezza *f (dell'indumento)*
medida *f* de confección *(corte)*; contorno *m (de la prenda)*

1579. width in pant leg *(AE)*
Hosenbeinweite *f*
largeur *f* de la jambe de pantalon
larghezza *f* della gamba dei pantaloni
ancho *m* de la pernera

1580. width in trouser leg
Hosenbeinweite *f*
largeur *f* de la jambe de pantalon
larghezza *f* della gamba dei pantaloni
ancho *m* de la pernera

1581. windbreaker
Blouson *n*
blouson *m*
giubba *f* sportiva; giubbetto *m*
blusón *m*

1582. Windsor collar
Windsorkragen *m*
col *m* à l'italienne
collo *m* all'italiana
cuello *m* Windsor

1583. wing collar
Eckenkragen *m*
col *m* cassé
colletto *m* a punte
cuello *m* de puntas

1584. wing sleeve
Flügelärmel *m*
manche *f* aile
manica *f* a volant
manga *f* de ala

1585. winter coat
Wintermantel *m*
manteau *m* d'hiver
cappotto *m* invernale; paltò *m* invernale
abrigo *m* de invierno

1586. winterwear *(coll)*
Winterkleidung *f (Koll)*
vêtement *m* d'hiver *(coll)*
abbigliamento *m* invernale *(coll)*
ropa *f* de invierno *(col)*

1587. with paillettes
paillettiert
pailletté
con paillette [lustrini]
con lentejuelas

1588. woollen interlining
Wollwatteline *f*
ouatine *f* de laine
ovattina *f* di lana
guata *f* de lana en láminas

1589. woollen wadding *(the process)*
Wollwattieren *n*
ouatage *m* de laine
imbottitura *f* con lana *(l'azione)*
acolchado *m* de lana

1590. woollen wadding *(the product)*
Wollwatteline *f*
ouatine *f* de laine
ovattina *f* di lana
guata *f* de lana en láminas

1591. wool velours
Wollsamt *m*
velours *m* de laine
velours *m* di lana
terciopelo *m* de lana

1592. work clothing
Berufskleidung *f*
vêtement *m* de travail
vestiario *m* da lavoro
ropa *f* de trabajo; vestuario *m* laboral

1593. workwear
Berufskleidung *f*
vêtement *m* de travail
vestiario *m* da lavoro
ropa *f* de trabajo; vestuario *m* laboral

1594. woven fur clothing
Webpelzkleidung *f*

vêtement *m* en fourrure tissée
abbigliamento *m* a imitazione di pelliccia (tessuta)
ropa *f* de piel de imitación; ropa *f* de tejido de pelo alto

1595. woven label
gewebtes Etikett *n*
étiquette *f* tissée
etichetta *f* intessuta
etiqueta *f* tejida

1596. wraparound blouse
Wickelbluse *f*
blouse *f* enveloppe *(en l'enroulant)*
blusa *f* a portafoglio
blusa *f* de cartera; blusa *f* a portafolio

1597. wraparound dress
Wickelkleid *n*
robe *f* enveloppe; robe *f* portefeuille
abito *m* a portafoglio *(da donna)*
vestido *m* a portafolio; vestido *m* cruzado

1598. wraparound skirt
Wickelrock *m (flächig geschnitten, um den Körper herum gewickelt)*
jupe *f* enveloppe; jupe *f* portefeuille
gonna *f* a portafoglio
falda *f* de cartera; falda *f* a portafolio

1599. wrapover blouse
Wickelbluse *f*
blouse *f* enveloppe *(en l'enroulant)*
blusa *f* a portafoglio
blusa *f* de cartera; blusa *f* a portafolio

1600. wrinkle-free fit
faltenloser Sitz *m*
ajustement *m* sans faux plis *(du vêtement)*
taglio *m* senza pieghe *(di vestito, che cade bene)*
hechura *f* sin pliegues; corte *m* bien aplomado *(que cae bien)*

X

1601. X-line
X-Linie *f (glockig mit breiterer Schulter und körpernaher Taillierung)*
ligne *f* en X
linea *f* a (forma di) X
línea *f* (en forma de) X

Y

1602. Y-front pants *pl*
Dreieckhöschen *n*
slip *m* tanga
slip *m* a triangolo
braga *f* tanga, braguita *f* en triángulo

1603. yoke
Sattel *m*
empiècement *m (pièce rapportée dans un vêtement à partir des épaules)*
sprone *m*
canesú *m*

1604. yoke seam
Sattelnaht *f*
couture *f* d'empiècement
cucitura *f* dello sprone
costura *f* del canesú

1605. yoke shoulder
Sattelschulter *f*
épaules *fpl* à empiècement
spalla *f* a sprone
hombro *m* al canesú

1606. yoke skirt
Sattelrock *m*
jupe *f* à empiècement
gonna *f* a sprone
falda *f* al canesú

Z

1607. zigzag basting stitch
Zickzack-Heftstich *m*
point *m* de bâtissage en zigzag
punto *m* dell'imbastitura (a) zigzag
(puntada de) hilván *m* en zigzag

1608. zigzag sewing
Zickzacknähen *n*
couture *f* en zigzag *(l'activité)*
cucitura *f* (a) zigzag *(l'azione)*
cosido *m* en zigzag

1609. zigzag stitch
Zickzackstich *m (dreieckförmige Sticharordnung)*
point *m* en zigzag
punto *m* a zigzag
puntada *f* zigzag

1610. zigzag stitching *(pref)*
Zickzacknähen *n*
couture *f* en zigzag *(l'activité)*
cucitura *f* (a) zigzag *(l'azione)*
cosido *m* en zigzag

1611. zip(-fastener)
Reißverschluss *m*
fermeture *f* à glissière
chiusura *f* lampo
cremallera *f*

1612. zip(-fastener) cover binding
Reißverschluss-Abdeckband *n*
bande *f* de recouvrement de la fermeture à glissière
nastro *m* di copertura della chiusura lampo
cinta *f* de recubrimiento de la cremallera

1613. zip(-fastener) sliding cam
Reißverschlussschloss *n*
tirette *f* de la fermeture à glissière; curseur *m* de la fermeture à glissière
tirante *m* della chiusura lampo
cursor *m* de la cremallera

1614. zip(-fastener) tape gap
Reißverschluss-Bandschlitz *m*
fente *f* de la bande de fermeture à glissière
spacco *m* del nastro della chiusura lampo
ranura *f* para el labio de la cremallera

1615. zip fly
Hosenschlitz *m* mit Reißverschluss
braguette *f* à glissière
patta *f* dei pantaloni con chiusura lampo
bragueta *f* del pantalón con cremallera

1616. zip-out lining
Ausreißfutter *n*
doublure *f* séparable à fermeture à glissière
fodera *f* separabile con chiusura lampo
forro *m* de quita y pon; forro *m* separable

1617. zip-out lining coat
Mantel *m* mit Ausreißfutter
manteau *m* à doublure montée sur une fermeture à glissière
cappotto *m* con fodera a chiusura lampo
abrigo *m* con forro quita y pon

1618. zipper *(AE)*
Reißverschluss *m*
fermeture *f* à glissière
chiusura *f* lampo
cremallera *f*

1619. zipper sliding cam *(AE)*
Reißverschlussschloss *n*
tirette *f* de la fermeture à glissière; curseur *m* de la fermeture à glissière
tirante *m* della chiusura lampo
cursor *m* de la cremallera

Anhang

Inhalte

Deutsches Register 109

Index français 121

Indice italiano 136

Índice español 151

Nützliche Adressen deutscher Fachverbände 166

Deutsches Register

A

abbügeln *v* 475
Abdeckung *f* der Seitennaht 1201
Abendkleidung *f* 438, 439
abfallendes Revers *n* 868
abfassen *v* 136
abfüttern *v* 748
Abfütterung *f* 752
abgerundete Kante *f* 1075
abgesteppt 1022
abknöpfbar 1487
Abnäher *m* 342 Dart
Absaug- und Blasbügeltisch *m* 1517
abschneiden *v* 335
Abstapelrahmen *m* 723
Abstellhebel *m* 1315
absteppen *v* 1021
Abstich *m* 866
Accessoires *pl* 2
Achselhemd *n* 1249, 1250
A-Linie *f* 12
Alloverdruck- 13
Alloverdruck-Shirt *n* 14
Allwettermantel *m* 16, 1317
Anbringen *n* von Posamenten 1370
Änderung *f* (an Kleidern) 17
androgyne Mode *f* 19
angenähte Gürtelschlaufe *f* 97
angeschnittener Ärmel *m* 196, 363
angeschnittener Kragen *m* 867
angesetzt 674
anknöpfen *v* 1409
Anknöpfkragen *m* 346
anliegende Kleidung *f* 478
annadeln *v* 953
Anprobe *f* 480
Anstoßnaht *f* 1042
anstückeln *v* 944
antailliert 1134, 1135
Anzug *m* 1341
Anzuggröße *f* 1344
Anzughose *f* 1345
Anzug *m*/zweireihiger 369
Apparat *m* 40, 348
Applikation *f* 23
Applikationsnaht *f* 25
Applikationsstich *m* 26
Appretur- und Bügelmaschine *f* (für Kleidungsstücke) 554
Après-Ski-Kleidung *f* 27
Armblatt *n* 395, 1488
Ärmel *m* 1235 sleeve
Ärmelabnäher *m* 1239
Ärmelaufschlag *m* 1238
Ärmelbügelbrett *n* 1247
Ärmelbündchen *n* 1236
Ärmelbündchen *n* 320
Ärmelkeil *m* 1241, 1242
Ärmelkugel *f* 1243
ärmellos 1248 sleeveless
Ärmelmehrweite *f* 6
Ärmelpuffe *f* 1252
Ärmelsaum *m* 1245
Ärmelsaumeinschlag *m* 1246
Ärmelschlitz *m* 1255
Ärmelspange *f* 1253
Ärmelspange *f*/verstellbare 1254
Ärmelweste *f* 775
Armloch *n* 31, 1097 armhole
Armloch-Eckenband *n* 33
Armlochversäuberung *f* 34
Armlochverstärkung *f* 32
aufdämpfen *v* 1291
auffädeln *v* 1378
Auf-Form-Ziehen *n* 122
aufgeschlagene Manschette *f* 1469
aufgesetzt 919
Auflegetisch *m* 463
aufnieten *v* 1065
Aufrollärmel *m* 1071
aufschichten *v* 36
Aufschlag *m* 1052
aufspringende Falte *f* 1288
auftrennen *v*/die Naht 1504
Augenknopfloch *n* 443
Ausbügelnaht *f* 1012, 1495
ausgebogte Knopfleiste *f* 1092
ausgestellt 484
ausgestellte Jeans *fpl* 91
ausgestellter Rock *m* 485
Ausreißfutter *n* 1616
Ausschnitt *m* 831, 832, 834 neckline
Ausschnitt *m*/festonierter 1094
Ausschnitt *m*/rechteckiger 877
Ausschnitt *m*/steigender 1064
Ausschnitt *m*/tiefer 774
äußere Büstentasche *f* 888
auszacken *v* 949
Auszackschere *f* 952
automatische Nähstation *f* 42
automatischer Nadelpositionierer *m* 41

B

Babyartikel *mpl* 43
Baby-Doll *n* 44, 45
Baggy-Hose *f* 65
Bahn *f* 1564
Bahn *f* 569
Bahnenplissee *n* 4
Bahnenrock *m* 570

Ballonstich *n* 67
Bandaufnäher *m* 1059
Banddurchzug *m* 1058
Bandeinfassen *n* 1056
Bandüberstände *mpl* 1057
Bartnadel *f* 89
Bateau-Ausschnitt *m* 83, 123
Battle-Jacket *n* 84
Baumwollbesatz *m* 289
Baumwolleinlagestoff *m* 290
Bauschärmel *m* 66, 112
bedienen *v* 881
Befestigungsband *n* 482, 1327
Befestigungsstich *m* (bei Knöpfen) 1486
befeuchten *v* 638
beidseitig tragbar 1050
Beinabschluss *m*/elastischer 426
Beinlänge *f* 741
Beinlänge *f*/äußere 890
Beinlasche *f* 736
Bekleidung *f* 552
Bekleidungsbestandteil *n* 553
Bekleidungshersteller *m* 242
Bekleidungsmaschine *f* 241, 789
Bekleidungsteile *npl*/vollkonfektionierte 543
Bekleidungsvorderteil *n* 507, 531
Bekleidungszubehör *n* 3
Bequemlichkeitsfalte *f* 273 comfort pleat
Berufskleidung *f* 1592, 1593
Besatz *m*/angesetzter 675
Besatzband *n* 421
Besatzkantennaht *f* 654
Besatzkragennaht *f* 677
Besatz *m*/schräg geschnittener 102
Besatzspiegelnaht *f* 571
Besatzspitze *f*/aufgenähte 420
Besatzumbruchnaht *f* 1113
Besatzverstürznaht *f* 527
besäumen *v* 602
Besetzen *n* 449
Bestandteil *n* 274
Bestechnaht *f* 1324
Bieseneinnähen *n* 955, 1462
Biesenfuß *m* 956, 1463
Biesenstich *m* 957, 1465
Billettasche *f* 1401
Blasebalgtasche *f* 92, 280
Blazer *m* 113
bleibende Verformung *f* 930
blindannähen *v* 116
blinde Öse *f* 640
blindes Knopfloch *n* 401, 639
blindes Reversknopfloch *n* 641
Blindsaum *m* 114
Blindstich *m* 117
Blouson *n* 119, 121, 1581
Bluse *f* mit Kragen 120
blusig 118
Body *m* 131
Bogennaht *f* 30
Bördchen *n* 1528
Bördchensaum *m* 1534
Bordüre *f* 135
Borte *f*, Borde *f* 144
Breitfaltenlegen *n* 878, 879
Brokatkappe *f* 153
Brustabnäher *m* 147
Brustband *n* 146
Brustmaß *n* 149, 217
Brusttasche *f* 150, 218
Brustumfang *m* 216
Brustumfang *m* 148
Bubikragen *m* 937
Bügelbrett *n* 665
Bügelbüste *f* 667
Bügelfalte *f* 297, 1006
bügelfrei 861, 1555
Bügelkissen *n* 668
bügelleicht 811
Bügelpressen *n* 1010
Bügeltuch *n* 666
Bund *m* 1529
Bund *m*/angesetzter 1540 waistband
Bündchen *n* 1237
Bündchenärmel *m* 321
Bundeinlage *f* 1535
Bundfalte *f* 1538
Bundnaht *f* 1539
Bundschnürung *f* 1532
Bundüberweite *f* 1530
Bundumfang *m* 1546
Bundumfanglinie *f* 1537
Bundverlängerung *f* 1533
Bundweite *f* 1541, 1543
Bustierkleid *n* 157
Button-down-Kragen *m* 162

C

Cape *n* 193
Cape-Kragen *m* 194
Caprihose *f* 195, 926, 968, 1395
Cardigan *f* 198
Cargo-Stil *m* 200
Chanel-Länge *f* 686
Chasuble *f* 215, 678
Chemisier-Hemd *n* 1549
Chinesenkragen *m* 615, 1287
Chintzpaspel *m* 225
Cisson-Abnäher *m* 231
Cocktailkleid *n* 249
Cœur-Ausschnitt *m* 597
Comfortline *f* 272
Crochet-Winkel *m* 301
Crossdressing *n(m)* 304
Cup *n* 326
Cutaway *m* 332
Cut-Hose *f* 1337

D

Damenbekleidung *f* 705, 715
Damengröße *f* 712
Damenhemd *n* 710, 711
Damenkonfektion *f* 706, 707
Damenoberbekleidung *f*, DOB *f* 708
Damenschlüpfer *m* 910
Damenslip *m* 702, 703

Damenübergröße *f* 709
Damenwäsche *f* 714
Dampfbehandlung *f* 10, 1292
Dampfbügeleisen *n* 1294
Dampfbüste *f* 1293, 1295
Dauerbügelfalte *f* 934
Dauerfalte *f* 931
Dauerfaltenlegen *n* 932
Dauerplissee *n* 933
Débardeur-Pullover *m* 1366
Débardeur-Pullover *m*, Trägerpullover *m* 1017
Dekolleté *n* 343
Dekor *m* 1428
Design *n* 345
Dessous *npl* 1492, 1503
deutsche Normalgröße *f* 559
Deuxpièces *n* 347
Diagonalstich *m* 350
Diagonaltasche *f* 349
Diamantstich *m* 1060
Dimensionsänderungsverhalten *n* 90
Dior-Falte *f* 356
Dior-Schlitz *m* 357
Direktversiegeln *n* 358, 1415
Dirndlkleid *n* 359
Doppeldiagonalstich *m* 373
Doppelfutter *n* 379
Doppelkappnaht *f* 378
Doppelkettennaht *f* 371
Doppelkettenstich *f* 370
Doppelmanschette *f* 372, 518
Doppelnaht *f* 381
Doppelrand *m* 374, 387
Doppelreiher *m* 367
Doppelsaum *m* 377
Doppelsteppstich *m* 380
Doppelstich *m* 383
Doppelstürznaht *f* 385
Doppelzickzackstich *m* 388
doublieren *v*, doppeln *v* 728
Dreieckhöschen *n* 1602
Dreieckstich *m* 37
Dreifachnaht *f* 1431
Dreinadel-Deckstich *m* 1387
Dreinadel-Flachnaht *f* 1388
dreiteiliger Ärmel *m* 1390
dreiteiliger Damenanzug *m* 1391
dreiteiliger Herrenanzug *m* 1392
Dreiviertelarm *m* 1396
Dreiviertelhose *m* 1397
Dreiviertellänge *f* 1393
durchgeknöpfte Kante *f* 190
durchgeknöpfter Rock 191
durchgeknöpftes Kleid *n* 189
Durchgrifftasche *f* 35, 1398
durchknöpfen *v* 188
durchziehen *v*/den Faden 917
Durchziehhaken *m* 129
Durchzug *m* 918

E

Eckenband *n* 405, 1290
Eckenkragen *m* 1583
eckiger Ausschnitt *m* 1037
effektive Modelllänge *f* 422
Effektnaht *f* 423, 456
Einfachkappnaht *f* 1207
Einfachkettenstich *m* 1206
Einfachmanschette *f* 70
Einfachnaht *f* oder einfache Naht *f* 970
Einfädeln *n* 1382
einfädiger Blindstich *m* 1213
Einfassband *n* 109, 421
Einfassborte *f* 107, 419
Einfassen *n* 106, 417
Einfasskante *f* 108, 138
eingearbeitete Gummischnur *f* 647, 1168
eingehaltene Naht *f* 556
eingesetzter Ärmel *m* 649
eingesetzte Tasche *f* 648
Einknopfsakko *m* 1343
Einlage *f* 655
Einlage *f* 656
Einloch-Fadenführer *m* 1209
Einnähärmel *m* 874
Einnähen *n* 1142
Einreiher 1208
Einsatz *m* 310, 575
Einsatzkante *f* 897
einsäumen *v* 604
Einschlag *m* 15
Einschlagen *n* 1464
einseitig 875, 1211
Einstich *m* 948, 1018
Einteiler *m* 872
einteilig 873
Einzelteil *n* 1210
elastische Kräuselnaht *f* 1333
elastischer Bund *m* 428
elastischer Taillenrand *m* 429
elastisches Ärmelbündchen *n* 427
Ellbogenlänge *f* 1511
Ellbogenverstärkung *f* 430, 431
endbügeln *v* 475
eng anliegend 234, 481, 1406
enganliegende Bekleidung *f* 1407
eng anliegende Bekleidung *f* 236
enger Einteiler *m* 204
englische Normalgröße *f* 435
eng tailliert 1405
Ensemble *n* 436
Etikettieren *n* 691

F

Façon *f* 331, 1157
Faden *m* 1377
Fadenabzug *m* 1380
Fadenbruch *m* 434
Fadenführung *m* 1381
Fadenlauf *m* 1383 Thread line
Fadenwächter *m* 1379, 1385

Fagotstich *m* 78
Falbel *f* 544
Fall *m* des Ärmels 453
fallendes Revers *n* 869, 1297
Fallkragen 1402
falsche Tasche *f* 454, 814
Falte *f* 502, 973
falten *v* 1466
Faltenbeständigkeit *f* 981
faltenloser Sitz *m* 296, 1600
Faltenrock *m* 976
Faltenrock *m*/ungebügelter 1228
Faltensaum *m* 974, 975
Faltenuntertritt *m* 980
Fangband *n* 1421
Fasson *n* 717, 1046
Fassonbruch *m* 718
Fassonbruchlinie *f* 529
fassonieren *v* 458
Federbusch *m* 986
Fehlstich *m* 813, 1218
Fertig... 870, 1030
Fertigeinlage *f* 1033
Fertigkleidung *f* 1032, 1034, 1316
Fertigmaße *npl* 472
fester Kragen *m* 39
Festkleidung *f* 511
Feston *n* 468, 1093
Festonierstich *m* 469, 1096
Festonstich *m* 1165
Filzkragen *m* 467
Fingerhut *m* 1376
Finishbügeln *n* durch Bügelpressen 1007
Finishbügeln *n* durch Handbügeln 473, 664
Fischgrätenstich *m* 611
Fixierband *n* 598
Fixiereinlage *f* 1278
Fixieren *f* 1375
Fixieren *n* des Vorderteils 530
Flachnaht *f* 488
Flachstich *m* 489, 971
Flatlock-Naht *f* 486
Flatlock-Stich *m* 487
Flatterstich *m* 1285
Fledermausärmel *m* 85
Flügelärmel *m* 1584
Fond-de-Robe 514
Formbeständigkeit *f* 1159
Formbügeln *n* 512, 1160
formelle Kleidung *f* 511
Formpresse *f* 1158
französische Naht *f* 520
französische Normalgröße *f* 521
Freizeit- 883
Freizeitkleidung *f* 202, 737
Führungsöse *f* 574
fully-fashioned 542
Futter *n* 751
Futteralkleid *n* 1163
futterlos 1506
füttern *v* 747
Futterstoff *m* 753

G

Galonieren *n* 551, 1430
Ganzabfütterung *f* 540
Ganzeinlage *f* 787
geblümte Weste *f* 497, 498
gefüttert 749
Gegenknopf *m* 51, 1289
Gegenknopfloch *n* 291
Gehfalte *f* 681, 1551
gekräuselter Saum *m* 499
genähte Falte *f* 1155
gepolstert 903, 1340
gerade Ecke *f* 1319, 1322
gerade fallend 140, 1318
gerader Ausschnitt *m* 1323
Geradstich *m* 1320
gerippte Taille *f* 1055
Gesäßfutter *n* 1129
Gesäßpartie *f* (einer Hose) 1130
Gesäßtasche *f* 622
Gesäßweite *f* 1128
geschlitzter Rock *m* 1266
gesteppte Ziernaht *f* 882
gestreifte Hose *f* 1336
gestückelter Bund *m* 943
Gesundheitswäsche *f* 1374
gewaschen (auf Stein) 1314
gewebtes Etikett *n* 1595
Gilet *n* 1521, 1545
Gimpe *f* 576
Gimpenfaden *m* 578
Gimpenknopfloch *n* 577
glänzendes Revers *n* 567
glatte Rückseite *f* 490, 969
Glencheck *m* 565
Glitzerdruck *m* 566
Glockenfalte *f* 248
Glockenrock *m* 1353
Glockenschnitt *m* 247
glockig 233, 246
Godet-Stück *n* 568
Gradieren *n* 572
Grat *m* 1053, 1063
Grätenstich *m* 477, 611
Grobstich *m* 1072
Größe *f* 1214
Größenbezeichnung *f* von Bekleidung 1215
größenlos 865
großer Sattlerstich *m* 560
Großriegel *m* 724
Gummibandeinnähen *n* 1169
Gürtel *m* 93, 1544
Gürteleinlageband *n* 94
Gürtellinie *f* 1547
Gürtelöse *f* 96, 623
Gürtelschlaufe *f* 98
Gürtelschnalle *f* 95
Häkelnaht *f* 302

H

Hakenstich *m* 634
Haken *mpl* und Ösen *fpl* 633
Hakenverschluss *m* 632
Halbabfütterung *f* 519, 583
Halbarm... 586
Halbbild *n* 581
halber Ärmel *m* 432, 586
halbgefüttert 582

Halbrock *m* 587, 1550
Halbrock-Durchzug *m* 588
Halbspiegel *m* 584
Halsansatz *m* vom Schulter- bis zum Brustpunkt 76
Halsansatz *m* von Schulter bis Taille 77
Halsbesatz *m* 835
halsentfernter Kragen *m* 828
Halsgröße *f* 833, 836
halsnaher Ausschnitt *m* 298, 673
Halsringversäuberung *f* 829
Halsschrägband *n* 830
Halswirbel *m* bis Kniekehle 210
Halswirbel *m* bis Taille 211
Halswirbel *m* bis zur Fußsohle 209
Handgelenk-Ärmelweite *f* 1256
handgemachtes Knopfloch *n* 591
Handstich *m* 593
Handzierstich *m* 592
Hängeärmel *m* 594
hängende Hosenfertigung *f* 1351
Hängerkleid *n* 770, 1083
Hauptabmessungen *fpl* 1014
Hauskleid *n* 637
Hauskleidung *f* 627, 643
Haute-Couture *f* 595
hautenge Kleidung *f* 235
Heften *n* 79
Heftfaden *m* 82
Heftnaht *f* 80
Heftstich *m* 81, 1356
heißsiegelbare Einlage *f* 599
Hemd *n* 1172
Hemdärmelschlitz *m* 1251
Hemdbluse *f* 800, 1174
Hemdbrust *f* 351, 1175, 1177
Hemdkragen *m* 1176
Hemdrückenfalte *f* 1173
Hemd *n*/steifes 134, 1301
Herrenbekleidung *f* 798, 808
Herrengröße *f* 805
Herrenhemd *n* 804
Herrenkonfektion *f* 802, 803
Herrenoberbekleidung *f* 801
Herren- und Knabenoberbekleidung *f*, HAKA *f* 797
Herrenunterwäsche *f* 799, 806, 807
Hexenstich *m* 477, 611
Hinterärmel-Einsatznaht *f* 49
Hinterarmnaht *f* 58
hintere Besatznaht *f* 418, 450
hintere Bundfalte *f* 1132
hintere Falte *f* 206
hinteres Rockteil *n* 1220
hintere Tasche *f* 55
Hinterhose *f* 1433
hochgeschlossen 613, 616
hochgeschlossener Rundausschnitt *m* 614
hochgeschlossener, runder Ausschnitt *m* 614
hochglänzender Seidenrevers *m* 612
hoher Kragen *m* 615
hohe Taille *f* 618
Hohlband *n* 624
Hohlborte *f* 624
Hohlkante *f* 625
Hohlsaum *m* 626
Hohlsaumbündelung *f* 452
Höschen *n* 910
Höschen *n* 704, 1298
Hose *f* 909, 912, 1449
Hosenbein *n* 911, 1446
Hosenbeinlänge *f* 742, 743
Hosenbeinweite *f* 1579, 1580
Hosenboden *m* 1130
Hosenbügelfalte *f* 1437
Hosenbund *m* 1456
Hosenbundnaht *f* 1457
Hoseneinsatz *m* 382
Hosenfertigung *f* 1447
Hosenhaken *m* 1445
Hosenkeilverstärkung *f* 316
Hosenkleid *n* 1184
Hosenknopf *m* 1436
Hosenpresse *f* 1448
Hosenrock *m* 325, 362, 913
Hosensaum *m* 1434, 1444
Hosensaum *m*/gerade geschnittener 1321, 1325
Hosenschlitz *m* 1442
Hosenschlitz-Gegenfutter *n* 1417
Hosenschlitzleiste *f* 500
Hosenschlitz *m* mit Reißverschluss 1615
Hosenschlitzübertritt *m* 1455
Hosenschlitz-Untertritt *m* 1454
Hosenschrittlänge *f* 312, 510
Hosensteg *m* 1443, 1451
Hosenstoßband *n* 516, 1435, 1440, 1450
Hosentürchen *n* 1441
Hosenumschlag *m* 935, 1439, 1453
Hosenweite *f* 1458
Hufeisenausschnitt *m* 636
Hüfttiefe *f* 619 hipdepth
Hüftumfang *m* 620

I

imitierte Naht *f* 816
imitierter Sicherheitsstich *m* 815
informelle Kleidung *f* 646
Innenbrusttasche *f* 650
Innenfutter *n* 652
Innentasche *f* 451, 653
innere Beinlänge *f* 311, 509, 651
Interlocknaht *f* 659

J

Jacke *f* 670
Jacke *f* 669, 1073
Jeanshose *f* 671
Jersey *n* 672
Jugendbekleidung *f* 680, 1371
Jumperkleid *n* 679
Jumper *m* mit Schildkrötenkragen 1476
Jupon *m* 939

K

Kante *f*/abgerundete 333, 1074 front edge
Kantenausreiben *n* 413
Kantenauszackeinrichtung *f* 408
Kantenauszackeinrichtung *f* 409
Kantenfaden *m* 1133
Kantenführung *f* 407
Kantenheften *n* 404
Kantennaht *f* 414
Kantenpaspel *m* 411
Kantenstich *m* 415
Kantenverstärkung *f* 60
Kante *f*/vordere 524
Kappnaht *f* 464
Kappnahtärmel *m* 466
Kappvorsatz *m* 465
Kapuze *f* 197, 628
Kapuzenkleid *n* 630
Kapuzenmantel *m* 629
Kapuzen-Sweatshirt *n* 631
Keil *m* 314, 575, 744
Keilhose *f* 1261, 1369
Keilnaht *f* 317
Keilriegel *m* 1367
Kelchkragen *m* 327
Kellerfalte *f* 139
Ketteln *n* 764
Kettelnaht *f* 765
Kettelstich *m* 766
Kettennaht *f* 212
Kettenstich *m* 213
Kettenstichnaht *f* 214
Keulenärmel *m* 735
Kinderbekleidung *f* 219, 223
Kindergröße *f* 222
Kinderkonfektion *f* 221
Kinderoberbekleidung *f* 220
Kleid *n* 392
Kleideraufschlag *m* 1051
Kleidersaum *m* 394
Kleidung *f* 22, 238, 239
Kleidungsstück *n* 240
Kleid *n*/zweiteiliges 393, 1481, 1483
Kleinkinderbekleidung *f* 644, 645
Knabenbekleidung *f* 141, 143
Knabengröße *f* 142
Kniebundhose *f* 684
kniefreie Mode *f* 1
knielang 685
Knieweite *f* 687
Kniff *m* 503
knitterarm 772
Knopf *m* 159
Knopfannähen *n* 183
Knopfbezug *m* 161
Knopfhalter *m* 187
Knopflasche *f* 181
Knopfleiste *f* 160, 164, 166, 182
Knopfleiste *f*/verdeckte 277
Knopfloch *n* 167 buttonhole
Knopflochgimpe *f* 172
Knopflochleiste *f* 163, 169, 170, 173
Knopflochleistenfutter *n* 171, 174
Knopflochnähen *n* 180
Knopflochnaht *f* 177
Knopflochreihe *f* 175
Knopflochschneiden *n* 168
Knopflochstich *m* 178, 1181
Knopflochstichnaht *f* 179
Knopflochverstärkung *f* 176
Knopfstiel *m* 184
Knopfstielstich *m* 186, 1296
Knopfverschluss *m* 165
Kollegbluse *f* 267
Kombi-Mode *f* 268
Kombinationsstich *m* 269
Kombinations(stich)naht *f* 270
kombinierter Anzug *m* 271
Konfektion *f* 788, 852
Konfektionsbekleidung *f* 1032, 1035, 1316
Konfektionsgröße *f* 1031, 1036, 1216
Kontrollmaße *npl* 283
Kopfumfang *m* 596
Kordonnierstich *m* 690
Körperkennmaße *npl* 282
Körpersekundärmaße *npl* 1131
körperweit 768
körperweiter Mantel 769
Kostüm *n* 287
Kostüm *n* 1360
Kostümrock *m* 288
Kragen *m* 251 collar
Kragenabstich *m* 263, 266
Kragenansatznaht *f* 53
Kragenbruch *m* 255
Kragenbündchen *n* 253
Krageneinfassung *f* 254
Krageneinlage *f* 261
Kragenfuß *m* 265
Kragengröße *f* 264
kragenlos 262 collarless
Kragenpatte *f* 259
Kragenspiegel *m* 256
Kragenspiegelnaht *f* 257, 260
Kragenumschlag *m* 1412
Kragenweite *f* 258
Kräuselband-Einziehen *n* 1170
Kräuselfuß *m* 557, 1079, 1171
Kräuselnaht *f* des Ärmels 1240
Kreuzstich *m* 307
Kreuz(stich)naht *f* 308
Küchenschürze *f* 683
Kugelabnäher *m* 1244
kurze Hose *f* 1182, 1183
kurzer Ärmel *m* 1186
Kurznaht *f* 1185
Kuttenkleid *n* 319

L

Lage *f* 729
Lagenlegen *n* 730, 1281
Lagenoptimierung *f* 339
Länge *f* 738
Längenmaße *npl* 740
Längermachen *n* 739
Langgröße *f* 761
Längsfalte *f* 300
Längsnaht *f* 758
Längsschlitz *m* 757
Längsschlitz *m* 759
Lasche *f* 762
Latz *m* 103
Latzhöschen *n* 224, 682
Lederhandschuh *m*/ungefütterter 1507
Lederknopf *m* 733
Ledermantel *m* 734
Legemaschine 731, 1282
legen *v*/den Stoff in Buchform 504
Legerkleidung *f* 203
Legetisch *m* 1283
Leibchen *n* 745, 1212
leicht tailliert 1134
Leistentasche *f* 1570
Leiterstich *m* 701, 1275
leonisch 810
Linienführung *f* 330
Linie *f*/rustikale 1081
Litze *f* 145
lockerer Stich *m* 771
Lockerungsbeträge *mpl* 5
Lodenmantel *m* 243, 756
Longjacke *f* 760
lose Gürtelschlaufe *f* 1258, 1259
loser Gürtel *m* 767
Luftstich *m* 11

M

Mädchenbekleidung *f* 561, 563
Mädchengröße *f* 562
Magnetausschnitt *m* 786
Manschette *f* 320 cuff
Manschetteneinlage *f* 322
Manschettenhemd *n* 1178
Manschettenwenden *n* 324
Mantel *m*/dreiviertellanger 1394
Mantelkleid *n* 244
Mantel *m* mit Ausreißfutter 1617
Mantel *m* mit Pelzbesatz 549
Mantel *m*/zweireihiger 366
Mantel *m*/zweiseitiger 1048
markante Ziernaht *f* 1334, 1335
Markierbohrer *m* für Gewebelagen 790
Markiernaht *f* 791
Markierschnitt *m* 334
Maschinenbedienung *f* 778
Maschinenknopfloch *n* 777
Maschinennaht *f* 780
Maschinenstich *m* 781
Maschine *f* zur Herstellung von Oberbekleidung 887
Maßanzug *m* 329, 785, 1361
maßgeschneidert 328, 783
Maßhaltigkeit *f* 354
Maßkonfektion *f* 784
maßnehmen *v* 1365
Maßtoleranz *f* 355
Materialverbrauch *m* 281
Matrosenkragen *m* 1088
Mehrfachnaht *f* 823
Mehrstich-Zickzackstich *m* 826
Mehrwegtasche *f* 824, 827
Mehrzweck-Nähmaschine *f* 825
Merrowstich *m* 809
Messband *n* 795
Messen *n* 794
Mindestmaße *npl* 812
mit Band besetzen *v* 416
mit Fransen besetzen *v* 522
mit Pelz füttern *n* 750
mit Schnur besetzen *v* 523
Mittelbahn *f* (eines Kleidungsstückes) 207
Mittelgröße *f* 796
Mittelteil *n* 208
Modell *n* 817
Modellkleid *n* 818
modische Applikationen *fpl* 459, 460
Moosstich *m* 819
Mühlsteinkragen *m* 1077
Multi-Pocket-Tasche *f* 824, 827
Münztasche *f* 250, 1268
Muschelsaum *m* 1164
Musterrapport *m* 924
Musterteil *n* 1274
Mutterschnittmuster *n* 820
Mütze *f* 111, 192

N

Nabelhose *f* 1338
Nacharbeiten *n* 474
Nachschneiden *n* 1038
Nachthemd *n* 855, 856, 858, 859
Nachtwäsche *f* 857, 860, 1234
Nadel *f* 837
Nadelarbeit *f* 853
Nadeleinstich *m* 842
Nadelfaden *m* 848
Nadelfadenspannung *f* 850
Nadelfadenspannungs-Regelung *f* 851
Nadelfeinheit *f* 839
nadelfertig 1029
Nadelkolben *m* 841
Nadelnummer *f* 846
Nadelöhr *n* 838
Nadelpositionierung *f* 843
Nadelrinne *f* 840
Nadelschaft *f* 845
Nadelschlitz *m* 844
Nadelstich 847
Nähapparat *m* 1139, 1140

Nähen *n* 1138, 1308
nähen *v*/von Hand 1137
Näherei *f* 1146
Nähfaden *m* 1151
Nähfadenschlupf *m* 1384
Nähfadenspannung *f* 1386
Nähfalte *f* 1109
Nähgarn *n* 1154
Nähgut *n* 1147
Nähmaschine *f* 1143, 1309
Nähmaschinenöl *n* 1145
Nähmaschinenspule *f* 1144
Nähmaschinenzwirn *m* 779
Nähnadel *f* 1148
Nähplatz *m* 1153
Nähspule *f* 1141
Nähstich *m* 1150
Naht *f* 1098 seam
Nahtabdruck *m* 1110, 1118
Nahtauftrennen *n* 1122
Nahtauslassen *n* 1116
Nahtbild *n* 1106, 1120
Nahtbild *n* 1101
Nahtbügeln *n* 1112, 1121, 1127
Nahtbund *m* 1105
Nahtdehnung *f* 1125
Nahtdichtung *f* 1126
Nahteinschlag *m* 1099
Nahtfestigkeit *f* 1124
Nahtlinie *f* 1117
nahtlos 1115 seamless
Nahtrichtung *f* 1107
Nahtunterbrechung *f* 1111
Nahtunterseite *f* 1497
Nahtverlängerung *f* 1114
Nahtverriegeln *n* 1102, 1103, 1104, 1123
Nahtwelligkeit *f* 1119
Nahtzugabe *f* 1100
Nassbügeln *n* 1572
Neutrals *pl* 854
nichtanstaffierte Einlage *f* 491
nicht einlaufend 1194, 1509
nichtsichtbarer Armlochbeleg *m* 663
Nordic-Walking-Socke *f* 863
normale Größe *f* 864, 1286

O

Oberärmel *m* 1418, 1514
Oberärmelkugel *f* 1419
Oberärmelweite *f* 1420
Oberarmumfang *m* 1510
Oberbekleidung *f* 885, 886, 892, 895
oberer Einschlag *m* 1513
Oberfaden *m* (der Nähmaschine) 849
Oberfadenspannung *f* 850
Oberhemd *n* 899, 1512
Oberkragen *m* 889, 1411
Oberkrageneinlage *f* 1413
Oberschenkelumfang *m* 1515
Oberschenkelweite *f* 1516
Oberteil *n(m)* 1416
Oberteil *n* (eines Damenbekleidungsstückes) 128, 285
Öhr *n* 440
Ombré-Streifen *m* 1156
Öse *f* 441
Ösenband *n* 442
Ösenhäkchen *n* 444
Outdoor- 883
Outdoor-Bekleidung *f* 884
ovaler Ausschnitt *m* 891
Overlocknaht *f* 898

P

Paillettenstickerei *f* 907
paillettiert 1587
Parka *m* 470
Paspel *f(m)* 965 piping
Paspelieren *n* 965, 1567
paspelierter Kleidersaum *m* 960
paspelierter Rand *m* 959
paspelierter Schlitz *m* 963
Paspelknopfloch *n* 517, 958
Paspelnaht *f* 966, 1568
Paspelstreifen *m* 967
Paspeltasche *f* 961, 1565
Paspelvorstoß *m* 410
Paßform *f*, Außenmaße *npl* 555
Patte *f* 483
Pattentasche *f* 1569
Pattenverschluss *m* 1566
pelzbesetzt 1427
pelzgefüttert 547
Pelzmantel *m* 546
Pelzschulterkragen *m* 104
Pelzstola 545, 548
Perforieren *n* 929
Perlborte *f* 87
Petticoat *m* 938
Pflegeeigenschaften *fpl* 199
pflegeleichtes Hemd *n* 403
Pikiernaht *f* 904
Pikierstich *m* 906
Pikotbordüre *f* 940
Pikotborte *f* 462
Pikotkante *f* 941, 1019
Pikotstich *m* 942
Plastron *m(n)* 352, 1177
platzierter Druck *m* 1003
Plissee *n* 978, 983
Plisseerock *m* 984
Plissierechtheit *f* 461, 979
Plissieren *n* 977, 982
Polsterärmel *m* 156
Posamenten *npl* 916
Pressdruck *m* 1013
Presse *f* 1004
Pressfalte *f* 1005
Pressglanz *m* 1009, 1011
Probefertigung *f* 1426
Puffärmel *m* 1016
Puffrock *m* 1015
Pullern *n* 1169
Pullunder *m* 1366
Punktbondieren *n* 1279

Punktmarkierung *f* 364
Punktriegel *m* 999
Pyjama *m* 908, 1020

Q

Quaste *f*/ballförmige 1002
Querfalte *f* 299
Quernaht *f* 306
Querzuschneiden *n* 303
Quetschfalte *f* 662

R

Raffen *n* 558
Raglan-Schnitt *m* 1026
Randabschneiden *n* 406
Randeinfassung *f* 417
Randverstärken *n* 412
Raupenstich *m* 178
Regenmantel *m* 776, 1027, 1028
Reißverschluss *m* 1257, 1611, 1618
Reißverschluss-Abdeckband *n* 1612
Reißverschluss-Bandschlitz *m* 1614
Reißverschlussschloss *n* 1613, 1619
Reservekragen *m* 1273
Retrostil-Look *m* 1044
Revers *n* 716, 1045
Reversabnäher *m* 720
Reversbesatz-Kantennaht *f* 722
Reverskragen *m* 719
Reversspiegel *m* 721
Revers *n*/steigendes 925
Reversumkehr *f* 1047
Revers- und Kragenspiegelnaht *f* 252
Riegel *m* 68, 74
Riegellänge *f* 69, 75
Riegelnaht *f* 71, 1041
Riegelnahtstich *m* 72
Rippen *fpl* 954
Rippenrand *m* 1054, 1061
Risolettband *n* 494
Rock *m* 1219
Rockaufschlag *m* 1226
Rockborte *f* 1221
Rockbund *m*/angesetzter 1536
Rocklänge *f* 1224
Rocklängen-Messgerät *n* 1225
Rockrunder *m* 1223
Rocksattel *m* 1229
Rockschoß *m* 1222
Rockschoß *m* 245
Röhrenhose *f* 964
Röhrenkleid *n* 962
Rollfalte *fpl* 1069
Rollkragen *m* 1000, 1066, 1475
Rollkragenpullover *m* 1001, 1067
Rollnaht *f* 1070
Rollsaum *m* 1068
Rosshaar-Einlagestoff *m* 635
Rückdrehung *f* 1080
Rücken *m* 47
Rückenarmloch *n* 48
Rückenarmlochnaht *f* 49
rückenfrei 52
Rückengürtel *m* 50, 580, 792
Rückenlänge *f* 61
Rückenmittelbahn *f* 205
Rückenoberteil *n* 126
Rückenpasse *f* oder Rückensattel *m* 63
Rückenschulternaht *f* 57
Rückenspange *f* 7, 154
Rückenteil *n* 54
Rückwärtsnaht *f* 59, 62
Rumpf *m* 125, 130
Rumpfbügeln *n* (an der Presse) 132
Rundbundhose *f* 1542
Rundnäher *m* 230
Rundumfalte *f* 229
Rüschenkragen *m* 1076
rutschfestes Futter *n* 21

S

Sackkleid *n* 1083
Sakko *m* 669, 1073
Sakko *m* 1342
Sakkobügelpresse *f* 1008
Sattel *m* 1084, 1603
Sattelnaht *f* 1604
Sattelrock *m* 286, 1606
Sattelschulter *f* 1605
Sattlerstich *m* 1085
Säuglingsausstattung *f* 46
Saum *m* 601
Saumband *n* 606
Saumeinschlag *m* 610
Säumen *n* 605, 609
säumen *v*/von Hand 603
Saumnaht *f* 608
Saumstich *m* 607
Schalfasson *n* 1162
Schalkragen *m* 1161
Scheinnaht *f* 642, 816
Scheitelhose *f* 1337
schiffförmiger Ausschnitt *m* 83, 123
Schildkrötenkragen *m* 1475
Schillerkragen *m* 880
Schlafanzug *m* 908, 1020
schlaffer Faden *m* 1230
schlanker Schnitt *m* 1260
Schlauchkleid *n* 1461
Schließen *n* der Hinternaht 56
Schließhaken *m* 232
Schlingenverschluss *m* 763
Schlitz *m* 876, 1265
Schlitz *m* 1520
Schlitzleistenfutter *n* 501
Schlitzleisten-Gegenfutter *n* 528
Schlitzriegel *m* 1267
Schlupfausschnitt *m* 1232
Schmetterlingsärmel *m* 85
Schneider *m* 1358
Schneiderbandmaß *n* 1362
Schneiderschere *f* 1363
Schnittbild *n* 338
Schnittbildplanung *f* 732, 972

Schnittkanten-Markiergerät *n* 923
Schnittkleid *n* 1359
Schnittmuster *n* 921
Schnittmustergradierung *f* 922
Schnittschablone *f* 341
Schnittverlust *m* 340
Schnur *f* 284
Schnürloch *n* 696
Schnürung *f* 700
Schnurverschluss *m* 697
Schoß *m* 492, 927, 1357
Schoßkleid *n* 928
Schrägband *n* 101
schräge Pattentasche *f* 152, 579
Schrägstich *m* 350
Schritt *m* 309, 508
Schrittecke *f* 315
Schrittfutter *n* 313
Schritthöhe *f* 651
Schrittlänge 311
Schrittspitze *f* 318
Schubtasche *f* 1400
Schulterärmel *m* 1192
Schulterbreite *f* 1188
schulterfreier Ausschnitt *m* 1331
schulterfreies Kleid *n* 871
Schulterklappe *f* 437, 1191
Schulterlinie *f* 1189
Schulterpolster *n* 902, 1190
Schürze *f* 28
Schutzpolsterung *f* 295
Schweißblatt *n* 395, 1488
Seidenblende *f* eines Revers 1203
Seidenrevers *n* 1204
Seidenschantung *m* 1205
Seitenabnäher *m* 1195
Seitenbahn *f* 1198
seitengleich 375
Seitenlänge *f* 1196
Seitennaht *f* 1200 side seam
Seitenschlitz *m* 1202
Seitentasche *f* 1199
Seitenteil *n* 1197
Separates *pl* 1136
Serafino *n* 1552
Sicherheitsnaht *f* 1087
Sicherheitsstich *m* 1086
Siegeleinlage *f* 657
Skijacke *f* 1217
Slacks *pl* 1231
Slip *m* 151
Slipon-Schnitt *m* 1263
Softline *f* 1271
Soil-Release-Ausrüstung *f* 1272
Sommer-Top *n* 1346
Sonnenplissee *n* 1347, 1349
Sonnen-Top-Kleid *n* 396, 590, 1348
Spaghettiträger *mpl* 1180
Spange *f* 1354
Spiegelnaht *f* 389 drawing seam
Spitze *f* 998
Spitze *f*/aufgesetzte 24, 821
Spitzenbesatz *m* 695
Spitzenfasson *n* 1368
Spitzenkleid *n* 694
Spitzenkragen *m* 692
Spitzenmanschette *f* 693
Spitzenpaspel *f* 699
Spitzensaum *m* 698
spitzer Abstich *m* 535
Sporthemd *n* 1277
Spule *f* 124, 1039, 1276
Staffiernaht *f* 1429
Stanzschneiden *n* 353
Stauboverall *m* 402
Stecknadelkissen *n* 946, 947
Steg *m* 506, 1326 strap
Steghose *f* 18, 1452
Stehkragen *m* 1287 stand up collar
steifer Kragen *m* 1300
steigender Ausschnitt *m* 617
steigendes Revers *n* 1299 step lapel
Steppblindstich *m* 115
Steppen *n* 822
Steppjanker *m* 1023
Steppnaht *f* 755
Steppstich *m* 754
Steppwatte *f* 1025
Stich *m* 1304
Stichbild *n* 1307
Stichbreite *f* 1312
Stichdichte *f* 1306
Stichgröße 1310
Stichspannung *f* 1311
Stichwechsel *m* 1305
Stoffbahn *f* 448
stoffbezogener Knopf *m* 445
Stoffbruch *m* 446
Stoffmantel *m*, leichter 746
Stoffverzerrung *f* 360, 447
Stola *f* 1313
Stoßband *n* 137
Stoßband *n* 1179
Stoßnaht *f* 158
Strandbekleidung *f* 86
Strapazierfähigkeit *f* 1563
Stretchborte *f* 1332
Stretchhose *f* 424, 425
Strickbund *m* 689
Stuartkragen *m* 1339
Stückeln *n* (durch Auseinanderschneiden) 337
Stückeln *n* (durch Zusammennähen) 920
Stufenrock *m* 1403
Stufenvolant *n* 1404
Stulpenärmel *m* 344
Stutzer *m* 621, 782
Sweaterkleid *n* 1352

T

Tab-Kragen *m* 1355
Taille *f* 1526
Taillenlinie *f* 1547
Taillenschärpe *f* 1090
Taillenumfang *m* 1548
Taillenverschlussnaht *f* 1531
Tailleur *m* 287
Tailleur *m* 479, 713
taillieren *v* 1527
Tasche *f* 987
Tasche *f*/eingesetzte 1233
Taschenaufschlag *m* 1472
Taschenbeutel *m* 988, 994

Tascheneingriff *m* 991, 992
Tascheneinschnitt *m* 995
Taschenleiste *f* 996
Taschenpaspel *m* 990, 993, 997
Taschenpatte *f* 989
Taschenumschlag *m* 1471
Taschen vernähen *v* 110
teilgefüttert 914
teilüberlapptes Nähen *n* 915
Tellerkragen *m* 573
tiefer Ausschnitt *m* 343
tiefes Dekolleté *n* 773
T-Linie *f* 1408
Tonnenärmel *m* 1577
topmodisch 1414
tragen *v* 1561
Träger *m* 1193
Trägerkleid *n* 397, 1166
trägerlos 1328
trägerloser Büstenhalter *m* 1330
trägerloses Kleideroberteil *n* 1329
Trägerpullover *m* 1366
Trägerrock *m* 1227
Trägerschürze *f* 29, 945
Trageverhalten *n* 1562
Trapezausschnitt *m* 1422
Trekking-Socke *f* 1423
Trenchcoat *m* 1424
Trend-Fashion *f* 1425
Tresse *f* 144
Trikothandschuh *m* 688
Trockenbügeln *n* 399, 400
Troispièces *n* 1389
Trompetenstil *m* 433, 1459
Tropenkleidung *f* 1432
T-Shirt *n* 1372, 1460
Tulpenrock *m* 1467
Tunnelbund *m* 391
Tunnelgürtel *m* 390
Tunnelschlaufe *f* 201
Tupfenbluse *f* 1280

U

Überdeck(ketten)stich *m* 294
Überdecknaht *f* 293
Überfalllasche *f* 88
Überfangnaht *f* 1089
Übergangsbekleidung *f* 100
Übergangsmantel *m* 99
Übergröße *f* 900
Überlapp(ungs)naht *f* 896, 1350
Überrock *m* 901
Überschlupfkleidung *f* 1262
Überstich *m* 105
Überwendlichnaht *f* 893, 898
Überwurfkleid *n* 1264, 1399
Uhrtasche *f* 1560
Umbuggen *n* 505
Umfang *m* 564
Umkehrkleidung *f* 376, 1049
Umlegekragen *m* 1470, 1473
Umlegekragen *m*/steifer 1302, 1303
umnähen *v* 1573
Umschlaghose *f* 323, 1474
Umstandskleid *n* 793
Umstechen *n* 1149
Umwickeln *n* des Knopfstiels 185
ungebügelte Falte *f* 862, 1508
ungefüttert 1506
Unisex-Kleidung *f* 1505
Unterärmel *m* 1499
Unterärmel-Armlochnaht *f* 1490
Unterärmel-Ellbogennaht *f* 1489, 1496
untere Einschlagnaht *f* 1498
Unterfaden *m* 1500
Unterhemd *n* mit kurzem Arm 1468
Unterhose *f* 1494
Unterkleid *n*/kurzes 1187
Unterkleidung *f* 1491, 1502
Unterkragen *m* 1493
Unterschlagnaht *f* 985
Untertaille *f* 1501
unterteilte Tasche *f* 361
Unterwäsche *f* 661, 1502

V

Van-Dyck-Kragen *m* 1518
Vareuse-Stil *m* 1091, 1519
Variokragen *m* 1484
Vatermörder *m* 226
Verbindungsnaht *f* 38
Verbindungsstich *m* 305
verbügelte Stelle *f* 1167
verdeckt 275, 292
verdeckte Knopfleiste *f* 278
verdeckter Reißverschluss *m* 279
verdecktes Zusammenheften *n* 276
verlängerter Schulterärmel *m* 398
Verriegeln *n* 73
Versäubern *n* 894
Versäuberungsnaht *f* 1429
Verschlussnaht *f* 237
versiegelter Kragen *m* 550, 600
Verstärkung *f* 1040
verstellbare Ärmelspange *f* 9
verstellbare Manschette *f* 8
Verstürznaht *f* 526
Verziehen *n* der Naht 1108
verzugsfreie Naht *f* 1373
Viereckttuch *n* 1284
Viernadel-Flachnaht *f* 515
Vintage-Look *m* 1522
virtuelle Modellkollektion *f* 1523
Volant *m* 496
Volant-Rock *m* 495
Vollachsel *f* 155

von der Stange 870, 1030
Vorderbahn *f* (eines Kleides) 532
vordere Bundfalte *f* 476
vordere Länge *f* 537
vordere Seite *f* 533
Vorderpasse *f* 538
Vorderteil *n* 127
Vorderteil-Eckenband *n* 525, 536
Vorderteilsattel *m* 538
Vorderumbruch *m* 534
Vorwärtsstich *m* 513
Wadenstrumpf *m* 589
Warmfutter *n* 1553
Waschanleitung *f* 727, 1558
Waschbarkeits-Etikettierung *f* 1554
Wäsche *f* 1502
waschecht 726, 1557
waschmaschinenfest 1043, 1559
wash and wear 1556
Watte *f* 1524
Watteline *f* 1525
Wattieren *n* 658, 905
Wattierstepperei *f* 1024
Webpelzkleidung *f* 1594
weiche Linie *f* 1270
weicher Kragen *m* 1269
Weite *f* 541, 1578
weiten *v* 1575
weiter Schnitt *m* 539
weit fallende Jacke *f* 1574, 1576
weit (geschnitten) 64
Wendekleidung *f* 1049
Weste *f* 1521, 1545, 1571
Wickelbluse *f* 1596, 1599
Wickelkleid *n* 1597
Wickelrock *m* 1598
Wiener Naht *f* 133
Windsorkragen *m* 1582
Winkelstich *m* 20
Winterkleidung *f* 1586
Wintermantel *m* 1585
Wollsamt *m* 1591
Wollwatteline *f* 1588, 1590
Wollwattieren *n* 1589
X-Linie *f* 1601
Zackenkante *f* 950
Zackennaht *f* 951
Zaddelärmel *m* 1095
Zickzack-Heftstich *m* 1607
Zickzacknähen *n* 1608, 1610
Zickzackrüsche *f* 1062
Zickzackstich *m* 1609
Ziermanschette *f* 455, 1078
Ziernaht *f* 882
Zierstich *m* 457
Zigarettenhose *f* 228
Zigarettenlinie *f* 227
Zipfelrock *m* 493, 936
Zobelpelz *m* 1082
Zopfstich *m* 477
Zunge *f* 1410
Zusammennähen *n* 676, 1152
Zuschnitt *m* 336
Zutaten *fpl* 471, 1364
zweifädig 386
zweifädiges Nähen *n* 384
Zweinadel-Randnaht *f* 1478
Zweinadel-Saumnaht *f* 1479
zweiösig 1477
Zweireiher *m* 368
zweireihig 365
zweiseitige Kleidung *f* 1049
Zweiteiler *m* 1482
zweiteilig 1480
Zweiwegtasche *f* 1485
Zwickfalte *f* 725
Zwischenbeinkeil *m* 1438
Zwischenfutter *n* 656
Zwischengrößen *fpl* 585
Zwischenlage *f* 660

Index français

A

accessoire *m* 1139, 1140
accessoire *m* à coudre 1139, 1140
accessoire *m* à coudre un ruban 1059
accessoire *m* à cranter les bords 408, 409
accessoire *m* pour rabattage 465
accessoires *mpl* 2
accessoires *mpl* pour vêtement 3
achèvement *m* par pressage 1007
achèvement *m* par repassage à la main 473, 664
addition *f* de ceinture 1530
addition *f* de la manche 6
addition *f* (en largeur) 5
(à) demi-manche 586
à deux fils 386
à deux pièces 1480
à deux rangées 365
à double face 375
à double œillet 1477
aigrette *f* 986
aiguille *f* 837
aiguille *f* à barbe 89
aiguille *f* à coudre 1148
ajustement *m* sans faux plis 296, 1600
à la demi-taille 1135
à (la) demi-taille 1134
ample 64
ampleur *f* 541, 1578
ampleur *f* au niveau du fond 1128
angle *m* crochet 301
anorak *m* de ski 1217
anorak *m* militaire 470
appareil *m* 40, 348
appareil *m* pour marquer la longueur de jupes 1223
apparence *f* de la couture 1101
applique *f* 23
appliques *fpl* fantaisies 459, 460
apprêt *m* de lavage facilité 1272
après-ski *m* 27
à repassage léger 811
arête *f* 1053, 1063
arrêt *m* 73
arrêt *m* de la couture 1102, 1103, 1104, 1123
arrêt *m* en pointe 1367
arrêt-fente *m* 1267
arrivant jusqu'au genou 685
articles *mpl* premier âge 43
assemblage *m* des plusieurs morceaux (par couture) 920
assemblage *m* en faufilant caché 276
assemblage *m* par couture 676, 1152
atelier *m* de couture 1146
atelier *m* de piquage 1146
attacher *v* par boutons 1409
à un côté 875, 1211

B

baby-doll *m* 44, 45
bande *f* à boutonnières recouvrée 277, 278
bande *f* à œillets 442
bande *f* à ourler 606
bande *f* creuse 624
bande *f* festonnée de boutons 1092
bande *f* (de) passepoil 967
bande *f* de propreté d'encolure apparente 830
bande *f* de recouvrement de la fermeture à glissière 1612
bande *f* rapportée 1237
bande *f* rapportée de col 253
bas *m* 601
bas *m* de manche 1245
bas *m* de pantalon 1434, 1444
bas *m* (de pantalon) relevé 935, 1439, 1453
bas *m* de robe 394
bas *m* droit de pantalon 1321, 1325
bas *m* plissé 974, 975
basque *f* 492, 927, 1357
basque *f* (d'habit) 245
bâtissage *m* 79
bâtissage *m* du bord 404
bavette *f* 103
béret *m* 111, 192
biais *m* 101
biais *m* d'encolure 830
blazer *m* 113
blousant 118
blouse *f* à pois 1280
blouse *f* avec col 120
blouse-chemise *f* 800, 1174
blouse *f* chemisier 710, 711
blouse *f* enveloppe 1596, 1599
blouson *m* 119, 121, 1581
blouson *m* battle 84
blouson *m* de ski 1217
blouson *m* long 760
boa *m* de fourrure 545, 548
bobine *f* 124, 1039, 1276
bobine *f* 1141
bobine *f* pour la machine à coudre 1144

body *m* 131
bolduc *m* du bord de devant 525
bonnet *m* (de soutien-gorge) 326
bordage *m* 106, 417
bordage *m* à ruban 1056
bordage *m* de la couture (de) côté 1201
bordage *m* du col 254
bord *m* à picots 950
bord *m* arrondi 333, 1074, 1075
bord-côte *m* 1054, 1061
bord *m* creux 625
bord *m* de devant 524
bord *m* (de devant) boutonné entièrement 190
bord *m* dentelé 950
bord *m* double 374, 387
bordé *m* 144
bordé *m* 107, 419
bordé *m* de la jupe 1221
bordé *m* (de) picot 462
bordé *m* élastique 1332
bord *m* élastique de jambe 426
bord *m* en pointe 535
border *v* 136, 1573
bord *m* passepoilé 959
bord *m* picot 941, 1019
bordure *f* 135
bordure *f* picot 940
boucle *f* de la ceinture 95
bouillonné *f* 1170
boutage *m* en côte ou à côtes 1060
boutage *m* en zigzag multistep 826
bouton *m* 159
bouton *m* de cuir 733
bouton *m* de pantalon 1436
boutonner *v* entièrement 188
boutonnière *f* 167
boutonnière *f* à œillet 443
boutonnière *f* (à œillet renforcé) à guimpe 577
boutonnière *f* de contre-bouton 291
boutonnière *f* de rappel 291
boutonnière *f* (faite à la) main 591
boutonnière *f* (faite à la) machine 777
boutonnière *f* passepoilée 517, 958
bouton *m* revêtu de tissu 445
boutons-col *m* 162
bout *m* prononcé 998
braguette *f* 1442
braguette *f* à glissière 1615
braguette *f* lisière 500
bretelle *f* 1193
bretelles *fpl* spaghetti 1180
bride *f* 762
bride *f* d'arrêt 68, 74
bride *f* d'arrêt grand-format 724
bride *f* de boutonnage 181
bride *f* fuseau 1367
bridon *m* d'arrêt 68, 74
broderie *f* à paillettes 907
buste *m* de repassage 667
buste *m* de robe sans bretelles 1329
buste *m* (d'un vêtement féminin) 128, 285

C

caché 275, 292
cadre *m* de l'empileur 723
caleçon *m* 1494
canette *f* 124, 1039, 1276
cape *f* 193
capuche *f* 197, 628
capuchon *m* 197, 628
capucin *m* de la ceinture (de jupe) 1533
cardigan *m* 198
carré *m* 1284
casse *f* du fil 434
casse-fil *m* 1379, 1385
cassure *f* de tissu 446
cassure *f* du col 255
cassure *f* du revers et col 718
ceinture *f* 93, 1544
ceinture *f* 1528
ceinture *f* 1529
ceinture *f* amovible 767
ceinture *f* coulissante 391
ceinture *f* du pantalon 1456
ceinture *f* élastique 428
ceinture *f* mise en morceaux 943
ceinture *f* rapportée 1540
ceinture *f* rapportée à bordure élastique 429
ceinture *f* rapportée d'une jupe 1536
ceinture *f* tricotée 689
chanel *m* 686
changement *m* du point 1305
chanteau *m* d'entrejambe 1438
chanteau *m* (du dos) de pantalon 315
chas *m* 440
chas *m* de l'aiguille 838
chasuble *f* 215, 678
chasuble *f* 679
chaussette *f* de marche nordique 863
chaussette *f* (de) trekking 1423
chemise *f* 1172
chemise *f* à poignets mousquetaire 1178
chemise *f* de dessus 899, 1512
chemise *f* de nuit 855, 856, 858, 859
Chemise *f* (de) sport 1277
chemise *f* d'homme 804
chemise *f* empesée 134, 1301
chemise *f* facile à entretenir 403
chemisette *f* 1346
chemisier *m* 800, 1174
chemisier *m* 1549
chemisier *m* (style) collégien 267
Cintrer *v* 1527

cintré serré 1405
ciseaux *mpl* de tailleur 1363
ciseaux *mpl* pour dentelure 952
cloché 233, 246
coin *m* droit 1319, 1322
col *m* 251
col *m* à bride 1355
col *m* à corolle 327
col *m* à l'italienne 1582
col *m* à manger de la tarte 226
col *m* cassé 1583
col *m* châle 1161
col *m* Claudine 937
col *m* cranté 867
col *m* cravatte 1402
col *m* Danton 880
col *m* de cape 194
col *m* de chemise 1176
col *m* de rechange 1273
col *m* de réserve 1273
col *m* de revers 719
col *m* dur 1300
col *m* écharpe 1402
col *m* en dentelle 692
col *m* en feutre 467
col *m* fixé 39
collant 234, 481, 1406
collection *f* virtuelle des modèles 1523
collerette *f* 251
collet *m* de fourrure de grandes dimensions 104
col *m* loin de cou 828
col *m* marin 1088
col *m* montant 615, 1287
col *m* mou 1269
col *m* rabattu 1470, 1473
col *m* rabattu dur 1302, 1303
col *m* roulé 1000, 1066, 1475
col *m* ruché 1076
col *m* Stuart 1339
col *m* thermocollé 550, 600
col *m* thermosoudé 550, 600
col *m* tortue 1475
col *m* transformable 1484
col *m* Van Dyck 1518
combinaison *f* courte 1187
combinaison(-jupon) *f* courte 1187
complet *m* 1341
complet *m* à deux rangées 369
complet *m* combiné 271
complet *m* croisé 369
comportement *m* à la variation dimensionnelle 90
comportement *m* au porter 1562
composant *m* 274
composant *m* de vêtement 553
confection *f* 788, 852
confection *f* de pantalons 1447
confection *f* de pantalons suspendue 1351
confection *f* des boutonnières 180
confection *f* pour enfants 221
confection *f* pour femmes 706, 707
confection *f* pour hommes 802, 803
confection *f* sur mesure 784
consommation *f* de matériel 281
construction *f* de la couture 1106, 1120
contre-anglaise *f* du col 256
contre-bouton *m* 51, 1289
cordelière *f* 284
cordon *m* 390
corps *m* 125, 130
corsage *m* de robe sans bretelles 1329
corsage *m* (d'un vêtement féminin, qui recouvre le torse) 128
corsage *m* (d'un vêtement féminin, qui recouvre le torse) 285
corselet *m* léger 745, 1212
costume *m* 1341
costume *m* à trois pièces 1392
costume *m* sur mesure 329, 785, 1361
côté *m* inférieur de la couture 1497
couche *f* intermédiaire 660
coudre *v* (à la) main 1137
coudre *v* à point invisible 116
coulant *m* de la ceinture 1258, 1259
coulisse *f* 201
coupe *f* 336
coupe *f* 330
coupe *f* ample 539
coupe *f* cintrée 1260
coupe *f* confortable 272
coupe *f* de la boutonnière 168
coupe *f* du bord 406
coupe *f* en morceaux 337
coupe *f* en travers 303
couper *v* 335
coupe *f* raglan 1026
coupure *f* de marquage 334
couseuse *f* circulaire 230
coussin *m* d'épaule 902, 1190
couture *f* 1098, 1138, 1308
couture *f* à crochet 302
couture *f* (à) deux fils 384
couture *f* anglaise 520
couture *f* anglaise 571
couture *f* (à point) composée 270
couture *f* à point de boutonnière 179
couture *f* à point de chaînette 212, 214
couture *f* à point de chaînette double 371
couture *f* à point de couture et surjet simultanés 1087
couture *f* à point de recouvrement 293
couture *f* à point de surjet 893

couture *f* à point (de) surjet 898
couture *f* à point en croix 308
couture *f* à point noué 755
couture *f* arquée ou en arc 30
couture *f* au point droit 1324
couture *f* bout à bout 158
couture *f* bretelle 133
couture *f* contre-anglaise 389
couture *f* contre-anglaise du col 257, 260
couture *f* côté 1200
couture *f* courte 1185
couture *f* d'ajout de la parementure 1113
couture *f* d'applique 25
couture *f* d'arrêt 1102, 1103, 1104, 1123
couture *f* d'arrêt 71, 1041
couture *f* d'assemblage 38
couture *f* d'assemblage à relarges 1012, 1495
couture *f* (d'assemblage) de la ceinture 1539
couture *f* (d'assemblage) de la ceinture avec les jambes de pantalon 1457
couture *f* d'assemblage de la parementure 418
couture *f* de bord (à) deux aiguilles 1478
couture *f* de boutonnière 177
couture *f* de coude 58
couture *f* de coude du dessous (de) manche 1489, 1496
couture *f* de dos de la parementure 450
couture *f* de faufilage 80
couture *f* de fermeture 237
couture *f* de fermeture de la ceinture (de la taille) 1531
couture *f* d'effet 423, 456
couture *f* de fourreau de la parementure au devant 527
couture *f* de fourreau du haut du revers rapporté 722
couture *f* de garniture (invisible) 1429
couture *f* de machine 780
couture *f* de marquage 791
couture *f* d'emmanchure (de) dos 49
couture *f* de montage 1142
couture *f* d'empiècement 1604
couture *f* dentelée 951
couture *f* de parementure et de col 252
couture *f* de parementure rapportée 654
couture *f* de passepoil 966, 1568
couture *f* d'épaule (de) dos 57
couture *f* de propreté de l'emmanchure 34
couture *f* de propreté d'encolure 829
couture *f* de remmaillage 765
couture *f* de surjet contre l'effilochement 1429
couture *f* d'ornement marquante 1334, 1335
couture *f* double 381
couture *f* double rabattue 378
couture *f* d'ourlet 608
couture *f* d'ourlet (à) deux aiguilles 1479
couture *f* du bord 414
couture *f* du bordage du bas 1498
couture *f* du chanteau (de pantalon) 317
couture *f* du dessous (de) manche à l'emmanchure 1490
couture *f* du dos de col 53
couture *f* du fourreau du dessous (de) col 677
couture *f* d'union de la parementure avec le devant 526
couture *f* en biais 306
couture *f* en surjet 893, 898
couture *f* en zigzag 1608, 1610
couture *f* flatlock 486
couture *f* interlock 659
couture *f* longitudinale 758
couture *f* non-déformée (par tension) 1373
couture *f* par points arrières 59, 62
couture *f* partiellement superposée 915
couture *f* piquée 904
couture *f* plate 488
couture *f* plate (à) quatre aiguilles 515
couture *f* plate (à) trois aiguilles 1388
couture *f* pour mettre provisoirement un tissu sur toile 985
couture *f* rabattue 464
couture *f* rabattue simple 1207
couture *f* retenue 556
couture *f* roulée 1070
couture *f* sandwich 1089
couture *f* simple 970
couture *f* superposée 896, 1350
couture *f* triple 1431
cran *m* aigu 925, 1299
cran *m* à pointe 925, 1299
cran *m* de la ceinture 96, 623
cran *m* ouvert ou baissé 868, 869, 1297
cranteur *m* des bords 408, 409
crochet *m* à pantalon 1445
crochet *m* d'œillet 444
crochet *m* retourné 129
crochets *mpl* et œillets *mpl* 633

croisé 365
cross-dressing *m* 304
culotte *f* à bavette d'enfant 224, 682
culotte *f* de femme 704, 910, 1298
culotte *f* serrée au genou 684
curseur *m* de la fermeture à glissière 1613, 1619

D

dé *m* à coudre 1376
débardeur *m* (pull à bretelles) 1017, 1366
déboutonnable 1487
décolleté *m* 343
décolleté *m* à épaules nues 1331
décolleté dans le dos 52
décolleté *m* profond ou prononcé 773
de confection 870, 1030
Décor *m* 1428
découdre *v* 1504
découpage *m* à l'emporte-pièce 353
découture *f* 1122
déformation *f* du tissu 360, 447
déformation *f* permanente 930
délavé sur pierre 1314
demi-cintré 1134, 1135
demi-doublage *f* 519, 583
demi-doublé 582
demi-jupon *m* 587, 1550
demi-manche *f* 432
demi-revers *m* 584
densité *f* des points 1306
denteler *v* 949
dentelle *f* de garniture cousue 420
dentelle *f* montée 24, 821
dépassages *mpl* de ruban 1057
design *m* 345
dernier cri 1414
désignation *f* de la taille du vêtement 1215
dessous *mpl* 1492, 1503
dessous-(de-)bras *m* 395, 1488
dessous *m* (de) col 1493
dessous *m* (de) manche 1499
dessous *m* féminin 714
dessus *m* 1416
dessus *m* (de) col 889, 1411
dessus *m* de manche 1418, 1514
deuxième pli *m* 1132
deux-pièces *m* 347, 1482
devant *m* 533
devant *m* de chemise 351, 1175, 1177
devant *m* du corsage 127
devant *m* du vêtement 507, 531
dimension *f* du point 1310
dimensions *fpl* principales 1014
dimensions *fpl* standard en Allemagne 559
dimensions *mpl* standard en France 521
dimensions *mpl* standard en Grande-Bretagne 435
direction *f* de la couture 1107
dispositif *m* pour mesurer la longueur des jupes 1225
distorsion *f* de la couture 1108
dos *m* 47
dos *m* de corsage 126
dos *m* de jupe 1220
dos *m* de pantalon 1433
doublage *f* 752
doublé 749
double couture *f* 381
double couture *f* de fourreau devant 385
doublé de fourrure 547
double doublure *f* 379
doublé partiel 914
double point *m* noué 380
doubler *v* 748
doubler *v* 747
doubler *v* à fourrure 750
doubler *v* (un tissu) 728
doublure *f* 751
doublure *f* antiglissante 21
doublure *f* complète 540
doublure *f* de braguette 501
doublure *f* de contrebraguette 528
doublure *f* de devant de la braguette 1417
doublure *f* de la patte de boutonnage 171, 174
doublure *f* de la patte de braguette 171, 174
doublure *f* du fond 1129
doublure *f* intérieure 652
doublure *f* pour rendre un article vestimentaire plus chaud 1553
doublure *f* séparable à fermeture à glissière 1616
drap *m* de repassage 666
droit 140, 1318

E

écharpe *f* 1090
éclisse *f* 762
écrasage *m* des bords 413
égaliser *v* 475
élargir *v* 1575
emmanchure *f* 31, 1097
emmanchure *f* (de) dos 48
empiècement *m* 310, 575
empiècement *m* 1084, 1603
empiècement *m* de devant 538
empiècement *m* de dos 63
empiècement *m* de jupe 1229
empiler *v* par couches 36
encolure *f* 831, 832, 834
encolure *f* anguleuse 1037

encolure *f* bateau 83, 123
encolure *f* de passage 1232
encolure *f* droite 1323
encolure *f* en aimant 786
encolure *f* en cœur 597
encolure *f* en fer à cheval 636
encolure *f* en ovale 891
encolure *f* en trapèze 1422
encolure *f* festonnée 1094
encolure *f* montante 617, 1064
encolure *f* montante ronde 614
encolure *f* profonde 774
encolure *f* ras du cou 298, 673
encolure *f* rectangulaire 877
enfilage *m* 1382
enfourchure *f* 309, 508
ensemble *m* 436
ensemble *m* 436
ensemble *m* veste et robe 393, 1481, 1483
entaille *f* 866
entaille *f* de l'aiguille 844
entaille *f* du col 263, 266
entoilage *m* 655, 656
entoilage *m* flottant 491
entoilage *m* thermosoudable 599
entre-deux *m* 918
entre-deux *m* de jupon 588
entre-doublure *f* 655, 656
entre-doublure *f* de col 261
entrejambe *m* 312, 510
entrejambe *m* 311
en une pièce 873
envers *m* uni 490, 969
épaules *fpl* à empiècement 1605
épaulette *f* 437, 1191
épaulette *f* 902, 1190
épingler *v* 953
essayage *m* 480
étalage *m* du matelas 1281
étalage *m* du matelas avant la coupe 730
étaleuse *f* 731, 1282
étanchéité *f* de la couture 1126
étiquetage *m* 691
étiquetage *m* concernant le mode de lavage 1554
étiquette *f* tissée 1595
étole 1313
étole *f* de fourrure 545, 548
évasé 484
extension *m* de la couture 1125
extra-fort *m* 405, 1290
extra-fort *m* d'emmanchure 33
extra-fort *m* pour les devants 525, 536

F

fabricant *m* de confections 242
facile à repasser 811
façon *f* 331, 1157
façon *f* de vêtement à enfiler 1263
façonner *v* 458
façon *f* style slip-on 1263
fagotage *m* 452
faire *v* le plan de coupe 732, 972
faire *v* les boutonnières 180
faire *v* marcher 778, 881
fair *v* passer (le fil) 917
falbalas *mpl* 544
faufil *m* 82
faufilage *m* 79
faufilure *f* 80
fausse boutonnière *f* 401, 639
fausse boutonnière *f* de revers 641
fausse couture *f* 642, 816
fausse poche *f* 454, 814
faux-col *m* 346
faux-pli *m* 1005
faux-point *m* de couture et surjet simultanés 815
fente *f* 1520
fente *f* (de bas) de la manche 1255
fente *f* de la bande de fermeture à glissière 1614
fente *f* de la manche de chemise 1251
fente *f* de poche 995
fente *f* de poignet 1255
fente *f* Dior 357
fente *f* latérale 1202
fente *f* longitudinale 759
fer *m* à repasser à vapeur 1294
fermer *v* les poches par couture 110
fermeture *f* à boutons 165
fermeture *f* à bride 763
fermeture *f* à crochet 632
fermeture *f* à glissière 1257, 1611, 1618
fermeture *f* à glissière recouvrée 279
fermeture *f* à lacet 697
fermeture *f* à rabat 1566
feston *m* 468, 1093
fil *m* 1377
fil *m* à coudre 1151, 1154
fil *m* d'aiguille 848
fil *m* d'aiguille (de la machine à coudre) 849
fil *m* de bâti 82
fil *m* de lisière 1133
fil *m* détendu 1230
fil *m* guimpe 578
fil *m* inférieur 1500
fil *m* lâche 1230
finesse *f* de l'aiguille 839
fond *m* (de pantalon) 1130
fond *m* de pantalon renforcé 382
fond *m* de robe 514
fond *m* du pli 980
formation *f* du revers (rabattu) 1047
foulard *m* 1284
fourche *f* 318
fournitures *fpl* 471, 1364
fourreau *m* du dessus de col 835
fourrure *f* de zibeline 1082

fraie *f* godronnée 1077
froncage *m* (d'un élastique) 1169
fronce *f* dans le sens de la longueur 300
fronce *f* dans le sens transversal 299
fronce *f* de la manche 1240
fronce *f* élastique 1333
fully-fashioned 542
fût *m* de l'aiguille (à coudre) 845

G

galonnage *m* 551, 1430
ganse *f* 576
gant *m* en maille 688
gant *m* en peau non-doublé 1507
garni de fourrure 1427
garnir *v* à ruban 416
garnir *v* de ficelle 523
garnir *v* de franges 522
gigot *m* (de) manche 1252
gilet *m* 1521, 1545, 1571
gilet *m* à fleurs 497, 498
gilet *m* sans manches 1249, 1250
Glencheck *m* 565
glissement *m* du fil de couture 1384
godet *m* 568
gorge *f* de l'aiguille 840
gousset *m* 314, 575, 744
graduation *f* 572
graduation *f* de patrons 922
grand col *m* rabattu 573
grande taille *f* 900
gros grain *m* 655, 656
guidage *m* du fil 1381
guide-bord *m* 407
guide-fil *m* à un trou 1209
guide *m* margeur 407
guimpe *f* à boutonnières 172
guimpe *f* (de boutonnière) 576
guipage *m* de la tige de bouton 185

H

habillement *m* 552
habillement *m* à deux rangées (de boutons) 368
habillement *m* à double boutonnage 368
habillement *m* croisé 368
habillement *m* informel 646
habillement *m* unisexe 1505
habit *m* 22, 238, 239
haut-col *m* 615
haute couture *f* 595
hirondelle *f* 313
huile *f* pour machines à coudre 1145
humidifier *v* 638

I

imperméable *m* 776, 1027, 1028
impression *f* de couture 1110, 1118
impression *f* étincellante 566
impression *f* positionnée 1003
imprimé all-over 13
insertion *f* 1142
instructions *fpl* de lavage 727, 1558
interruption *f* de la couture 1111
irrétrécissable 1194, 1509

J

jambe *f* de pantalon 911, 1446
jaquette *f* 670
jaquette *f* de cérémonie 332
jean(s) *m* 671
jeans *m* à pattes d'éléphant 91
jersey *m* 672
jointure *f* arrière d'une couture 56
jupe *f* 1219
jupe *f* à bretelles 1227
jupe *f* à empiècement 286, 1606
jupe *f* à fente 1266
jupe *f* à godets 485
jupe *f* à lés 570
jupe *f* à plis 976
jupe *f* à volants 495
jupe *f* bouffante 1015
jupe *f* boutonnée entièrement 191
jupe *f* cloche 1353
jupe-culotte *f* 325, 362, 913
jupe *f* de dessus 901
jupe *f* de tailleur 288
jupe *f* en gradins 1403
jupe *f* enveloppe 1598
jupe *f* plissée 984
jupe *f* plissée à plis non-repassées 1228
jupe *f* portefeuille 1598
jupe *f* trapèze 485
jupe *f* tulipe 1467
jupon *m* 939

L

laçage *m* 700
lacet *m* inséré élastique 647, 1168
languette *f* 1410
languette *f* revers 88
largeur *f* 541, 1578
largeur *f* de la ceinture 1541, 1543
largeur *f* de la jambe de pantalon 1579, 1580
largeur *f* de la manche au poignet 1256
largeur *f* de pantalon 1458
largeur *f* du col 258
largeur *f* du dessus de manche 1420
largeur *f* du point 1312
largeur *f* en jambe (du pantalon) au niveau de la cuisse 1516
lé *m* 569
lé *m* de tissu 448
légèrement cintré 1134

lé *m* milieu (d'une robe) 207
levier *m* d'arrêt 1315
liage *m* par points 1279
lien *m* 1421
ligne *f* cigarette 227
ligne *f* clochée 247
ligne *f* de la couture 1117
ligne *f* de (la) taille 1547
ligne *f* d'épaule 1189
ligne *f* du tour de la ceinture 1537
ligne *f* en A 12
ligne *f* en T 1408
ligne *f* en X 1601
ligne *f* molle, légère 1271
ligne *f* souple 1270
linge *m* de corps 661, 1502
lingerie *f* 661, 1502
lingerie *f* de nuit 857, 860, 1234
lingerie *f* féminine 714
lingerie *f* pour hommes 799, 806, 807
liséré *m* 145
lisière *f* à border 108, 138
lisière *f* d'empiècement 897
loin du corps 768
longueur *f* 738
longueur *f* au coude 1511
longueur *f* côté 1196
longueur *f* de la bride d'arrêt 69, 75
longueur *f* de la jambe (de pantalon) 741, 742, 743
longueur *f* de la jupe 1224
longueur *f* de la partie interne des jambes 311
longueur *f* de la partie interne des jambes 651
longueur *f* de la taille devant 537
longueur *f* de l'épaule 1188
longueur *f* d'enjambée 311, 509, 651
longueur *f* effective du modèle 422
longueur *f* extérieure de la jambe 890
longueur *f* taille dos 61
longueur *f* trois-quarts 1393
look *m* rétrospectif 1044
lustre *m* causé par repassage 1167
lustre *m* de pressage 1009, 1011

M

machine *f* à apprêter et à repasser des vêtements 554
machine *f* à coudre 1143, 1309
machine *f* à coudre circulaire 230
machine *f* à coudre universelle 825
machine *f* pour la confection (de l'habillement) 241, 789
machine *f* pour la confection de vêtements (de) dessus 887
mackinaw *m* 621, 782
maillot *m* 1249
maillot *m* de corps en (forme de) T 1468
manche *f* 1235
manche *f* (à) gigot 735
manche *f* aile 1584
manche *f* à piqûre rabattue 466
manche *f* à poignet 321
manche *f* à revers 344
manche *f* à trois-pièces 1390
manche *f* à une-pièce ou en une pièce 874
manche *f* ballon 1016
manche *f* bouffante 1016
manche *f* bouffante 66, 112
manche *f* chauve-souris 85
manche *f* courte 1186
manche *f* d'épaule prolongée 1192
manche *f* dolman 196, 363
manche *f* festonnée 1095
manche *f* large 1577
manche *f* montée 649
manche *f* papillon 85
manche *f* rallongée à l'épaule 398
manche *f* rembourrée 156
manche *f* retroussable 1071
manche *f* suspendue 594
manche *f* taillée 196, 363
manche *f* trois-quarts 1396
manchette *f* en dentelle 693
manchette *f* ornementale 455, 1078
manchette *f* retroussée ou rabattue 1469
mannequin-forme *f* vaporisant 1293, 1295
manteau *m* à capuche 629
manteau *m* à deux rangées 366
manteau *m* à double face 1048
manteau *m* à doublure montée sur une fermeture à glissière 1617
manteau *m* à garniture de fourrure 549
manteau *m* court de chasseur 621, 782
manteau *m* croisé 366
manteau *m* (de) de loden 243, 756
manteau *m* (de) demi-saison 99
manteau *m* de fourrure 546
manteau *m* de pluie 776, 1027, 1028
manteau *m* d'hiver 1585
manteau *m* droit 1208
manteau *m* en peau 734
manteau *m* imperméable 776, 1027, 1028
manteau *m* de femme léger en tissu 746

manteau *m* pour intempéries 16, 1317
manteau *m* réversible 1048
manteau *m* trois-quarts 1394
manteau *m* vague 769
marlotte *f* 1399
marquage *m* par points 364
marqueur *m* de patrons 923
martingale *f* 50, 580, 792
matelas *m* 729
matelassage *m* (en ouatine) 1024
matière *f* en cours de couture 1147
mesurage *m* 794
mesure *f* au niveau du genou 687
mesure *f* de la poitrine 149, 217
mesure *f* du cou 833, 836
mesure *f* (du pourtour) d'encolure 264
mesures *fpl* de contrôle 283
mesures *fpl* de contrôle du corps 282
mesures *fpl* en long(ueur) 740
mesures *fpl* finies 472
mesures *fpl* minimes 812
mesures *fpl* plus petites 812
mesures *fpl* secondaires du corps 1131
métallisé 810
mètre-ruban *m* 795
mètre-ruban *m* de tailleur 1362
metteuse *f* en plis 731, 1282
mi-bas *m* 589
mi-doublé 582
mise *f* en forme 512, 1160
mise *f* en matelas 730, 1281
mise *f* en plis au large 878, 879
mise *f* en plis permanent 932
mise *f* sur forme 122
mode *f* androgyne 19
mode *f* combinatoire 268
modèle *m* 817
mode *f* s'arrêtant au-dessus des genoux 1
mode *f* trend 1425
modification *f* (du vêtement) 17
molleton *m* de repassage 668
montage *m* 1142
montant 613, 616
monté 674
morcellement *m* 337

N

ne pas repasser 861, 1555
nervurage *m* 955, 1462
nervure *f* 954
non-doublé 1506
numéro *m* de l'aiguille 846

O

œillet *m* 441
œillet *m* à lacer 696
œillet *m* caché 640
œillet *m* de guidage 574
œillet *m* de la ceinture 96, 623
ondulation *f* de la couture 1119
optimisation *f* du plan de coupe 339
ouatage *m* 658, 905
ouatage *m* de laine 1589
ouate *f* 1524
ouate *f* à matelasser 1025
ouatine *f* 1525
ouatine *f* de laine 1588, 1590
ourlage *m* 605, 609
ourler *v* 602, 604
ourler *v* (à la) main 603
ourlet *m* 601
ourlet *m* à jour 626
ourlet *m* à point-coquille 1164
ourlet *m* de dentelle 698
ourlet *m* double 377
ourlet *m* invisible 114
ourlet *m* ondulé 499
ourlet *m* passepoilé du bas de robe 960
ourlet *m* roulé ou roulotté 1068
ouverture *m* 876, 1265
ouverture *f* de la poche 991, 992
ouverture *f* longitudinale 757
ouvrage *m* 1147
ouvrage *m* à l'aiguille 853

P

pailletté 1587
pan *m* 492, 927, 1357
pan *m* de jupe 1222
panneau *m* central (d'un vêtement) 207
panneau *m* côté 1197
panneau *m* côté 1198
panneau *m* (de) devant (d'une robe) 532
panneau *m* de dos 54
panneau *m* de milieu (du) dos 205
panneau *m* de milieu (d'une pièce de vêtement) 207
pantalettes *fpl* 910
pantalon *m* 909, 912, 1449
pantalon *m* à ceinture montée 1542
pantalon *m* à rayures 1336
pantalon *m* à revers 323, 1474
pantalon *m* à sous-pied 18, 1452
pantalon *m* cigarette 228
pantalon *m* corsaire 195, 926, 968, 1395
pantalon *m* court 1182, 1183
pantalon *m* de complet 1345

pantalon *m* droit et lâche de femme 1231
pantalon *m* élastique 424, 425
pantalon *m* fuseau 1261, 1369
pantalon *m* large 65
pantalon *m* rayé 1336
pantalon *m* rayé 1337
pantalon *m* St. Tropez 1338
pantalon *m* trois-quarts 1397
pantalon *m* tubulaire 964
parcours *m* du fil 1383
pardessus *m* d'homme léger en tissu 746
pardessus *m* trois-quarts 1394
parement *m* 1238
parement *m* (de soie) du revers 721
parementure *f* 449
parementure *f* coupée en biais 102
parementure *f* en dentelle 695
parementure *f* haut revers rapportée 675
pare-poussière *m* (combinaison) 402
partie *f* de devant 533
partie *f* (de) milieu 208
passant *m* 201
passant *m* de la ceinture 98
passant *m* fixé de la ceinture 97
passe-bras *m* 35
passe-bras *m* 1398
passe-lacet *m* 129
passement *m* 916
passepoil *m* 965
passepoilage *m* 965, 1567
passepoil *m* chintz 225
passepoil *m* de dentelle 699
passepoil *m* de poche 990, 993, 997
passepoil *m* du bord 411
passepoil *m* en bordure 410
patère *f* 232
patron *m* 921
patron *m* de coupe 341
patron *m* (de coupe) mère 820
patte *f* de boutonnage 163, 169, 170, 173
patte *f* de braguette 163, 169, 170, 173
patte *f* de manche 1253
patte *f* de manche ajustable 9, 1254
patte *f* de manche de réglage 9, 1254
patte *f* de poche 996
patte *f* de réglage des jambes du pantalon 736
patte *f* de serrage à la jambe 736
pelote *f* à épingles 946, 947
pénétration *m* de l'aiguille 842
perforage *m* 929
perforation *f* 948, 1018
perte *f* à la coupe 340
petit-pli *m* cousu 1155
petticoat *m* 938
peu froissable 772
pièce *f* 274
pièce *f* de dos 54
pièce *f* détachée 1210
pièce *f* de vêtement 240
pièces *fpl* entièrement confectionnées 543
pied *m* de l'aiguille 841
pied *m* de nervurage 956, 1463
pied *m* du col 265
pied *m* fronceur 557, 1079, 1171
pince *f* 342
pince *f* côté 1195
pince *f* de la tête de manche 1244
pince *f* de manche 1239
pince *f* de poitrine 147
pince *f* de poitrine cisson 231
pince *f* de revers 720
piqué 1022
piquer *v* 1021
piqûre *f* (d'ornementation) 822
piqûre *f* en ouatine 1024
piqûre *f* fantaisie 882
piqûre *f* multiple 823
piqûre *f* ornementale, piqûre *f* d'ornementation 882
piqûre *f* rabattue 464
planche *f* à repasser 665
planche *f* à repasser les manches 1247
plan *m* de coupe 338
plan *m* de demi-coupe 581
plaqué 919
plastron *m* 352, 1177
plein air *m* 883
pli *m* 502, 973
pli *m* 729
pli *m* 503
pli *m* circulaire 229
pli *m* cloche 248
pli *m* cousu 1109
pli *m* creux 139
pli *m* d'aisance 681, 1551
pli *m* (d'aisance) de chemise 1173
pli *m* (d'aisance) du milieu (de) dos 206
pli *m* de ceinture 1538
pli *m* de confort 273
pli *m* de montage 725
pli *m* de pantalon 1437
pli *m* de repassage 297, 1006
pli *m* de repassage permanent 934
pli *m* Dior 356
plier *v* 1466
plier *v* (un tissu) en forme de livre 504
pli *m* non-repassé 862, 1508
pli *m* permanent 931
pli *m* rond 662
pli *m* roulé 1069
plis *m* ouvert 1288
plissage *m* 977, 982
plissage *m* 1464
plissé *m* 978, 983
plissé *m* accordéon 4
plissé *m* permanent 933
plissé *m* soleil 1347, 1349
pliure *f* du bord (de) devant 534

pliure *f* du bord de devant et du revers attenant 529
poche *f* 987
poche *f* à deux ouvertures 1485
poche *f* à patte raglan 152, 579
poche *f* à pochette 150, 218
poche *f* à rabat 1569
poche *f* arrière 55
poche *f* côté 1199
poche *f* coupée 648, 1233
poche *f* de monnaie 250, 1268
poche *f* de montre 1560
poche *f* (de) poitrine 150, 218
poche *f* (de) poitrine intérieure 650
poche *f* en biais 349
poche *f* fessière 622
poche *f* gilet 1570
poche *f* intérieure 451, 653
poche *f* journal 451, 653
poche *f* multiple 824, 827
poche *f* oblique sans patte 1400
poche *f* passepoilée 961, 1565
poche *f* poitrine extérieure 888
poche-revolver *f* 55
poche-soufflet *f* 92, 280
poche *f* subdivisée 361
poche-ticket *f* 1401
poignet *m* 320, 1236
poignet *m* ajustable 8
poignet *m* droit 70
poignet *m* élastique 427
poignet *m* mousquetaire 372, 518
poinçon *m* de marquage pour couches de tissu 790
point *m* 1304
point *m* à angles 20
point *m* à la machine 781
point *m* (à la) main 593
point *m* à nervure 957, 1465
point *m* basson 78
point *m* bord à bord 415
point *m* composé 269
point *m* crochet 634
point *m* d'aiguille 847
point *m* dans le vide 11
point *m* d'application 26
point *m* d'arête 477, 611
point *m* d'arrêt 72
point *m* d'assemblage 305
point *m* de ballon 67
point *m* de bâtissage 81, 1356
point *m* de bâtissage en zigzag 1607
point *m* de bourdon 690
point *m* de boutonnière 178, 1181
point *m* de chaînette 213
point *m* de chaînette double 370
point *m* de chaînette simple 1206
point *m* de chausson 477, 611
point *m* de coquille 1165
point *m* de couture 1150
point *m* (de couture) flatlock 487
point *m* (de couture) flottant 1285
point *m* (de couture) grossier 1072
point *m* de feston 469, 1096
point *m* d'encolure épaule-mamelon 76
point *m* d'encolure épaule-taille 77
point *m* de nouage (de boutons) 1486
point *m* de picot 942
point *m* de recouvrement 294
point *m* de recouvrement à trois aiguilles 1387
point *m* de remmaillage 766
point *m* de tige de bouton 186, 1296
point *m* diagonal 350
point *m* double 383
point *m* d'ourlage 607
point *m* échelle 701, 1275
pointe *f* de l'enjambée 318
pointe *f* de manche 1241, 1242
point *m* en avant 513
point *m* en chevron 611
point *m* en croix 307
point *m* en diagonal double 373
point *m* en diagonale 350
point *m* en zigzag 1609
point *m* en zigzag double 388
point *m* en zigzag multistep 826
point *m* invisible 117
point *m* invisible à un fil 1213
point *m* (invisible) d'arrêt 999
point *m* manqué 813, 1218
point *m* Merrow 809
point *m* mousse 819
point *m* natté 477
point *m* noué 754
point *m* noué invisible 115
point *m* ornemental 457
point *m* ornemental à la main 592
point *m* peu serré 771
point *m* piqué 906
point *m* plat 489, 971
point *m* rectiligne ou droit 1320
point *m* russe 477, 611
point *m* sellier 1085
point *m* sellier géant 560
point *m* simultané de couture et surjet 1086
point *m* triangle 37
pointure *f* 1214
pointure *f* extra-grande 900
pompon *m* 1002
pont *m* de pantalon 1441
pont *m* supérieur de la braguette (de pantalon) 1455

portable réversible 1050
porte-bouton *m* 187
porter *v* 1561
posage *m* de boutons 183
pose *f* 1142
pose *f* de passementerie 1370
positionnement *m* de l'aiguille 843
positionneur *m* automatique de l'aiguille 41
poste *m* de couture 1153
premier pli *m* de la ceinture 476
prendre *v* les mesures 1365
près du corps 234, 481, 1406
presse *f* 1004
presse *f* à former 1158
presse *f* pour pantalons 1448
presse-repasseuse *f* pour vestes 1008
pression *f* de pressage 1013
prèt-à-coudre 1029
prêt-à-porter *m* 870, 1030, 1032, 1035, 1316
prince de Galles *m* 565
production *f* d'essai 1426
profondeur *f* de la hanche 619
prolongement *m* de la ceinture (de pantalon) 1533
prolongement *f* de la couture 1114
proportions *fpl* du vêtement 555
propreté *f* non-apparente d'emmanchure 663
propriétés *fpl* d'entretien 199
pull *m* à col cheminée 1476
pullover *m* à col roulé 1001, 1067
pullunder *m* 1366
pyjama *pl* 908, 1020

R

rabat *m* 483
rabat *m* de poche 989
rabattement *m* du col 259
rallongement *m* 739
rallonger *v* 944
rangée *f* de boutonnières 175
rapporté 674
rapporté 919
rayure *f* ombrée 1156
rebord *m* 108, 138
recouvert 275, 292
réglage *m* de la tension du fil d'aiguille 851
relarge *m* de la couture 1116
relarge *m* de la couture 1100
relevage *m* 558
relevé *m* du haut 1513
rembourrage *m* protecteur 295
rembourré 903, 1340
remmaillage *m* 764
remontée *f* 1080
remonture *f* pleine d'épaule 155
rempliage *m* 505
rempli *m* de la ceinture 1534
renforcement *m* du bord 412
renforcement *m* du bord (de devant) 60
renfort *m* 1040
renfort *m* au coude 430, 431
renfort *m* de boutonnière 176
renfort *m* de la patte d'entrejambe 316
renfort *m* d'emmanchure 32
renfort *m* pour thermocollage 657
renfort *m* préconfectionné 1033
rentraiture *f* 1042
repassage *m* à la presse 1010
repassage *m* à sec 399, 400
repassage *m* de la couture 1112, 1121, 1127
repassage *m* des corps (à la presse) 132
repassage *m* humide 1572
répétition *f* du dessin 924
repli *m* 15
repli *m* de la couture 1099
repli *m* du bas 610
repli *m* du bas de manche 1246
résistance *f* à l'usage 1563
résistance *f* de la couture 1124
résistant au lavage à la machine 1043, 1559
rétention *f* du pli 981
retors *m* pour machines à coudre 779
retouche *f* 474
retouche *f* par coupe 1038
retournement *m* des poignets 324
revers *m* 716, 1045
revers *m* à pointe 925, 1299
revers *m* à pointe ascendante et col *m* 1368
revers *m* brillant 567
revers *m* châle 1162
revers *m* de bas de la jupe 1226
revers *m* de la couture 1497
revers *m* de pantalon 935, 1439, 1453
revers *m* de poche 1471, 1472
revers *m* de soie 1203, 1204
revers *m* de soie à haut-brillant 612
revers *m* du bas d'une pièce 1052
revers *m* du bas (dans le sens de la longueur) d'une robe 1051
revers *m* et col *m* 717, 1046

revers *m* ouvert 868
revers *m* serré 925, 1299
revêtement *m* des boutons 161
robe *f* 392
robe *f* à basque 928
robe *f* à bretelles 397, 1166
robe *f* à capuchon 319, 630
robe *f* à deux pièces 1481, 1483
robe *f* à épaules dégagées 871
robe *f* à pans (flottants) 493, 936
robe *f* bain-de-soleil 396, 590, 1348
robe *f* boutonnée entièrement 189
robe *f* bustier 157
robe-chasuble *f* 679
robe *f* culotte 1184
robe *f* de cocktail 249
robe *f* de maternité 793
robe *f* d'intérieur 637, 1264
robe *f* en dentelle 694
robe *f* en deux pièces 393
robe *f* enveloppe 1597
robe *f* fourreau 1163
robe-manteau *f* 244
robe-modèle *f* 818
robe *f* portefeuille 1597
robe *f* pour future maman 793
robe-sac *f* 1083
robe *f* sur mesure 1359
robe-sweater *f* 1352
robe *f* tube 1461
robe *f* tubulaire 962
robe *f* tyrolienne 359
robe *f* vague 770, 1083
ruban *m* de bordage 109, 421
ruban *m* de garniture 421
ruban *m* de poitrine 146
ruban *m* pour thermofixage 598
ruban *m* protège-pantalons 137, 1179
ruban *m* (rigide) de renfort pour ceintures 94
ruban *m* risolette 494
ruche *f* en zigzag 1062

S

sac *m* de poche 988, 994
sangle *f* de fixation 482, 1327
sans bretelles 1328
sans col 262
sans couture 1115
sans doublure 1506
sans manches 1248
sans pointure 865
schéma *m* de la couture 1106, 1120
schéma *m* de points 1307
séparables *mpl* 1136
septième cervicale *f* jusqu'à la taille 211
septième cervicale *f* jusqu'au creux de genou 210
septième cervicale *f* jusqu'au talon 209
serrage *m* de la ceinture 1532
serrage *m* de la couture 1105
shantung *m* de soie 1205
shirt *m* à impression allover 14
short *m* 1182, 1183
sillon *m* 1053, 1063
slip *m* 151
slip *m* de femme 702, 703
slip *m* tanga 1602
solide au lavage 726, 1557
solidité *f* au plissage 461, 979
soufflet *m* 314, 575, 744
soufiler *v* 1378
sous-garant *m* d'œillets 442
sous-pied *m* 506, 1326
sous-pied *m* du pantalon 1443, 1451
sous-pont *m* de la braguette (de pantalon) 1454
sous-pont *m* principal 160, 164, 166, 182
sous-pont *m* principal recouvré 277, 278
sous-taille *f* 1501
sous-vêtement *m* 1491, 1502
sous-vêtement *m* de santé 1374
sous-vêtement *m* pour hommes 799, 806, 807
soutien-gorge *m* sans bretelles 1330
spécimen *m* 1274
stabilité *f* de la forme 1159
stabilité *f* dimensionelle 354
station *f* automatique à coudre 42
style *m* cargo 200
style *m* patte d'éléphant 433
style *m* rustique 1081
style *m* trompette 1459
style *m* vareuse 1091, 1519
style *m* vintage 1522
surfilage *m* 1149
surfilage *m* 894
sur mesure 328, 783
surpoint *m* 105
surriveter *v* 1065
survêtement *m* 885, 886, 892, 895
sweatshirt *m* à capuche 631

T

table *f* d'alimentation 463
table *f* de repassage soufflante et aspirante 1517
table *f* d'étalage 1283
tablier *m* 28
tablier *m* à bretelles 29, 945
tablier *m* de cuisine 683
taillade *f* 876, 1265
taillade *f* passepoilée 963
taille *f* 1526

taille *f* 1214
taille *f* côtelée 1055
taille *f* de confection 1031, 1036, 1216
taille *f* de femme 712
taille *f* de fille 562
taille *f* de garçon 142
taille *f* d'enfant 222
taille *f* d'homme 805
taille *f* du complet 1344
taille *f* haute 618
taille *f* longue 761
taille *f* moyenne 796
taille *f* normale 864, 1286
tailles *fpl* intermédiaires 585
tailleur *m* 287, 479, 713, 1360
tailleur *m* 1358
tailleur *m* à trois pièces 1391
talonnette *f* 137, 1179
talonnette *f* de pantalon 516, 1435, 1440, 1450
tendance 1414
tension *f* des points 1311
tension *f* du fil d'aiguille 850
tension *m* du fil de couture 1386
tête *f* de manche 1243
tête *m* du dessus de manche 1419
thermofixage *m* 1375
thermofixage *m* direct 358, 1415
thermofixage *m* du devant 530
tige *f* de bouton 184
tige *f* de l'aiguille 845
tirage *m* du fil 1380
tirant *m* 1354
tirant *m* de réglage (du dos) 7
tirant *m* de réglage (à l'arrière) 154
tirette *f* de la fermeture à glissière 1613, 1619
tissu *m* au mètre 1564
tissu *m* de renfort de la ceinture 1535
tissu *m* de renfort en crin de cheval 635
tissu *m* pour doublure 753
tolérance *f* dimensionnelle 355
tombant *m* de la manche 453
tombant *m* du (dessus de) col 1412
tons *mpl* neutres 854
top *m* 1346
toque *f* de brocart 153
tour *m* 564
tour *m* au niveau de la hanche 620
tour *m* de la cuisse 1515
tour *m* de la part supérieure du bras 1510
tour *m* de la poitrine 216
tour *m* de la poitrine 148
tour *m* de la taille 1548
tour *m* de la taille d'homme 1546
tour *m* de tête 596
tout-en-un *m* 204
traitement *m* à vapeur 10, 1292
traiter *v* à la pattemouille 1291
trench-coat *m* 1424
très grande taille *f* de femme 709
tresse *f* 144
tresse *f* à perles 87
tresse *f* creuse 624
tresse *f* de coton 289
triplure *f* 655, 656
triplure *f* (à liage par points) 1278
triplure *f* à thermocollage par points 657
triplure *f* complète 787
triplure *f* (de) coton 290
triplure *f* de poignet 322
triplure *m* du dessus (de) col 1413
triplure *f* pour cols 261
triplure *f* thermosoudable 599
trois-pièces *fpl* 1389
trois-quarts *mpl* 1394
trou trou *m* 1058
T-shirt *f* 1372, 1460
t-shirt *m* tunisien 1552

U

une-pièce *f* 872

V

velours *m* de laine 1591
veste *f* (bavaroise) ouatinée 1023
veste-blouson *f* 775
veste *f* d'homme 669, 1073
veste *f* large 1574, 1576
veston *m* 1342
veston *m* à un bouton 1343
veston *m* à une rangée 1208
vêtement *m* 552
vêtement *m* à deux rangées (de boutons) 367
vêtement *m* à double boutonnage 367
vêtement *m* à double face 1049
vêtement *m* à enfiler 1262
vêtement *m* à la taille 478
vêtement *m* collant 235, 236, 1407
vêtement *m* confortable 203
vêtement *m* croisé 367
vêtement *m* de cérémonie 511
vêtement *m* (de) demi-saison 100
vêtement *m* (de) dessous 1491, 1502
vêtement *m* (de) dessus 885, 886, 892, 895
vêtement *m* de dessus féminin 708
vêtement *m* de dessus pour enfants 220
vêtement *m* de dessus pour hommes et garçons 797
vêtement *m* (de) fille 561, 563
vêtement *m* (de) garçons 141, 143
vêtement *m* de loisir 202, 737

vêtement *m* de plage 86
vêtement *m* de soirée 438, 439
vêtement *m* de travail 1592, 1593
vêtement *m* d'hiver 1586
vêtement *m* d'homme 798, 808
vêtement *m* d'intérieur 627, 643
vêtement *m* en fourrure tissée 1594
vêtement *m* léger 203
vêtement *m* masculin de dessus 801
vêtement *m* plein air 884
vêtement *m* pour adolescents 680, 1371
vêtement *m* pour bébés 46
vêtement *m* pour enfants 219, 223
vêtement *m* pour femmes 705, 715
vêtement *m* pour jeunes 680, 1371
vêtement *m* pour petits enfants 644, 645
vêtement *m* prêt-à-porter 1032, 1034, 1035, 1316
vêtement *m* réversible 376, 1049
vêtement *m* tropical 1432
volant *m* 496
volant *m* en gradins 1404

W

wash and wear 1556

Indice italiano

A

abbigliamento *m* 552
abbigliamento *m* a imitazione di pelliccia (tessuta) 1594
abbigliamento *m* comodo 203
abbigliamento *m* confezionato 1034
abbigliamento *m* confezionato [di confezione] 1032
abbigliamento *m* da casa 627, 643
abbigliamento *m* da donna 705, 715
abbigliamento *m* da uomo 808
abbigliamento *m* da ragazza 561, 563
abbigliamento *m* da spiaggia 86
abbigliamento *m* di confezione 1035, 1316
abbigliamento *m* doppiopetto 368
abbigliamento *m* double-face [a due facce] 1049
abbigliamento *m* esterno da donna 708
abbigliamento *m* esterno da uomo 801
abbigliamento *m* esterno per bambini 220
abbigliamento *m* invernale 1586
abbigliamento *m* outdoor 884
abbigliamento *m* per bambini 219, 223
abbigliamento *m* per giovani 680, 1371
abbigliamento *m* sportivo per il tempo libero 202, 737
abbigliamento *m* unisex 1505
abbottonare *v* 1409
abbottonare *v* interamente 188
abbottonatura *f* 175
abito *m* 392
abito *m* a bretelle 397, 1166
abito *m* a bustino 157
abito *m* a cappuccio 319
abito *m* a falde 928
abito *m* affusolato 1163
abito *m* a portafoglio 1597
abito *m* a sacco 770, 1083
abito *m* attillato 235
abito *m* a tubino 1461
abito *m* chasuble 215, 678
abito *m* che lascia scoperte le spalle 871
abito *m* combinato 271
abito *m* con cappuccio 630
abito *m* da casa 637
abito *m* da cerimonia 511
abito *m* da cocktail 249
abito *m* (da donna) su misura 1359
abito *m* da mezza sera 249
abito *m* da sera 438, 439
abito *m* di pizzo 694
abito *m* doppiopetto 367
abito *m* (in stile) sweater 1352
abito *m* interamente abbottonato 189
abito *m* modello 818
abito *m* pantalone 1184
abito *m* per gestanti 793
abito *m* premaman 793
abito *m* stile soprabito 244
abito *m* tubolare 962
a campana 233, 246
accatastare *v* 36
accessori *mpl* 2
accessorio *m* per cucire 1139, 1140
accessorio *m* da cucire nastro 1059
accessori *mpl* per abbigliamento 3
accollato 613, 616
addizione *f* (in larghezza) 5
ad occhiello gemellato o doppio 1477
a doppia faccia 375
a doppiopetto 365
a due fili 386
a due pezzi 1480
aggiunta *f* della cucitura 1100
aggiunta *f* della manica 6
aggiunta *f* di cintura 1530
ago *m* 837
ago *m* a barba 89
ago *m* con uncino 89
ago *m* da cucire 1148
alamaro *m* (di) manica 1253
alamaro *m* di manica regolabile 9, 1254
alamaro *m* stringi-gamba 736
aletta *f* 483
aletta *f* di tasca 989
allacciatura *f* 700
allacciatura *f* a bottoni 160, 164, 166, 182
allacciatura *f* a bottoni ricoperta 277
allacciatura *f* della vita con cintura a nastro 1532
allacciatura *f* ricoperta 278
allargamento *m* della cucitura 1116
allargare *v* 1575
all'ultima moda 1414
allungamento *m* 739
allungamento *m* della cucitura 1114

alta moda *f* 595
(a) mezza manica 586
ampiezza *f* 541, 1578
ampio 64
angolo *m* diritto 1319, 1322
angolo *m* uncinetto 301
apertura *f* 876, 1265
apertura *f* dei pantaloni 1442
apertura *f* del fondo (di) manica 1255
apertura *f* della tasca 991, 992
apertura *f* del polso di camicia 1251
apertura *f* laterale 1202
apertura *f* longitudinale 757
apparecchio *m* 40, 348
apparecchio *m* per cucire 1139, 1140
apparecchio *m* per dentellare i bordi 408, 409
apparecchio *m* per marcare i modelli da taglio 923
apparecchio *m* per marcare la lunghezza delle gonne 1223
apparecchio *m* per ribattitura 465
appiattimento *m* dei bordi 413
applicato 919
applicazione *f* 23
applicazione *f* di passamano 1370
applicazioni *fpl* di moda 459, 460
appretto *m* di lavaggio facile 1272
approntamento *m* dei materassi (di tessuto) 730
approntamento *m* del materasso (di tessuto) 1281
appuntare *v* con spilli 953
argentina *f* débardeur (a bretelle) 1017, 1366
articoli *mpl* per neonato 43
asola *f* 167
asola *f* a macchina 777
asola *f* a occhiello 443
asola *f* con cordoncino 577
asola *f* di richiamo 291
asola *f* (fatta) a mano 591
asola *f* (ribattuta a due filetti) 517, 958
aspetto *m* della cucitura 1101
asse *f* da stiro 665
asse *f* da stiro maniche 1247
assemblaggio *m* mediante cucitura 676, 1152
asta *f* dell'ago 845
attaccatura *f* dei bottoni 183
attaccatura *f* del collo alla spalla-vita 77
attaccatura *f* del collo spalla alla mammella 76
attaccatura *f* del filetto piatto o della nervatura 1462
attaccatura *f* di nervature 955
attacco *m* del colletto con paramontura 256
attillato 234, 481, 1406
a un pezzo 873
a un solo lato 875, 1211
a vita attillata 1405
a vita semisottile 1134, 1135
avvolgimento *m* del gambo (dell'attaccatura) del bottone 185

B

baby-doll *m* 44, 45
balza *f* 544
balza *f* pieghettata 974, 975
battitacco *m* della gonna 1221
bell'e pronto 870, 1030
berretta *f* di broccato 153
berretto *m* 111, 192
biancheria *f* (intima) 661, 1502
biancheria *f* (intima) da donna 714
biancheria *f* (intima) da uomo 799, 806, 807
biancheria *f* (intima) sanitaria 1374
biancheria *f* (personale) da notte 857, 860, 1234
binare *v* 728
blazer *m* 113
blusa *f* a portafoglio 1596, 1599
blusa *f* a puntini 1280
blusante 118
blusa *f* stile universitario 267
bobina *f* 124, 1039, 1276
bobina *f* 1141
bobina *f* per la macchina per cucire 1144
body *m* 131
bordare *v* 136
bordatura *f* 135
bordatura *f* 106, 417
bordatura *f* a cappio 940
bordatura *f* a nastro 1056
bordatura *f* del colletto 254
bordo *m* 108, 138
bordo *m* a cappio 941, 1019
bordo *m* a costine 1054, 1061
bordo *m* a filetto 959
bordo *m* (al polso) della manica 1237
bordo *m* arrotondato 333, 1074, 1075
bordo *m* cavo 625
bordo *m* dentellato 950
bordo *m* di davanti 524
bordo *m* (di davanti) interamente abbottonato 190
bordo *m* doppio 374, 387
bordo *m* elastico di cintura rimessa 429
bordo *m* elastico di gamba 426
bottone *m* 159
bottone *m* di cuoio 733

bottone *m* per calzoni o pantaloni 1436
bottone *m* rivestito di tessuto 445
bottoniera *f* 167
bottoniera *f* (fatta) a mano 591
bottoniera *f* finta 401, 639
bottoniera *f* finta (del) revers 641
bottoniera *f* finta (del) risvolto 641
brachetta *f* dei pantaloni 1441, 1442
bretellina *f* 1193
bretelline *fpl* spaghetti 1180
buco *m* della cintura 96, 623
bustino *m* leggero 745, 1212
busto *m* 125, 130
busto *m* da stiro 667

C

cadenza *f* del sopraccollo 1412
caduta *f* della manica 453
calzamaglia *f* intera 204
calzettone *m* 589
calzino *m* da trekking 1423
calzino *m* per nordic walking 863
calzoncini *mpl* da donna 704, 910, 1298
calzoni *mpl* 909, 912, 1231, 1449
calzoni *mpl* tesi, serrati sotto il ginocchio 684
cambiamento *m* del punto 1305
camicetta *f* 800, 1174
camicetta *f* accollata 120
camicetta *f* da donna 710, 711
camicia *f* 1172
camicia *f* a polsini doppi 1178
camicia *f* a polsini gemelli 1178
camicia *f* che richiede poca cura 403
camicia *f* (da giorno) 899, 1512
camicia *f* da notte 855, 856, 858, 859
camicia *f* da uomo 804
camicia *f* inamidata 134, 1301
camicia *f* sportiva 1277
camiciola *f* estiva 1346
camiciola *f* lunga 1501
campionario *m* virtuale di modelli 1523
canapina *f* completa 787
capo *m* d'abbigliamento 240
cappa *f* 193
cappottino *m* da caccia 621, 782
cappotto *m* con cappuccio 629
cappotto *m* con fodera a chiusura lampo 1617
cappotto *m* con guarnizione di pelliccia 549
cappotto *m* (di) loden 243, 756
cappotto *m* di pelle 734
cappotto *m* di pelliccia 546
cappotto *m* diritto 1208
cappotto *m* doppiopetto 366
cappotto *m* double-face [a due facce] 1048
cappotto *m* invernale 1585
cappotto *m* lento 769
cappuccio *m* 197, 628
caratteristiche *fpl* relative alla cura 199
cardigan *m* 198
cartamodello *m* 921
cartamodello *m* da taglio 341
cartamodello *m* madre 820
cavallino *m* dei pantaloni 1438
cavallo *m* 309, 508
chemisier *m* 1549
che si stira facilmente 811
chiudere *v* le tasche con cucitura 110
chiusura *f* a bottoni 165
chiusura *f* a cappio 763
chiusura *f* ad aletta 1566
chiusura *f* a gancio 632
chiusura *f* della cucitura di dietro 56
chiusura *f* lampo 1257, 1611, 1618
chiusura *f* lampo ricoperta 279
chiusura *f* per (mezzo di) allacciatura 697
cinghia *f* di fissaggio 482, 1327
cintola *f* 1526
cintura *f* 1528
cintura *f* 93, 1544
cintura *f* 1529
cintura *f* amovibile, cintura *f* staccabile 767
cintura *f* a passante 391
cintura *f* dei pantaloni 1456
cintura *f* elastica 428
cintura *f* lavorata a maglia 689
cintura *f* rappezzata 943
cintura *f* rimessa 1540
cintura *f* rimessa della gonna 1536
circonferenza *f* 564
circonferenza *f* dei fianchi 620
circonferenza *f* del capo 596
circonferenza *f* della coscia 1515
circonferenza *f* della parte superiore del braccio 1510
circonferenza *f* della vita 1548
circonferenza *f* della vita da uomo 1546
circonferenza *f* del petto 148
circonferenza *f* del petto 216
collegamento *m* a punti 1279
colletto *m* a calice 327

colletto *m* a cravatta 1402
colletto *m* a doppio uso 1484
colletto *m* alla coreana 1287
colletto *m* alla marinara 1088
colletto *m* alla paggio 937
colletto *m* alla Robespierre 880
colletto *m* alla Stuarda 1339
colletto *m* alto 615, 1287
colletto *m* a punte 1583
colletto *m* arrotolato 1000, 1066, 1475
colletto *m* a tesa 1355
colletto *m* button-down 162
colletto *m* cappa di pelliccia 104
colletto *m* cinese 615, 1287
colletto *m* della cappa 194
colletto *m* del risvolto 719
colletto *m* di camicia 1176
colletto *m* di pizzo 692
colletto *m* di riserva 1273
colletto *m* distante dal collo 828
colletto *m* duro 1300
colletto *m* fisso 39
colletto *m* floscio 1269
colletto *m* grande a (forma di) piatto 573
colletto *m* (in) feltro 467
colletto *m* (in) ruche 1076
colletto *m* intagliato 867
colletto *m* rovesciato 1470, 1473
colletto *m* rovesciato duro 1302, 1303
colletto *m* sbottonabile 346
colletto *m* scialle 1161
colletto *m* scostato 828
colletto *m* tartaruga 1475
colletto *m* termocollato 550, 600
colletto *m* Van Dyck 1518
collo *m* 251
collo *m* all'italiana 1582
collo *m* alto duro 226
colori *mpl* neutri 854
completino *m* di tre indumenti 1389
completo *m* 393, 1341, 1481, 1483
completo *m* doppiopetto 369
completo *m* jumper 679
completo *m* su misura 329, 785, 1361
componente *m* 274
componente *m* di vestito 553
comportamento *m* alla deformazione dimensionale 90
comportamento *m* all'uso 1562
condotta *f* di una macchina 778
confezionato 870, 1030
confezione *f* 788, 852
confezione *f* di pantaloni 1447
confezione *f* di pantaloni sospesi 1351
confezione *f* di vestiario da donna 706, 707
confezione *f* su misura 784
confezioni *fpl* (di vestiario esterno) da donna 708
confezioni *fpl* femminili esterne 708
confezioni *fpl* maschili 802, 803
confezioni *fpl* per bambini 221
confezioni *fpl* pronte 1032, 1034, 1316
con paillette [lustrini] 1587
conservazione *f* della piega 981
consumo *m* di materiale 281
contrassegno *m* riguardante la lavabilità 1554
controasola *f* 291
controbottone *m* 51, 1289
controfodera *f* 656
controfodera *f* 655
controfodera *f* completa 787
controfodera *f* per incollatura termica 657
coppa *f* (di reggiseno) 326
coprigiunto *m* 762
cordicella *f* 284
cordoncino *m* 576
cordoncino *m* per asole 172
cordone *m* 390
corpetto *m* 1249, 1250
corpino *m* (dell'abito da donna) 128, 285
corpino *m* senza bretelle 1329
corredino *m* per neonati 46
corsa *f* del filo 1383
costa *f* 1053, 1063
costina *f* 1053, 1063
costura *f* 1098
crespa *f* dell'attaccatura manica 1239
crespa *f* elastica 1333
crespa *f* nel senso della lunghezza 300
crespa *f* trasversale 299
cross dressing *m* 304
cruna *f* 440
cruna *f* dell'ago 838
cucire *v* a mano 1137
cucire *v* a punto invisibile 116
cucirino *m* 1154
cucitura *f* 1138, 1308
cucitura *f* 1098
cucitura *f* a cappio 765
cucitura *f* a catenella 212
cucitura *f* a doppia ribattitura 378
cucitura *f* a doppio punto catenella 371
cucitura *f* a due fili 384
cucitura *f* alla francese 520
cucitura *f* all'indietro 59, 62
cucitura *f* all'uncinetto 302

cucitura *f* a macchina 780
cucitura *f* a punto (a) croce 308
cucitura *f* a punto annodato 755
cucitura *f* a punto (a) occhiello (di bottoniera) 177
cucitura *f* a punto asola 179
cucitura *f* a punto catenella 214
cucitura *f* a punto catenella invisibile 904
cucitura *f* (a punto) combinata 270
cucitura *f* a punto di copertura 293
cucitura *f* a punto incrociato (invisibile) 1429
cucitura *f* a punto retto 1324
cucitura *f* arcuata 30
cucitura *f* arrotolata 1070
cucitura *f* a sopraggitto 893
cucitura *f* a sopraggitto 898
cucitura *f* a sopraggitto contro la sfilacciatura 894, 1429
cucitura *f* a sopraggitto interlock 659
cucitura *f* a specchio del colletto 257, 260
cucitura *f* a specchio della paramontura e dell'attaccatura del collo alla paramontura 252
cucitura *f* (a) zigzag 1608, 1610
cucitura *f* corta 1185
cucitura *f* da inserzione 1142
cucitura *f* d'applicazione 25
cucitura *f* d'assemblaggio 38
cucitura *f* d'assemblaggio della cintura con le gambe dei pantaloni 1457
cucitura *f* d'effetto 423, 456
cucitura *f* del bordo 414
cucitura *f* del bordo a due aghi 1478
cucitura *f* del cavallino (dei pantaloni) 317
cucitura *f* del fianchetto 133
cucitura *f* del filetto 966, 1568
cucitura *f* della pedana 158, 1042
cucitura *f* dell'orlo 608
cucitura *f* dello sprone 1604
cucitura *f* del rinforzo del sottocollo 677
cucitura *f* del risvolto del fondo 1498
cucitura *f* dentellata 951
cucitura *f* di attaccatura della scollatura 829
cucitura *f* di chiusura della cintura 1531
cucitura *f* di dietro del colletto 53
cucitura *f* di dietro di paramontura 418, 450
cucitura *f* di fermatura 237
cucitura *f* di fermatura 1102, 1103, 1104, 1123
cucitura *f* di fissatura dello spacco o dell'intaglio 1267
cucitura *f* di giromanica dietro 49
cucitura *f* di gomito della sottomanica 1489, 1496
cucitura *f* di orlo a due aghi 1479
cucitura *f* di paramontura davanti 654
cucitura *f* di ribattitura 1012, 1495
cucitura *f* di sicurezza 1087
cucitura *f* di specchio sopraccollo 389
cucitura *f* di tracciatura 791
cucitura *f* di travetta 71, 1041
cucitura *f* di unione della cintura 1539
cucitura *f* di unione della paramontura con il davanti 526
cucitura *f* doppia 381
cucitura *f* elastica d'increspatura 1333
cucitura *f* esterna giro sottomanica 49
cucitura *f* finita della paramontura 1113
cucitura *f* finta 642, 816
cucitura *f* flatlock 486
cucitura *f* girosottomanica 1490
cucitura *f* increspata 556
cucitura *f* laterale 1200
cucitura *f* longitudinale 758
cucitura *f* multipla 823
cucitura *f* non deformata (per tensione) 1373
cucitura *f* ornamentale pronunciata 1334, 1335
cucitura *f* ornamentale (trapunta) 882
cucitura *f* parziale sovrapposizionata 915
cucitura *f* per fissaggio provvisorio (della stoffa con la messa) 985
cucitura *f* per terminare l'attaccatura della manica 34
cucitura *f* piatta 488
cucitura *f* piatta a quattro aghi 515
cucitura *f* piatta a tre aghi 1388
cucitura *f* posteriore della manica 58
cucitura *f* ribattuta 464
cucitura *f* ribattuta semplice 1207
cucitura *f* sandwich 1089
cucitura *f* semplice 970
cucitura *f* sovrapposta 896, 1350
cucitura *f* spalla dietro 57
cucitura *f* specchio 571
cucitura *f* trasversale 306

cucitura *f* tripla 1431
cuscinetto *m* da stiro 668

D

dalla vertebra *f* cervicale fino alla pianta del piede 209
dalla vertebra *f* cervicale fino alla vita 211
dalla vertebra *f* cervicale fino al poplite 210
da portare all'aperto 883
dare *v* la stiratura finita 475
dare *v* lo smerlo 949
davanti *m* 533
davanti *m* del corpino 127
davanti *m* di vestito 507, 531
davantino *m* della camicia 351, 1175, 1177
décolleté *m* 343
décolleté *m* profondo 773
deformazione *f* della cucitura 1108
deformazione *f* permanente 930
densità *f* dei punti 1306
dentellare *v* 949
dessous *mpl* 1492, 1503
diagramma *m* dei punti 1307
di confezione 870, 1030
dietro *m* 47
dietro *m* dei pantaloni 1433
dietro *m* del corpino 126
dietro *m* della gonna 1220
dimensione *f* del punto 1310
dimensioni *fpl* principali 1014
direzione *f* della cucitura 1107
diritto 140, 1318
disegno *m* 345
dispositivo *m* d'arresto del filo 1379, 1385
dispositivo *m* di misurazione della lunghezza delle gonne 1225
distorsione *f* del tessuto 360, 447
ditale *m* 1376
di un solo pezzo 873
doppia cucitura *f* dei bordi davanti 385
doppia foderatura *f* 379
doppiare *v* (un tessuto) 728
doppiopetto *m* 367
doppio punto *m* 383
doppio punto *m* annodato 380
doppio punto *m* a zigzag 388
doppio punto *m* catenella 370
doppio punto *m* diagonale 373
double-face 375
duepezzi *m* 347

E

elastico *m* inserito 647, 1168
ermeticità *f* della cucitura 1126
estensione *f* della cucitura 1125
etichetta *f* intessuta 1595
etichettatura *f* 691

F

fabbricante *m* d'abbigliamento 242
facile da stirare 811
façon *f* 331, 1157
façon *f* dell'indumento facile da infilare 1263
falda *f* 492, 927, 1357
falda *f* (dell'abito da uomo) 245
falda *f* della gonna 1222
falpalà *f* 544
fare *v* asole 180
fare *v* funzionare 881
fare *v* un orlo 604
femminella *f* 441
fermacucitura *f* 1102, 1103, 1104, 1123
fermaglio *m* 232
ferro *m* da stiro a vapore 1294
festone *m* 468, 1093
fettuccia *f* di giromanica 33
fibbia *f* della cintura 95
fila *f* di asole 175
filetto *f* 965
filetto *m* di pizzo 699
filetto *m* di tasca 990, 993, 997
filetto *m* nel bordo 410
filo *m* 1377
filo *m* cordoncino 578
filo *m* cucirino 1151
filo *m* dell'ago 848
filo *m* dell'ago (della macchina per cucire) 849
filo *m* di lisiera 1133
filo *m* inferiore 1500
filo *m* per imbastitura 82
filo *m* più lento di quelli adiacenti 1230
filo *m* ritorto per la macchina per cucire 779
finezza *f* dell'ago 839
finissaggio *m* mediante stiratura a mano 473, 664
finissaggio *m* mediante stiratura su pressa 1007
finta-cucitura *f* 816
finta *f* dal lato dei bottoni 160, 164, 166, 182
finta *f* dei pantaloni 500
finta *f* dell'abbottonatura 163, 169, 170, 173
finta *f* di seta 1203
finta *f* festonata di bottoni 1092
finta *f* inferiore della brachetta dei pantaloni 1454
finta *f* superiore della brachetta dei pantaloni 1455
fisciù *m* quadrato 1284

fodera *f* 751
fodera *f* antisdrucciolevole 21
fodera *f* calda 1553
fodera *f* del cavallo 1129
fodera *f* del fondo 1129
fodera *f* della finta dell'abbottonatura 171, 174
fodera *f* della patta dei pantaloni 1417
fodera *f* di cavallo 313
fodera *f* interna 652
foderame *m* 753
fodera *f* per controfinta bottoni 528
fodera *f* per finta 501
foderare *v* 747, 748
foderare *v* con pelliccia 750
fodera *f* separabile con chiusura lampo 1616
foderato 749
foderato di pelliccia 547
foderatura *f* 752
foderatura *f* completa 540
fondo *m* 601
fondo *m* con risvolto (della gamba) dei pantaloni 935, 1439, 1453
fondo *m* (dei pantaloni) 1130
fondo *m* dell'abito 394
fondo *m* della gamba dei pantaloni 1434, 1444
fondo *m* della piega 980
fondo *m* (di) manica 1245
fondo *m* diritto della gamba dei pantaloni 1321, 1325
fondo *m* finto 114
fondo *m* rinforzato dei pantaloni 382
forbici *fpl* a coccodrillo 952
forbici *fpl* a lame dentellate 952
forbici *fpl* da sarto 1363
foretto *m* 441
foretto *m* della cintura 96, 623
formatura *f* 122
formatura *f* 512, 1160
formazione *f* dei materassi (di tessuto) 730
formazione *f* del materasso (di tessuto) 1281
formazione *f* del risvolto 1047
forniture *fpl* da sarto 471, 1364
fourreau *m* 1163
frangiare *v* 522
fully-fashioned 542
fusto *m* di cotone 290

G

gallonatura *f* 551, 1430
gallone *m* 145
gamba *f* dei calzoni 911, 1446
gambo *m* dell'attaccatura del bottone 184
ganci *mpl* e occhielli *mpl* 633
gancino *m* per occhielli 444
gancio *m* di pantaloni 1445
gangherella *f* cieca 640
gheda *f* manica 1241, 1242
gherone *m* 314, 568, 575, 744
giacca *f* 1342
giacca *f* 670
giacca *f* a coda di rondine 332
giacca *f* a vento militare 470
giacca *f* da sci 1217
giacca *f* da uomo 669, 1073
giacca *f* larga 1574, 1576
giacca *f* lunga 760
giacca *f* monopetto 1343
giacca *f* sportiva 113
giaccone *m* a tre quarti 1394
giaccone *m* militare 470
gilè *m* 1521, 1545, 1571
gilè *m* a fiori 497, 498
girocollo *m* 1000, 1066, 1475
giromanica *m* 31, 1097
giromanica *m* dietro 48
giubba *f* (imbottita) a trapunto 1023
giubba *f* sportiva 119, 121, 1581
giubbetto *m* 119, 121, 775, 1581
godet *m* 568
gonna *f* 1219
gonna *f* a campana 1353
gonna *f* a gradini 1403
gonna *f* a pannelli 570
gonna *f* a pieghe 976
gonna *f* a portafoglio 1598
gonna *f* a sbuffo 1015
gonna *f* a sprone 286, 1606
gonna *f* a tulipano 1467
gonna *f* a volant 495
gonna *f* con bretelle 1227
gonna *f* con lembi 493, 936
gonna *f* con spacco 1266
gonna *f* di tailleur 288
gonna *f* interamente abbottonata 191
gonna-pantalone *f* 325, 362, 913
gonna *f* plissettata 984
gonna *f* plissettata a pieghe non stirate 1228
gonna *f* svasata 485
gorgiera *f* 1077
graduazione *f* 572
graduazione *f* dei cartamodelli 922
grande travetta *f* 724
grembiule *m* 28
grembiule *m* con bretelle 29, 945
grembiule *m* da cucina 683
guaina *f* 918
gualcitura *f* 1005
guanto *m* a maglia 688
guanto *m* di pelle sfoderato 1507
guarnire *v* con cordoncino 523
guarnire *v* con nastro 416

guarnito di pelliccia 1427
guida *f* del bordo 407
guidafilo *m* 1381
guidafilo *m* con un occhiello 1209

H

haute-couture *f* 595

I

imbastitura *f* 79, 80
imbastitura *f* del bordo 404
imbastitura *f* mascherata 276
imbottito 903, 1340
imbottitura *f* 658, 905
imbottitura *f* alle spalle 902, 1190
imbottitura *f* con lana 1589
imbottitura *f* di protezione 295
impermeabile *m* 776, 1027, 1028
impermeabile *m* vero (che resiste alle tempeste) 16, 1317
impilare *v* 36
impronta *f* della cucitura 1110, 1118
impuntito 1022
impuntura *f* ornamentale 822
inchiodare *v* 1065
increspatura *f* della manica 1240
increspatura *f* (di un nastro elastico) 1169
increspatura *f* mediante nastro 1170
incrostazione *f* 310, 575
indicazione *f* della taglia dell'abbigliamento 1215
indossabile da entrambe le parti 1050
indossare *v* 1561
indumenti *mpl* esterni 885, 886, 892, 895
indumenti *mpl* intimi 1491, 1502
indumenti *mpl* spezzati 1136
infagottazione *f* 452
infaldare *v* (un tessuto) a forma di libro 504
infaldatura *f* in largo 878, 879
infilanastro *m* 129
infilare *v* 1378
infilare *v* 917
infilatura *f* 1382
inserzione *f* del cavallo 315
insieme *m* 436
insieme *m* di collo e risvolto 717, 1046
intaglio *m* 866
intaglio *m* 876, 1265
intaglio *m* a filetti 963
intaglio *m* del colletto 263, 266
intaglio *m* dell'ago 844
intaglio *m* della tasca 995
intaglio *m* per marcatura 334
interno *m* del polsino 322
interno *m* per rinforzo del colletto 261
interruzione *f* della cucitura 1111
inumidire *v* 638
irrestringibile 1194, 1509
istruzioni *fpl* per il lavaggio 727, 1558

J

jeans *mpl* 671
jeans *mpl* scampanati 91

L

larghezza *f* 541
larghezza *f* 1578
larghezza *f* dei pantaloni 1458
larghezza *f* del colletto 258
larghezza *f* del fondo 1128
larghezza *f* della cintura 1541, 1543
larghezza *f* della gamba dei pantaloni 1579, 1580
larghezza *f* della gamba (dei pantaloni) all'altezza della coscia 1516
larghezza *f* della manica alla giuntura 1256
larghezza *f* della soprammanica 1420
larghezza *f* del punto 1312
lato *m* inferiore della cucitura 1497
lava-e-indossa 1556
lavato a pietra 1314
lavoro *m* ad ago 853
legaccio *m* dei pantaloni 1179
legaccio *m* per pantaloni 137
leggermente sciancrato o sfiancato 1134
lento 768
leva *f* d'arresto 1315
linea *f* 330
linea *f* a campana 247
linea *f* a (forma di) A 12
linea *f* a (forma di) T 1408
linea *f* a (forma di) X 1601
linea *f* a sigaretta 227
linea *f* a vita 1260
linea *f* comoda 272
linea *f* della circonferenza della cintura 1537
linea *f* della cucitura 1117
linea *f* della spalla 1189
linea *f* della vita 1547
linea *f* larga 539
linea *f* morbida 1270
linea *f* soffice 1271
linguetta *f* 1410
linguetta *f* della cintura 1533
linguetta *f* portalucchetto 88
lisiera *f* sovraccoperta dell'incrostazione 897

lucentezza *f* causata da stiratura 1167
lucentezza *f* dalla pressatura 1009, 1011
lunga taglia *f* 761
lunghezza *f* 738
lunghezza *f* a tre quarti 1393
lunghezza *f* Chanel 686
lunghezza *f* dal condilo 1511
lunghezza *f* davanti 537
lunghezza *f* del cavallo 311, 312, 510
lunghezza *f* della gamba dei pantaloni 742, 743
lunghezza *f* della gamba (dei pantaloni) 741
lunghezza *f* della gonna 1224
lunghezza *f* della schiena 61
lunghezza *f* della spalla 1188
lunghezza *f* della travetta 69, 75
lunghezza *f* effettiva del modello 422
lunghezza *f* esterna della gamba 890
lunghezza *f* interna della gamba 311, 509, 651
lunghezza *f* interna della gamba 651
lunghezza *f* laterale 1196
lungo fino al ginocchio 685
lupetto *m* 1476

M

macchina *f* da confezione 241, 789
macchina *f* per apprettare e stirare 554
macchina *f* per approntare materassi (di tessuto) 731, 1282
macchina *f* per cucire 1143, 1309
macchina *f* per cucire circolare 230
macchina *f* per cucire universale 825
macchina *f* per la confezione di indumenti esterni 887
maglia *f* 1249, 1250
maglia *f* intima a forma di T 1468
maglia *f* jersey 672
maglieria *f* (intima) da uomo799, 806, 807
manica *f* 1235
manica *f* a cucitura ribattuta 466
manica *f* a farfalla 85
manica *f* a gigot 735
manica *f* a giro applicata649
manica *f* a kimono 196, 363
manica *f* a palloncino o a sbuffo 1016
manica *f* a pipistrello 85
manica *f* a polsino 321
manica *f* a prosciutto 735
manica *f* a sbuffo 66, 112
manica *f* a tre quarti 1396
manica *f* a volant 1584
manica *f* con risvolto 344
manica *f* corta 1186
manica *f* (di) spalla prolungata 1192
manica *f* imbottita 156
manica *f* larga 1577
manica *f* monopezzo 874
manica *f* pendente 594
manica *f* per rimboccare 1071
manica *f* prolungata alla spalla 398
manica *f* trepezzi 1390
manicha *f* svasata, ornata di festoni 1095
manichino *m* per la stiratura a vapore 1293, 1295
manicottolo *m* 594
mantenimento *m* della piega 981
marca *f* della cucitura 1110, 1118
martingala *f* 50, 580, 792
materasso *m* 729
materiale *m* da cucire 1147
metallizzato 810
metro *m* a nastro 795
metro *m* a nastro da sarto 1362
mezza foderatura *f* 519, 583
mezza manica *f* 432
mezza sottanina *f* 587, 1550
mezza sottoveste *f* 587, 1550
mezzo specchio *m* 584
misura *f* da donna 712
misura *f* del colletto 264
misura *f* del collo 833, 836
misura *f* del ginocchio 687
misura *f* del petto 149, 217
misurazione *f* 794
misure *fpl* di controllo 283
misure *fpl* di controllo del corpo 282
misure *fpl* di lunghezza 740
misure *fpl* finite 472
misure *fpl* minime 812
misure *fpl* secondarie del corpo 1131
moda *f*, che lascia scoperte le ginocchia 1
moda *f* androgina 19
moda *f* combinatoria 268
moda *f* trendy 1425
modello *m* 817
modello *m* campione 1274
modifica *f* al vestito 17
modificazione *f* (del vestito) 17
monopezzo 873
mutande *fpl* 1494
mutande *fpl* da donna 910
mutandine *fpl* da donna 704, 910, 1298

N

nappa *f* 1002
nastro *m* (adesivo) per termofissaggio 598
nastro *m* a occhielli 442
nastro *m* cavo 624
nastro *m* dei pantaloni 1179
nastro *m* di copertura della chiusura lampo 1612
nastro *m* di guarnizione 421
nastro *m* di petto 146
nastro *m* di protezione del fondo della gamba dei calzoni 516, 1435, 1440, 1450
nastro *m* di rinforzo per cinture 94
nastro *m* di rinforzo per gli orli dei davanti 525, 536
nastro *m* per la bordatura 109, 421
nastro *m* per orli 421
nastro *m* per pantaloni 137
nastro *m* rinforzato 405
nastro *m* rinforzatore 1290
nervatura *f* 954
non stiro 861, 1555
numero *m* dell'ago 846

O

occhiello *m* 441
occhiello *m* cieco 640
occhiello *m* di guida 574
occhiello *m* per cordicella 696
olio *m* per macchine per cucire 1145
ondulazione *f* della cucitura 1119
orlare *v* 602, 604
orlare *v* a mano 603
orlatura *f* 605, 609
orlo *m* a conchiglia 1164
orlo *m* a giorno 626
orlo *m* a punta 535
orlo *m* arrotolato 1068
orlo *m* della cintura 1534
orlo *m* (di fondo) 601
orlo *m* di pizzo 698
orlo *m* doppio 377
orlo *m* finto 114
orlo *m* increspato 499
ornamento *m* 1428
ornare *v* con frange o di frange 522
ottimizzazione *f* del piano di taglio 339
ovatta *f* 1524
ovatta *f* per trapuntare 1025
ovattina *f* 1525
ovattina *f* di lana 1588, 1590

P

paltò *m* invernale 1585
panciotto *m* 1521, 1545, 1571
panciotto *m* lavorato a maglia 1366
pannello *m* 569
pannello *m* centrale del dietro 205
pannello *m* centrale (del vestito) 207
pannello *m* davanti (dell'abito da donna) 532
pannello *m* (di) dietro 54
pannello *m* di mezzo dietro 205
pannello *m* laterale 1197
pannello *m* laterale 1198
pantaloncini *mpl* con pettino da bambino 224, 682
pantaloncini *mpl* corti 1182, 1183
pantaloni *mpl* 909, 912, 1449
pantaloni *mpl* a cintura cucita 1542
pantaloni *mpl* a fuso 1261, 1369
pantaloni *mpl* alla pescatora 195, 926, 968, 1395
pantaloni *mpl* a righe 1337
pantaloni *mpl* a sigaretta 228
pantaloni *mpl* a staffa 18, 1452
pantaloni *mpl* a tre quarti 1397
pantaloni *mpl* con risvolto 323, 1474
pantaloni *mpl* dell'abito completo 1345
pantaloni *mpl* diritti e sciolti da donna 1231
pantaloni *mpl* elasticizzati 424, 425
pantaloni *mpl* larghi 65
pantaloni *mpl* rigati, pantaloni *mpl* a righe 1336
pantaloni *mpl* St. Tropez 1338
pantaloni *mpl* tubolari 964
paramontura *f* 449
paramontura *f* di cotone 290
paramontura *f* di merletto 695
paramontura *f* rimessa del revers 675
paramontura *f* tagliata di sbieco 102
paramontura *f* termosaldabile 599
parte *f* centrale 208
parte *f* davanti 533
passaggi *mpl* di nastro 1057
passaggio *m* 918
passaggio *m* della mezza sottoveste 588
passamaneria *f* 916
passanastro *m* 129, 1058
passante *m* 201
passante *m* amovibile della cintura 1258, 1259
passante *m* della cintura 98
passante *m* di bottone 181
passante *m* fissato della cintura 97
patta *f* 103

patta *f* dei pantaloni 1442
patta *f* dei pantaloni con chiusura lampo 1615
patta *f* della tasca 996
pelliccia *f* 546
pelliccia *f* di zibellino 1082
penetrazione *f* dell'ago 842
pennacchio *m* 986
perdita *f* al taglio 340
perforazione *f* 929
pettino *m* 103
pettino *m* della camicia 351, 1175, 1177
pezzi *mpl* interamente confezionati 543
pezzo *m* di confezione 274
pezzo *m* singolo 1210
pianificazione *f* del piano di taglio 732, 972
piano *m* di mezzo taglio 581
piano *m* di taglio 338
piede *m* dell'ago 841
piedino *m* del colletto 265
piedino *m* del filetto piatto 1463
piedino *m* di nervature 956
piedino *m* per increspatura 557, 1079, 1171
piega *f* 502, 973
piega *f* a campana 248
piega *f* aperta 1288
piega *f* arrotolata 1069
piega *f* baciata 139
piega *f* circolare 229
piega *f* cucita 1109, 1155
piega *f* dei pantaloni o dei calzoni 1437
piega *f* del bordo del davanti della paramontura 529
piega *f* di camminare 681, 1551
piega *f* di cintura 1538
piega *f* di comodità 273
piega *f* di dietro della camicia 1173
piega *f* di mezzo dietro 206
piega *f* di montaggio 725
piega *f* Dior 356
piega *f* inversa 662
piega *f* non stirata 862, 1508
piega *f* permanente 931
piega *f* piccola 503
piega *f* stirata 297, 1006
piega *f* stirata permanente 934
piegatura *f* 505
piegatura *f* dell'orlo 610
piegatura *f* dell'orlo dell'abito 394
piegatura *f* del risvolto e colletto 718
pieghettare *v* 1466
pieghettatura *f* permanente 932
pigiama *m* 908, 1020
pince *f* 342
pince *f* della testa di manica 1244
pince *f* del petto cisson 231
pince *f* (di) petto 147
pince *f* laterale 1195
pince *f* su risvolto 720
pistagna *f* (di) chintz 225
pistagna *f* per i bordi (del davanti e degli spacchi) 411
pizzo *m* applicato 24, 821
pizzo *m* di guarnizione cucito 420
plastron *m* 352, 1177
plissé *m* 978, 983
plissé *m* a (forma di) sole 1347, 1349
plissé *m* fisarmonica 4
plissé *m* permanente 933
plissettatura *f* 977, 982
polsino *m* 320, 1236
polsino *m* di pizzo 693
polsino *m* doppio 372, 518
polsino *m* elastico 427
polsino *m* gemello 372, 518
polsino *m* ornamentale 455, 1078
polsino *m* regolabile 8
polsino *m* rimboccato 1469
polsino *m* semplice 70
portabile da ambedue le parti 1050
portare *v* 1561
posizionamento *m* dell'ago 843
posizionatore *m* automatico dell'ago 41
posto *m* di cucitura 1153
prendere *v* le misure 1365
prendisole *m* 396, 590, 1348
prendisole *m* a bretelle 397, 1166
pressa *f* 1004
pressa *f* (da stiro) per giacche da uomo 1008
pressa *f* formatrice 1158
pressa *f* per calzoni 1448
pressione *f* di pressatura 1013
prima piega *f* della cintura 476
principe *m* di Galles 565
produzione *f* di prove 1426
profilatura *f* di cucitura fianchi 1201
profondità *f* dei fianchi 619
pronto confezionato 870, 1030
pronto per (essere) cucito 1029
proporzioni *fpl* del vestito 555
prova *f* 480
pullover *m* a girocollo 1001, 1067
punta *f* del cavallo 318
punta *f* pronunciata 998
puntaspilli *m* 946, 947
punto *m* 1304
punto *m* a cappio 766, 942
punto *m* a catenella 213
punto *m* (a) catenella invisible 906
punto *m* a catenella semplice 1206

punto *m* a cordoncino 690
punto *m* (a) croce 307
punto *m* asola 1181
punto *m* a (forma di) scala 701, 1275
punto *m* ai bordi 415
punto *m* ad aria 11
punto *m* al filetto (piatto) 1465
punto *m* a macchina 781
punto *m* a mano 593
punto *m* angolare 20
punto *m* annodato 754
punto *m* annodato invisibile 115
punto *m* (a) occhiello (per bottoniere) 178
punto *m* a orlo 607
punto *m* asola 178
punto *m* a spina di pesce 477, 611
punto *m* a zigzag 1609
punto *m* a zigzag multiplo 826
punto *m* combinato 269
punto *m* conchiglia 1165
punto *m* d'applicazione 26
punto *m* d'assemblaggio 305
punto *m* dell'imbastitura (a) zigzag 1607
punto *m* diagonale 350
punto *m* di ballone 67
punto *m* di copertura 294
punto *m* di copertura a tre aghi 1387
punto *m* di cucito 847, 1150
punto *m* di fagotto 78
punto *m* di fissaggio (per bottoni) 1486
punto *m* di gambo (dell'attaccatura) del bottone 186, 1296
punto *m* d'imbastitura 81, 1356
punto *m* di nervature 957
punto *m* di sellaio grossolano 560
punto *m* di sicurezza 1086
punto *m* di sicurezza finto 815
punto *m* di travetta 72
punto *m* festone 469, 1096
punto *m* flatlock 487
punto *m* gancio 634
punto *m* grossolano 1072
punto *m* in avanti 513
punto *m* invisibile 117
punto *m* invisibile a un filo 1213
punto *m* lento 771
punto *m* Merrow 809
punto *m* muschio 819
punto *m* ornamentale 457
punto *m* ornamentale a mano 592
punto *m* piatto 489, 971
punto *m* rettilineo 1320
punto *m* romboide 1060
punto *m* saltato 813, 1218
punto *m* sellaio 1085
punto *m* strega 477, 611
punto *m* svolazzante 1285
punto *m* treccia 477
punto *m* triangolare 37
puntura *f* 948, 1018

Q

quasi ingualcibile 772

R

rappezzare *v* 944
rappezzatura *f* 920
reggetta *f* 1421
reggiseno *m* senza bretelline o senza spalline 1330
regolazione *f* della tensione del filo dell'ago 851
resistente al lavaggio in lavatrice 1043, 1559
resistenza *f* all'usura 1563
resistenza *f* della cucitura 1124
revers *m* 716, 1045
revers *m* aperto 869, 1297
revers *m* di seta 1203
revers *m* di seta molto lucente 612
revers *m* lucido 567
ribadire *v* 1065
ribattitura *f* (a pistagna) 965, 1567
ribattitura *f* a pistagna del fondo dell'abito 960
ribordo *m* del colletto 253
ricamo *m* con paillete 907
ricoperto 275, 292
ricoprimento *m* dei bottoni 161
ricucire *v* 1573
rifinitura *f* 474
rifinitura *f* mediante stiratura a mano 473, 664
rifinitura *f* mediante taglio 1038
righe *fpl* ombreggiate 1156
rimagliatura *f* 764
rimesso 674
rimozione *f* 1080
rinforzamento *m* del bordo 412
rinforzo *m* 1040
rinforzo *m* ai gomiti 430, 431
rinforzo *m* al giromanica 32
rinforzo *m* del bordo (di davanti) 60
rinforzo *m* del cavallino 316
rinforzo *m* dell'asola 176
rinforzo *m* del polsino 322
rinforzo *m* del sopraccollo 1413
rinforzo *m* del sottocollo 835
rinforzo *m* di termofissaggio per punti 1278
rinforzo *m* flottante 491
rinforzo *m* preconfezionato 1033
rinforzo *m* termosaldabile 599

ripetizione *f* del disegno 924
ripiega *f* 15
ripiega *f* del davanti e della paramontura attaccata 534
ripiega *f* del fondo 610, 1052
ripiega *f* del fondo dell'abito 1051
ripiega *f* del fondo (di) manica 1246
ripiegatura *f* 1464
ripresa *f* del girocollo 830
ripresa *f* invisibile della giromanica 663
ripresa *f* su risvolto 720
risoletto *m* 494
risvolto *m* 716, 1045
risvolto *m* a lancia 925, 1299
risvolto *m* aperto 868, 869, 1297
risvolto *m* a punta ascendente 925, 1299
risvolto *m* a punta ascendente e collo *m* 1368
risvolto *m* dall'alto 1513
risvolto *m* dei pantaloni 935, 1439, 1453
risvolto *m* (dei) polsini 324
risvolto *m* della cucitura 1099
risvolto *m* della gonna 1226
risvolto *m* della manica 1238
risvolto *m* della tasca 1471, 1472
risvolto *m* di seta 1204
risvolto *m* e colletto *m* 717, 1046
risvolto *m* lucido 567
risvolto *m* sciallato 1162
ritaglio *m* triangolare 314, 575, 744
rocchetto *m* 124, 1039, 1276
rottura *f* del filo 434
rovescio *m* liscio 490, 969
ruche *f* (a) zigzag 1062

S

sacchetto *m* della tasca 988, 994
sagomare *v* a vita 1527
sala *f* di cucitura 1146
sarto *m* 1358
sbottonabile 1487
sbuffo *m* (di) manica 1252
scampanato 233, 246
scanalatura *f* dell'ago 840
schema *m* della cucitura 1106, 1120
sciancrare *v* 1527
sciarpa *f* 1090
scollato (sul) dietro 52
scollatura *f* 831, 832, 834
scollatura *f* a barchetta, scollatura *f* a barca 83, 123
scollatura *f* a cuore 597
scollatura *f* a ferro di cavallo 636
scollatura *f* (a forma di) magnete 786
scollatura *f* a (forma di) trapezio 1422
scollatura *f* a girocollo 298, 673
scollatura *f* angolare 1037
scollatura *f* arrontondata accollata 614
scollatura *f* a spalla nuda 1331
scollatura *f* di passaggio 1232
scollatura *f* diritta 1323
scollatura *f* festonata 1094
scollatura *f* montante 617, 1064
scollatura *f* ovale 891
scollatura *f* profonda 343, 774
scollatura *f* rettangolare 877
scorrimento *m* del filo cucirino 1384
scucire *v* 1504
scucitura *f* 1122
seconda piega *f* 1132
semifoderato 582, 914
semifoderatura *f* 519, 583
senza bretelline 1328
senza colletto 262
senza cucitura 1115
senza fodera 1506
senza maniche 1248
senza taglia 865
serafino *m* 1552
serraggio *m* della cucitura 1105
sfoderato 1506
shantung *m* di seta 1205
shirt *f* stampata all-over 14
slip *m* 151
slip *m* da donna 702, 703
slip *m* a triangolo 1602
solidità *f* alla plissettatura 461, 979
solido al lavaggio 726, 1557
sollevamento *m* 558
sopra *m* 1416
soprabito *m* (di) mezza stagione 99
soprabito *m* leggero in tessuto 746
soprabito *m* monopetto 1208
sopraccollo *m* 889, 1411
sopracucitura *f* (per fissare la) paramontura del davanti 527
sopracucitura *f* per fissare la paramontura rimessa 722
sopraggitto *m* 1149
sopragonna *f* 901
soprammanica *f* 1418, 1514
sopravveste *f* 1264, 1399
sormonto *m* della cintura 1533
sott(o)ascella *f* 395, 1488
sottocollo *m* 1493
sottogonna *f* 939
sottogonna *f* petticoat 938
sottomanica *f* 1499
sottoveste *f* corta 1187

sottoveste *f* stile fond-de-robe 514
sovrapunto *m* 105
spacco *m* 1520
spacco *m* del fondo (di) manica 1255
spacco *m* del nastro della chiusura lampo 1614
spacco *m* Dior 357
spacco *m* laterale 1202
spacco *m* longitudinale 759
spalla *f* a sprone 1605
spalla *f* imbottita pronunciata 155
spallina *f* 437, 1191
sparato *m* 351, 500, 1175, 1177
specchio *m* del risvolto 721
spezzati *mpl* 1136
spezzatura *f* del colletto 255
spezzatura *f* del tessuto 446
spezzettatura *f* 337
spoletta *f* 124, 1039, 1276
sprone *m* 1084, 1603
sprone *m* davanti 538
sprone *m* (del) dietro 63
sprone *m* della gonna 1229
stabilità *f* della forma 1159
stabilità *f* dimensionale 354
staffa *f* 506, 1326, 1443, 1451
stampa *f* posizionata 1003
stampa *f* scintillante 566
stampato all over 13
stazione *f* automatica di cucitura 42
stecca *f* per bottoni 187
stelo *m* dell'ago 845
stile *m* camicia da marinaio 1091, 1519
stile *m* cargo 200
stile *m* retro 1044
stile *m* rustico 1081
stile *m* tromba 433, 1459
stiratura *f* alla pressa 1010
stiratura *f* a secco 399, 400
stiratura *f* a umido 1572
stiratura *f* dei busti (alla pressa) 132
stiratura *f* della cucitura 1112, 1121, 1127
stola *f* 1313
stola *f* di pelliccia 545, 548
strato *m* intermedio 660
striscia *f* di filetto 967
striscia *f* per orlatura 606
striscia *f* (tagliata) di sbieco 101
su misura 328, 783
svasato 484
svolgimento *m* del filo 1380
sweatshirt *f* a cappuccio 631

T

taglia *f* 1214
taglia *f* da donna 712
taglia *f* da donna più grande del normale 709
taglia *f* da ragazza 562
taglia *f* da ragazzo 142
taglia *f* da uomo 805
taglia *f* del completo 1344
taglia *f* di confezione 1031, 1036, 1216
taglia *f* eccezionale 900
taglia *f* intermedia 585
taglia *f* media 796
taglia *f* normale 864, 1286
taglia *f* normalizzata francese 521
taglia *f* normalizzata inglese 435
taglia *f* normalizzata tedesca 559
taglia *f* per bambini 222
taglia *f* più grande del normale 900
tagliare *v* 335
tagliare *v* 458
taglio *m* 336
taglio *m* a raglan 1026
taglio *m* del bordo 406
taglio *m* delle asole 168
taglio *m* mediante stampaggio 353
taglio *m* senza pieghe 296, 1600
taglio *m* trasversale 303
tailleur *m* 287, 479, 713, 1360
tailleur *m* trepezzi 1391
tasca *f* 987
tasca *f* a due aperture 1485
tasca *f* a filetti 961
tasca *f* a filetto, tasca *f* a doppio filetto 1565
tasca *f* a mantice 92, 280
tasca *f* a patta filetto 1570
tasca *f* con aletta 1569
tasca *f* diagonale 349
tasca *f* di biglietti 1401
tasca *f* di petto esterna 888
tasca *f* di petto interna 650
tasca *f* finta 454, 814
tasca *f* intagliata 648, 1233
tasca *f* interna 451, 653
tasca *f* laterale 1199
tasca *f* multipla 824, 827
tasca *f* obliqua senza patta 1400
tasca *f* passamento 35, 1398
tasca *f* per gli spiccioli 250, 1268
tasca *f* posteriore 55, 622
tasca *f* raglan con aletta 152, 579
tasca *f* suddivisa 361
taschino *m* di petto 150, 218
taschino *m* di petto esterno 888
taschino *m* orologio 1560
tassello *m* 314, 575, 744
tavola *f* d'appoggio 463
tavola *f* da stiro aspirante e soffiante 1517

tavola *f* per approntare materassi (di tessuto) 1283
tela *f* da stiro 666
telaio *m* per infaldare 723
telo *m* 1564
telo *m* di tessuto 448
tensione *f* dei punti 1311
tensione *f* del filo cucirino 1386
tensione *f* del filo dell'ago 850
tensione *f* del filo superiore 850
tenuta *f* (da) combattimento 84
termofissaggio *m* 1375
termofissaggio *m* del davanti 530
termofissaggio *m* diretto (per fusione) 358, 1415
tesa *f* 762
tessuto *m* da fodera 753
tessuto *m* di rinforzo della cintura 1535
tessuto *m* in crine di cavallo per paramontura 635
tight *m* 332
tirante *m* 1354
tirante *m* della chiusura lampo 1613, 1619
tirante *m* di regolazione della vita addietro 7, 154
tolleranza *f* dimensionale 355
tracciatura *f* mediante punti 364
trapano *m* di tracciatura per strati di tessuto 790
trapuntare *v* 1021
trapunto *m* di ovattina e tessuto 1024
trattamento *m* a vapore 10, 1292
trattare *v* a vapore 1291
travetta *f* 68, 74
travetta *f* a cuneo 1367
travetta *f* in punto 999
travettatura *f* 73
treccia *f* 144
treccia *f* a cappio 462
treccia *f* a perle 87
treccia *f* cava 624
treccia *f* di cotone 289
treccia *f* elasticizzata 1332
treccia *f* per la bordatura 107, 419
trench *m* 1424
tromba *f* della soprammanica 1419
tromba *f* (di) manica 1243
T-shirt *f* 1372, 1460
tuta *f* contro la polvere 402

U

umettare *v* 638

V

vela *f* superiore del colletto 259
velours *m* di lana 1591
vestiario *m* 22, 238, 239, 552
vestiario *m* attillato 236, 1407
vestiario *m* comodo 203
vestiario *m* da donna 705, 715
vestiario *m* da doposci 27
vestiario *m* da lavoro 1592, 1593
vestiario *m* da ragazza 561, 563
vestiario *m* da ragazzo 141, 143
vestiario *m* double-face [a due facce] 1049
vestiario *m* esterno 885, 886, 892, 895
vestiario *m* esterno da uomo e da ragazzo 797
vestiario *m* informale 646
vestiario *m* maschile 798, 808
vestiario *m* per bambini 219, 223, 644, 645
vestiti *mpl* aderenti 235
vestiti *mpl* confezionati 1032, 1034, 1316
vestiti *mpl* da casa 627, 643
vestiti *mpl* (di) mezza stagione 100
vestiti *mpl* esterni da uomo e da ragazzo 797
vestiti *mpl* tropicali 1432
vestito *m* a due pezzi 1482
vestito *m* alla tirolese (da donna) 359
vestito *m* attillato 478
vestito *m* composto di giacca e pantaloni 1341
vestito *m* da festa 511
vestito *m* di un solo pezzo 872
vestito *m* doppiopetto 368
vestito *m* facile da infilare 1262
vestito *m* monopetto 1208
vestiti *mpl* rovesciabili 376, 1049
vestito *m* trepezzi 1392
vintage look *m* 1522
vita *f* 1526
vita *f* a costine 1055
vita *f* alta 618
volant *m* 496
volant *m* a gradini 1404

W

wash-and-wear 1556

Índice español

A

abertura *f* 1520
abertura *f* 876, 1265
abertura *f* de la manga 1255
abertura *f* de la manga de la camisa 1251
abertura *f* Dior 357
abertura *f* lateral 1202
abertura *f* longitudinal 759
abertura *f* longitudinal 757
abertura *f* paso de mano 35, 1398
abertura *f* viveada 963
ablusonado 118
abotonar *v* 1409
abotonar *v* enteramente 188
abrigo *m* con capucha 629
abrigo *m* con forro quita y pon 1617
abrigo *m* con guarnición de piel 549
abrigo *m* cruzado 366
abrigo *m* de cuero 734
abrigo *m* de invierno 1585
abrigo *m* de media estación 99
abrigo *m* de piel 546
abrigo *m* doble faz 1048
abrigo *m* ligero de tejido 746
(abrigo) loden *m* 243, 756
abrigo *m* reversible 1048
abrigo *m* suelto 769
abrigo *m* tres cuartos 1394
abrochar *v* enteramente 188
acabado *m* antimanchas 1272
acabado *m* con plancha a mano 473, 664
acabado *m* de fácil cuidado 1272
acabado *m* del escote 829
acampanado 233, 246, 484
accesorio *m* 1139, 1140
accesorio *m* de coser cinta 1059
accesorios *mpl* 2
accesorios *mpl* de vestir 3
aceite *m* para máquinas de coser 1145
acerico *m* 946, 947
acolchado 903, 1340
acolchado *m* 658, 905
acolchado *m* de lana 1589
acolchado *m* de protección 295
acordonado *m* 700
adición *f* (en anchura) 5
a doble ojete 1477
adorno *m* 1428
a dos hilos 386
aguja *f* 837
aguja *f* con rebarba 89
aguja *f* de coser 1148
ajuar *m* de bebé 46
ajustador *m* de espalda 7, 154
ajustador *m* de pernera 736
alargamiento *m* 739
alargamiento *m* de la costura 1125
a la última moda 1414
alisado *m* de cantos 413
almohadilla *f* para alfileres 946, 947
alta costura *f* 595
altura *f* cervical 209
altura *f* de los senos 76
altura *f* lateral de talle 890
americana *f* 1342
ancho 64
ancho *m* de la pernera 1579, 1580
ancho *m* de la pernera a la altura del muslo 1516
ancho *m* de la pretina 1541, 1543
ancho *m* del fondo 1128
ancho *m* del pantalón 1458
ancho *m* del puño de la manga 1256
ancho *m* de pecho 148
anchura *f* de la manga cimera 1420
anchura *f* de la puntada 1312
anchura *f* del hombro 1188
ángulo *m* crochet 301
ángulo *m* derecho 1319, 1322
aparamento *m* de la bragueta 1454
aparato *m* 40, 348
aparato *m* marcador de cantos 923
aparato *m* marcador del bajo de la falda 1223
aparato *m* para la costura 1139, 1140
aparato *m* sobrecargador 465
apariencia *f* de la costura 1101
apilar *v* 36
aplicación *f* 23
aplicación *f* de pasamanería 1370
aplicaciones *fpl* de moda 459, 460
aplicado 674
aplicado 919
aplique *m* 310, 575
aprieto *m* de la costura 1105
arista *f* 1053, 1063
arreglo *m* 17

arruga *f* 1005
arruga *f* longitudinal 300
arruga *f* transversal 299
artículos *mpl* para bebés 43
a un solo lado 875, 1211

B

baby-doll *m* 44, 45
bajo *m* 601
bajo *m* del pantalón 1434, 1444
bajo *m* recto del pantalón 1321, 1325
blazer *m* 113
blusa *f* a portafolio 1596, 1599
blusa *f* camisera 710, 711, 800, 1174
blusa *f* con cuello 120
blusa *f* con lunares 1280
blusa *f* de cartera 1596, 1599
blusa *f* de colegial 267
blusón *m* 119, 121, 775, 1581
bobina *f* 124, 1039, 1276
bobina *f* 1141
bobina *f* de la máquina de coser 1144
boca *f* del bolsillo 991, 992
boca-manga *f* 1245
body *m* 131
bolsa *f* múltiple 824, 827
bolsillo *m* 987
bolsillo *m* al bies 349
bolsillo *m* billetero 1401
bolsillo *m* ciego 454, 814
bolsillo *m* con cartera 1569
bolsillo *m* con cartera inclinado 152, 579
bolsillo *m* de boca inclinada 1400
bolsillo *m* de fondo 55
bolsillo *m* de fuelle 92, 280
bolsillo *m* (de parche) de dos bocas 1485
bolsillo *m* de pecho 150, 218
bolsillo *m* de pecho exterior 888
bolsillo *m* de pecho interior 650
bolsillo *m* de vivos 961, 1565
bolsillo *m* inclinado 349
bolsillo *m* insertado 648, 1233
bolsillo *m* interior 451, 653
bolsillo *m* lateral 1199
bolsillo *m* lateral 1570
bolsillo *m* monedero 250, 1268
bolsillo *m* múltiple 824, 827
bolsillo *m* reloj 1560
bolsillo *m* subdividido 361
bolsillo *m* trasero 55, 622
bolso *m* del bolsillo 988, 994
bordado *m* con lentejuelas 907
borde *m* 866
bordear *v* 136
borde *m* de canalé 1054, 1061
borde *m* de la cintura elástico 429
borde *m* dentado 950
borde *m* dentellado 941, 950, 1019
borde *m* doble 374, 387
borde *m* en punta 535
borde *m* hueco 625
borde *m* picó 941, 1019
borde *m* viveado 959
botón *m* 159
botón *m* de cuero 733
botón *m* del pantalón 1436
botón *m* forrado de tejido 445
braga *f* bikini 702, 703
bragas *fpl* 910
braga *f* tanga, braguita *f* en triángulo 1602
bragueta *f* del pantalón 1441, 1442
bragueta *f* del pantalón con cremallera 1615
braguita *f* 702, 703
brillo *m* de plancha 1009, 1011
brillo *m* de plancha 1167
brillo *m* de prensa 1009, 1011
broche *m* y corchete *m* 633

C

caída *f* de la manga 453
caída *f* del cuello exterior 1412
calado *m* 626
calcetín *m* de montañismo 1423
calcetín *m* largo 589
calcetín *m* para senderismo (nórdico) 863
calzoncillos *mpl* 1494
calzoncillos *mpl* 151
cambio *m* de puntada 1305
camisa *f* 1172
camisa *f* 899, 1512
camisa *f* almidonada 134, 1301
camisa *f* chemisier 1549
camisa *f* de caballero 804
camisa *f* de cama 855, 856, 858, 859
camisa *f* de lavar y poner 403
camisa *f* de puño doble vuelto 1178
camisa *f* de señora 710, 711
camisa *f* sport 1277
camiseta *f* 1372, 1460
camiseta *f* de manga corta 1468
camiseta *f* estampada 14
camiseta *f* estival 1346
camiseta *f* panadera 1552
camiseta *f* sin mangas 1249, 1250
camisón *m* 855, 856, 858, 859
caña *f* de la aguja 845

canal *m* de la aguja 840
canastilla *f* 46
canesú *m* 1084, 1603
canesú *m* de espalda 63
canesú *m* de la falda 1229
canesú *m* delantero 538
canilla *f* 124, 1039, 1276
canilla *f* 1141
canto *m* a ribetear 108, 138
canto *m* delantero 524
canto *m* del aplique 897
canto *m* redondeado 333, 1074, 1075
capa *f* 193, 729
capa *f* 1564
capucha *f* 197, 628
características *fpl* del cuidado 199
cardigán *m* 198
cartera *f* del bolsillo 989, 1472
cazadora *f* 621, 782
cenefa *f* de canalé 1054, 1061
cenefa *f* de punto 689
ceñido 1405
ceñido al cuerpo 234, 481, 1406
ceñidor *m* de manga 1253
ceñidor *m* de manga ajustable 9, 1254
cerrar *v* bolsillos 110
cervical *f* a cintura 211
cervical *f* a rodilla 210
chaleco *m* 1521, 1545, 1571
chaleco *m* tipo casulla 215, 678
chaleco *m* de punto 1366
chaleco *m* floreado 497, 498
chaleco *m* guateado, chaleco *m* acolchado 1023
chaqueta *f* 669, 1073
chaqueta *f* 670
chaqueta *f* a un botón 1343
chaqueta *f* de combate 84
chaqueta *f* de doble abotonado 367
chaqueta *f* de esquí 1217
chaqueta *f* larga 760
chaqueta *f* suelta 1574, 1576
charretera *f* 437, 1191
chaquetón *m* 760
chasuble *m* 215, 678
cierre *m* a botón 165
cierre *m* a cartera 1566
cierre *m* acordonado 697
cierre *m* de gancho 632
cierre *m* de lazo 763
cierre *m* hermético de la costura 1126
cinta *f* al biés 101
cinta *f* al biés para escote 830
cinta *f* bajopie 506, 1326, 1443, 1451
cinta *f* de corchetes hembra 442
cinta *f* de dobladillar 606
cinta *f* de fijación 482, 1327
cinta *f* de guarnición 421
cinta *f* de ojetes 442
cinta *f* de pecho 146
cinta *f* de recubrimiento de la cremallera 1612
cinta *f* de refuerzo para cinturón 94
cinta *f* de ribete 109, 421
cinta *f* detentora 1421
cinta *f* elástica 1332
cinta *f* hueca 624
cinta *f* métrica 795
cinta *f* métrica de sastre 1362
cinta *f* risolette 494
cinta *f* talonera 137, 516, 1179, 1435, 1440, 1450
cinta *f* termocolante 598
cintura *f* 1526
cintura *f* 1529
cintura *f* acanalada 1055
cintura *f* del pantalón 1456
cintura *f* elástica 428
cinturilla *f* 1528
cinturilla *f* aplicada 1540
cinturilla *f* de la falda 1536
cinturilla *f* tipo túnel 391
cinturón *m* 93, 1544
cinturón *m* para pretina de túnel 390
cinturón *m* suelto 767
circunferencia *f* de la cabeza 596
circunferencia *f* de las posaderas 620
codera *f* 430, 431
cojinete *m* de plancha 668
collarín *m* 253
collección *f* virtual de modelos 1523
combinacióln *f* corta 1187
combinación *f* con manga al hombro 514
combinación *f* „fond-de-robe“ 514
componente *m* 274
componente *m* de confección 553
componentes *mpl* enteramente terminados de confección 543
comportamiento *m* a la deformación dimensional 90
comportamiento *m* al uso 1562
conexión *f* por puntos 1279
confección *f* 788, 852
confeccionado 870, 1030
confeccionado a medida 328, 783
confección *f* a medida 784
confección *f* de ojales 180
confección *f* de pantalones 1447
confección *f* de prendas masculinas 802, 803
confección *f* de señora 706, 707
confección *f* exterior femenina 708

confección *f* infantil 221
conformación *f* por plancha 512, 1160
conjunto *m* de falda y niqui 679
conjunto *m* de vestir 436
con lentejuelas 1587
conservación *f* del pliegue 981
consumo *m* de material 281
contorno *m* 541, 1578
contrabotón *m* 51, 1289
contraforro *m* 656
contraforro *m* de la bragueta del pantalón 1417
contraforro *m* de la tapeta de la bragueta 528
copa *f* 326
copa *f* de la manga 1243
copa *f* de la manga cimera 1419
copa *f* intermedia 660
corchete *m* macho 444
cordón *m* 284
cordoncillo *m* 576
cordoncillo *m* 578
cordoncillo *m* para ojales 172
corpiño *m* 745, 1212
cortar *v* 335
cortar *v* a la moda 458
corte *m* 331, 336, 1157
corte *m* acampanado 247
corte *m* afinado 1038
corte *m* ancho 539
corte *m* a troquel 353
corte *m* bien aplomado 296, 1600
corte *m* del borde 406
corte *m* del canto 406
corte *m* delgado 1260
corte *m* de ojales 168
corte *m* estilo slipon 1263
corte *m* por marcado 334
corte *m* raglán 1026
corte *m* transversal 303
coser *v* a mano 1137
coser *v* a puntada invisible 116
cosido *m* 1138, 1142, 1308
cosido *m* a dos hilos 384
cosido *m* de nervuras 955, 1462
cosido *m* en zigzag 1608, 1610
cosido *m* ornamental 822
costura *f* 1098
costura *f* a máquina 780
costura *f* a planchar 1012, 1495
costura *f* (a puntada) combinada 270
costura *f* a puntada de ojal 179
costura *f* a puntada en cruz 308
costura *f* a puntada invisible 1429
costura *f* a puntada recta 1324
costura *f* arqueada 30
costura *f* a tope 158, 1042
costura *f* cargada 1207
costura *f* con puntada de seguridad 1087
costura *f* contorneada 133
costura *f* corta 1185
costura *f* curva 30
costura *f* de acolchado 1024
costura *f* de adorno 423, 456
costura *f* de adorno pronunciada 1334, 1335
costura *f* de aplicación 25
costura *f* de cadeneta 212, 214
costura *f* de cadeneta doble 371
costura *f* de canto 414
costura *f* de canto a dos agujas 1478
costura *f* de carga 520
costura *f* de cierre 237
costura *f* de cierre de la cintura 1531
costura *f* de cierre del fondo 56
costura *f* de codo 58
costura *f* de codo de la manga bajera 1489, 1496
costura *f* decorativa 882
costura *f* de dobladillo a dos agujas 1479
costura *f* de embebido de la manga 1240
costura *f* de entradilla 571
costura *f* de entradilla del cuello 257, 260
costura *f* de espejo 389
costura *f* de fantasía 423, 456
costura *f* de ganchillo 302
costura *f* de guata en lámina y tejido 1024
costura *f* de hilván 80, 985
costura *f* de hombro espalda 57
costura *f* de la pretina 1539
costura *f* de la pretina del pantalón 1457
costura *f* de la sisa de la manga bajera 49
costura *f* del canesú 1604
costura *f* del canto delantero 527
costura *f* del cuello inferior 53
costura *f* del dobladillo 608
costura *f* del gavilán 317
costura *f* del labio del ojal 177
costura *f* del quiebre de la vista 1113
costura *f* del refuerzo del cuello inferior 677
costura *f* de marcar 791
costura *f* dentada 951
costura *f* de orillado inferior 1498
costura *f* de pespunte 755

costura *f* de presilla 71, 1041
costura *f* de recubrir 293
costura *f* de sisa de la manga bajera 1490
costura *f* de sisa espalda 49
costura *f* de sobrehilado 893, 898, 1429
costura *f* de sobrehilar 898
costura *f* de solapa y entradilla 252
costura *f* de terminación de sisa 34
costura *f* de unión 38
costura *f* de unión de delantero y vista 526
costura *f* de unión de vista de solapa y delantero 722
costura *f* de vivos 966, 1568
costura *f* doble 381
costura *f* doble del borde delantero 385
costura *f* elástica de embebido 1333
costura *f* embebida 556
costura *f* enrollada 1070
costura *f* flatlock 486
costura *f* francesa 520
costura *f* imitada 642
costura *f* interlock 659
costura *f* lateral 1200
costura *f* longitudinal 758
costura *f* múltiple 823
costura *f* ornamental (pespunteada) 882
costura *f* overlock 893, 898, 1429
costura *f* para atrás 59, 62
costura *f* parcialmente compaginada 915
costura *f* parcialmente solapada 915
costura *f* picada 904
costura *f* plana 488
costura *f* plana a cuatro agujas 515
costura *f* plana a tres agujas 1388
costura *f* posterior de la manga 58
costura *f* posterior de vista 418, 450
costura *f* remallada 765
costura *f* sándwich 1089
costura *f* sentada 1012, 1495
costura *f* simple 970
costura *f* sin desfase 1373
costura *f* sobrecargada 464
costura *f* sobrecargada doble 378
costura *f* sobrepuesta 896, 1350
costura *f* transversal 306
costura *f* triple 1431
cran *m* 301
cran *m* abierto 868, 869, 1297
cran *m* cerrado 925, 1299
cremallera *f* 1257, 1611, 1618
cremallera *f* tapada 279
cross dressing *m* 304
cruce *m* de la pretina 1533
cruzado 365
cuadro *m* de apilar 723
cubre *m* 1501
cuchillo *m* 314, 575, 744
cuchillo *m* de entrepiernas 315, 1438
cuello *m* 251
cuello *m* abotonable 162, 346
cuello *m* a corbata 1402
cuello *m* alto 615
cuello *m* alto duro 226
cuello *m* alto y vuelto 1000, 1066, 1475
cuello *m* ancho de piel 104
cuello *m* blando 1269
cuello *m* chal 1161
cuello *m* chal de piel 104
cuello *m* cisne 1000, 1066, 1475
cuello *m* de camisa 1176
cuello *m* de capa 194
cuello *m* de encaje 692
cuello *m* de fieltro 467
cuello *m* de la solapa 719
cuello *m* de lazada 1402
cuello *m* de lazo 1355
cuello *m* del botón 184
cuello *m* de pala grande 573
cuello *m* de puntas 1583
cuello *m* de reserva 1273
cuello *m* de uso variable 1484
cuello *m* duro 1300
cuello *m* estilo cáliz 327
cuello *m* fijo 39
cuello *m* fruncido 1076
cuello *m* holgado 828
cuello *m* inferior 1493
cuello *m* levantado 615, 1287
cuello *m* marinero 1088
cuello *m* no postizo 867
cuello *m* Peter Pan 937
cuello *m* Stuart 1339
cuello *m* superior 889, 1411
cuello *m* termofijado 550, 600
cuello *m* termosellado 550, 600
cuello *m* tortuga 1475
cuello *m* van Dyck 1518
cuello *m* vuelto 1470, 1473
cuello *m* vuelto ancho 880
cuello *m* vuelto duro 1302, 1303
cuello *m* Windsor 1582
cuerpo *m* 125, 130
cuerpo *m* 128, 285
cuerpo *m* del vestido sin tirantes 1329
cursor *m* de la cremallera 1613, 1619

D

de caída recta 1318
de caída *f* recta 140
de confección 870, 1030
decorado *m* 1428
dedal *m* 1376
de doble abotonado 365

de doble faz 375
de dos filas 365
de dos piezas 1480
de escote cerrado 613, 616
de espalda desnuda 52
deformación *f* de la costura 1108
deformación *f* permanente 930
delantal *m* 28
delantal *m* con tirantes 29, 945
delantal *m* de cocina 683
delantero *m* 533
delantero *m* del cuerpo 127
delantero *m* de una prenda de vestir 507, 531
de largo hasta la rodilla 685
delgadez *f* de la aguja 839
(de) media manga 586
denominación *f* de tallas de ropa 1215
densidad *f* de puntadas 1306
dentellar *v* 949
de pocas arrugas 772
deportivo 883
desabotonable 1487
descoser *v* 1504
descosido *m* 1122
deslizamiento *m* del hilo de coser 1384
destorcedura *f* 1080
detector *m* de hilo 1379, 1385
de una sola pieza 873
de uso reversible 1050
dimensión *f* de la puntada 1310
dimensiones *fpl* principales 1014
diseño *m* 345
diseño *m* 330
dispositivo *m* de dentellar cantos 408, 409
dispositivo *m* de medir el largo de la falda 1225
dispositivo *m* de picotear cantos 408, 409
distorsión *f* del tejido 360, 447
dobladillado *m* 605, 609
dobladillar *v* 602, 604
dobladillar *v* a mano 603
dobladillo *m* 15, 601
dobladillo *m* ancho de la enagua 588
dobladillo *m* con efecto de concha 1164
dobladillo *m* de bajos del vestido 394
dobladillo *m* de cinturilla 1534
dobladillo *m* de encaje 698
dobladillo *m* de la manga 1245
dobladillo *m* de vainica 452
dobladillo *m* de vestido viveado 960
dobladillo *m* doble 377
dobladillo *m* embebido 499
dobladillo *m* enrollado 1068
dobladillo *m* invisible 114
doblado *m* 1464
doblado *m* de bordes 505
doblar *v* 1466
doblar *v* (el tejido) 728
doble forro *m* 379
doblez *m* 1052
doblez *m* del bajo 610
doblez *m* superior 1513
dos piezas *m* 347
durabilidad *f* del pliegue 981

E

elástico *m* de muslo 426
embebido *m* 558
embebido *m* mediante cinta elástica 1169
empalme *m* de trozos 920
enagua *f* 587, 938, 939, 1550
encordonado *m* de la cintura 1532
enguatado *m* 658, 905
enhebrado *m* 1382
enhebrar *v* 1378
enrollado *m* del tallo del botón 185
ensamblado *m* mediante costura 676, 1152
ensanchar *v* 1575
ensanche *m* 314, 575, 744
ensanche *m* de la costura 1116
entallado 1134, 1135
entalladura *f* del bolsillo 995
entallar *v* 1527
entradilla *f* 721
entradilla *f* del cuello 256
entredós *m* 310, 575
entretela *f* 655, 656
entretela *f* de algodón 290
entretela *f* de crin 635
entretela *f* de la tapa del cuello 1413
entretela *f* de la tapeta de ojales 171, 174
entretela *f* del cuello 261
entretela *f* del puño 322
entretela *f* de termofusión 657
entretelado *m* 655, 656
entretelado *m* flotante 491
entretelado *m* sin fijar 491
entretela *f* entera 787
entretela *f* termofijable por puntos 1278
entretela *f* termosellable 599
escalado *m* de patrones 922
escote *m* 831, 832, 834
escote *m* alto redondo 614
escote *m* angular 1037
escote *m* ascendiente 617
escote *m* barco 83, 123
escote *m* cerrado 673
escote *m* cerrado, escote *m* alto 298
escote *m* cerrado redondo 614

escote *m* de herradura 636
escote *m* de punta ascendiente 1064
escote *m* de vestir 1232
escote *m* en forma de corazón 597
escote *m* en forma de imán 786
escote *m* en forma de trapecio 1422
escote *m* festoneado 1094
escote *m* ovalado 891
escote *m* palabra de honor 1331
escote *m* profundo 597, 773, 774
escote *m* (profundo) 343
escote *m* rectangular 877
escote *m* recto 1323
espalda *f* 54
espalda *f* 47
espalda *f* del cuerpo 126
espejo *m* de la solapa 721
esquema *m* de la costura 1106, 1120
esquema *m* de puntadas 1307
estabilidad *f* de la forma 1159
estabilidad *f* dimensional 354
estación *f* de costura automática 42
estampado *m* brilliante 566
estampado *m* posicionado 1003
estampado total 13
estilo *m* abocinado 433, 1459
estilo *m* cargo 200
estilo *m* marinero 1091, 1519
estilo *m* retro 1044
estilo *m* rústico 1081
estilo *m* trompeta 433, 1459
estilo *m* Vintage 1522
estola *f* 1313
estola *f* de piel 545, 548
etiquetado *m* 691
etiquetado *m* referente al lavado 1554
etiqueta *f* tejida 1595
extender *v* en forma de libro 504
extendido *m* 729
extendido *m* de las capas 730, 1281
extensión *f* de la pretina 1533

F

fabricación *f* colgada de pantalones 1351
fabricación *f* suspendida de pantalones 1351
fabricante *m* de confección 242
fácil de planchar 811
faja *f* a la cintura 1090
fajín *m* al talle 1090
fajita *f* panty 704, 910, 1298
falda *f* 1219
falda *f* abierta y con botones 191
falda *f* acampanada 1353
falda *f* acuchillada 1266
falda *f* al canesú 286, 1606
falda *f* a portafolio 1598
falda *f* balón 1015
falda *f* con godets, falda *f* con cuchillos 485
falda *f* con pliegues 976
falda *f* con tirantes 1227
falda *f* con volantes 495
falda *f* de cartera 1598
falda *f* del traje chaqueta 288
falda *f* de paneles 570
falda *f* de tablas 570
falda *f* de tablas no planchada 1228
falda *f* de tulipán 1467
falda *f* escalonada 1403
falda *f* pantalón 325, 362, 913
falda *f* pétalo 493, 936
falda *f* plisada 984
falda *f* plisada no planchada 1228
faldón *m* 492, 927, 1357
faldón *m* 245
faldón *m* 901
faldón *m* de la falda 1222
falsa costura *f* 642, 816
faralá *m* 544
festón *m* 468, 1093
finura *f* de la aguja 839
flojo *m* de la cintura 1530
flojo *m* de la manga 6
fluir *m* del hilo 1380
fondo *m* de la falda 1220
fondo *m* (del pantalón) 1130
fondo *m* del pliegue 980
formación *f* de la solapa 1047
fornituras *fpl* de sastre 471, 1364
forrado 749
forrado *m* 752
forrado de piel 547
forrado *m* entero 540
forrar *v* 747, 748
forrar *v* con piel 750
forro *m* 751
forro *m* antideslizante 21
forro *m* caliente 1553
forro *m* completo 540
forro *m* de entrepiernas 313
forro *m* de fondo 1129
forro *m* de la tapeta de la bragueta 501
forro *m* de la tapeta de ojales 171, 174
forro *m* del botón 161
forro *m* de quita y pon 1616
forro *m* grueso 1553
forro *m* interior 652
forro *m* separable 1616
fruncido *m* 558
fruncido *m* mediante cinta 1170

G

galón *m* 135, 144, 145
galón *m* con perlas 87
galón *m* de la falda 1221

galón *m* de ribete 107, 419
galoneadura *f* 551, 1430
galón *m* hueco 624
galón *m* picó 940
ganchillo *m* para ojetes 444
gancho *m* de cierre 232
gancho *m* de enhebrar 129
gancho *m* de hacer pasar 129
gancho *m* del pantalón 1445
ganchos *mpl* y ojetes *mpl* 633
gavilán *m* 309, 508, 1438
gaya *f* 310, 314, 568, 575, 744
gaya *f* de entrepiernas 315, 1438
gaya *f* de la manga 1241, 1242
género *m* para forro 753
godet *m* 314, 568, 575, 744
gorguera *f* 1077
gorro *m* 111, 192
gorro *m* de brocado, toca *f* de brocado 153
graduación *f* 572
graduación *f* de patrones 922
guante *m* de cuero sin forro 1507
guante *m* de punto 688
guarnecer *v* con cinta 416
guarnecer *v* con cordón 523
guarnecer *v* con flecos 522
guarnecido de piel 1427
guata *f* 1524
guata *f* de lana en láminas 1588, 1590
guata *f* para acolchar 1025
guata *f* punzonada 1525
guíacantos *m* 407
guía *m* de bordes 407
guíahilo *m* 1381
guíahilo *m* a un solo agujero 1209

H

hacer *v* pasar (el hilo) 917
hebilla *f* 1354
hebilla *f* del cinturón 95
hechura *f* 331, 1157
hechurado 542
hechurar *v* 458
hechura *f* sin pliegues 296, 1600
hendidura *f* de la aguja 844
hilo *m* 1377
hilo *m* de coser 1151, 1154
hilo *m* de hilvanar 82
hilo *m* de la aguja 848
hilo *m* de la aguja 849
hilo *m* del orillo 1133
hilo *m* elástico insertado 647, 1168
hilo *m* flojo 1230
hilo *m* inferior 1500
hilván *m* 80
hilvanado *m* 79
hilvanado *m* de cantos 404
hilván *m* tapado 276
hoja *f* 448, 1564
hoja *f* de la aguja 845
hombrera *f* 902, 1190
hombro *m* al canesú 1605
hombro *m* enguatado 155
humedecer *v* 638

I

impermeable *m* 776, 1027, 1028
impermeable *m*, trinchera *f* 16, 1317
incisión *f* del bolsillo 995
inencogible 1194, 1509
inserción *f* 1142
instrucciones *fpl* de lavado 727, 1558
interrupción *f* de la costura 1111
intertelado *m* 655, 656

J

jersey *m* 672
jersey *m* de cuello alto 1001, 1067
jersey *m* de cuello medio alto 1476

L

labio *m* del vivo 410
labor *f* de aguja 853
lámina *f* de tejido 448
largo *m* 738
largo *m* anterior de talle 77, 537
largo *m* a tres cuartos 1393
largo *m* Chanel 686
largo *m* de brazo a codo 1511
largo *m* de cervical a posaderas 619
largo *m* de entrepiernas 311, 312, 509, 510, 651
largo *m* de la falda 1224
largo *m* delantero de talle 537
largo *m* de la presilla 69, 75
largo *m* de pernera 741, 742, 743
largo *m* de talle centro espalda 61
largo *m* efectivo del modelo 422
largo *m* lateral 1196
lavado a pietra 1314
lavar y poner 861, 1555, 1556
lazado *m* de la cintura 1532
lencería *f* 714
lencería *f* femenina 1492, 1503
lengüeta *f* 762, 1410
lengüeta *f* de cartera 88
lengüeta *f* para botón 181
levita *f* 332
ligeramente entallado 1134
ligueta *f* de canto 405, 1290

ligueta *f* de cantos para delanteros 525, 536
ligueta *f* de sisa 33
línea *f* cómoda 272
línea *f* confortable 272
línea *f* de la costura 1117
línea *f* del hombro 1189
línea *f* del (la) talle 1547
línea *f* del perímetro de la cintura 1537
línea *f* de ojales 175
línea *f* de quiebre de la solapa 529
línea *f* (en forma de) A 12
línea *f* (en forma de) T 1408
línea *f* (en forma de) X 1601
línea *f* pitillo 227
línea *f* suave 1270, 1271
listo para la costura 1029
llevar *v* 1561

M

manejar *v* 881
manejo *m* de una máquina 778
manga *f* 1235
manga *f* abocinada 1016
manga *f* abullonada 735, 1016, 1577
manga *f* acolchada 156
manga *f* ancha 1577
manga *f* a puño 321
manga *f* bajera 1499
manga *f* balón 1016
manga *f* balón 66, 112
manga *f* cimera 1418, 1514
manga *f* colgante 594
manga *f* con doble puño vuelto 344
manga *f* con manguito 344
manga *f* corta 1186
manga *f* de ala 1584
manga *f* de hombro prolongado 1192
manga *f* de una pieza 874
manga *f* enrollable 1071
manga *f* festoneada 1095
manga *f* insertada 649
manga *f* mariposa 85
manga *f* murciélago 85
manga *f* pegada 649
manga *f* prolongada al hombro 398
manga *f* sobrecargada 466
manga *f* tipo kimono 196, 363
manga *f* tres cuartos 1396
manga *f* tres piezas 1390
manguito *m* 1252
maniquí *m* de planchar 667
maniquí *m* para planchado a vapor 1293, 1295
máquina *f* de aprestar y planchar 554
máquina *f* de confección 241, 789
máquina *f* de coser 1143, 1309
máquina *f* de coser universal 825
máquina *f* de extender 731, 1282
máquina *f* de finizaje 554
máquina *f* para costuras circulares 230
máquina *f* para la confección de ropa exterior 887
marca *f* de la costura 1110, 1118
marcada *f* 338
marcado *m* por puntos 364
marcador *m* de patrones 923
margen *m* de costura 15
margen *m* de la costura 1099, 1100
marquesota *f* 226
martingala *f* 50, 580, 792
material *m* de costura 1147
media manga *f* 432
media solapa *f* 584
medida *f* de confección 541, 1578
medida *f* de la rodilla 687
medida *f* del cuello 258, 264, 833, 836
medida *f* del pecho 149, 217
medida *f* de señora 712
medidas *fpl* de control 283
medidas *fpl* de control del cuerpo 282
medidas *fpl* efectivas 472
medidas *fpl* longitudinales 740
medidas *fpl* mínimas 812
medidas *fpl* reales 472
medidas *fpl* secundarias del cuerpo 1131
menguado 542
merma *f* del corte 340
mesa *f* de alimentar 463
mesa *f* de extender 463
mesa *f* de extender 1283
mesa *f* de plancha aspirante y soplante 1517
metalizado 810
moda *f* andrógina 19
moda *f* combinale 268
moda *f* con la rodilla descubierta 1
moda *f* de encima de la rodilla 1
moda *f* trend fashion 1425
modelado *m* por plancha 512, 1160
modelo *m* 817
modificación *f* 17
moldeado *m* 122
mono *m* antipolvo 402
muestra *f* del patrón base 820
muestra *f* del patrón maestro 820
muestra *f* tipo 1274
muy entallado 1405

N

nervaduras *fpl* 954
nervuras *fpl* 954
neutrales *mpl* 854
no ajustado 768
número *m* de la aguja 846

O

oculto 275, 292
ojal *m* 167
ojal *m* ciego de la solapa 641
ojal *m* con cordoncillo 577
ojal *m* con ojete 443
ojal *m* de contrabotón 291
ojal *m* de imitación 401, 639
ojal *m* de sastre 443
ojal *m* de solapa imitado 641
ojal *m* de vivos 517, 958
ojal *m* hecho a mano 591
ojal *m* hecho a máquina 777
ojal *m* para el cordón 696
ojal *m* viveado 517, 958
ojete *m* 441
ojete *m* ciego 640
ojete *m* de cinturón 96, 623
ojete *m* de imitación 640
ojete-guía *m* 574
ojete *m* para el cordón 696
ojo *m* 440
ojo *m* de la aguja 838
ondulación *f* de la costura 1119
operar *v* 881
optimación *f* del extendido 339
orificio *m* de la aguja 838
orilla *f* del aplique 897
orillado *m* del cuello 254
orlar *v* 136

P

palanca *f* de parada 1315
panel *m* central 207
panel *m* central de espalda 205
panel *m* de costado 1197
panel *m* delantero (de un vestido) 532
panel *m* lateral 1198
paño *m* de planchar 666
pantalón *m* 909, 912, 1449
pantalón *m* a la pescadora 195, 926, 968, 1395
pantalón *m* a rayas 1336
pantalón *m* bombacho 65
pantalón *m* Capri 195, 926, 968, 1395
pantaloncito *m* con peto 224, 682
pantalón *m* con cinta bajopie 18, 1261, 1369, 1452
pantalón *m* con perneras sujetas por debajo de las rodillas 684
pantalón *m* con vuelta 323, 1474
pantalón *m* corto 1182, 1183
pantalón *m* de ciudad de señora 1231
pantalón *m* de pretina recta 1542
pantalón *m* de trabilla 1261, 1369
pantalón *m* de traje 1345
pantalón *m* elástico 424, 425
pantalón *m* listado 1337
pantalón *m* pitillo 228
pantalón *m* St. Tropez 1338
pantalón *m* tejano 671
pantalón *m* trasero 1433
pantalón *m* tres cuartos 1397
pantalón *m* tubo 964
pantalón *m* vaquero 671
pañuelo *m* de cuello cuadrado 1284
parka *m* militar 470
parte *f* central 208
parte *f* delantera 533
parte *f* superior 1416
pasacintas *m* 129
pasada *f* 918
pasada *f* de la enagua 588
pasador *m* del cinturón 98
pasador *m* del cinturón suelto 1258, 1259
pasador *m* muy ancho 201
pasamán *m* de algodón 289
pasamanería *f* 916
pasamano *m* 144, 421
pasamano *m* de encaje 695
pasamano *m* dentellado 462
pasamano *m* picó 462
pasar *v* el planchado final 475
paso *m* 918
paso *m* de la cinta 1058
pata *f* de manga 1253
patrón *m* 921
patrón *m* de corte 341
pechera *f* 351
pechera *f* de camisa 1175
pechera *f* (de la camisa) 1177
pegado *m* 1142
pegado *m* de botones 183
pegar *v* 953
penacho *m* 986
penetración *f* 948, 1018
penetración *f* de la aguja 842
perforación *f* 929
perforación *f* 948, 1018
perforado *m* 929
perímetro *m* 564
perímetro *m* de la cintura de caballero 1546
perímetro *m* de la talle 1548
perímetro *m* del brazo superior 1510
perímetro *m* del muslo 1515
perímetro *m* de pecho 216
pernera *f* 911, 1446
pespunte *m* 754
pespunteado 1022
pespunteado *m* ornamental 822

pespuntear *v* 1021
pespunte *m* del canto 415
pespunte *m* doble 380
pespunte *m* invisible 115
peto *m* 103
picotear *v* 949
pie *m* (de la aguja) 841
pie *m* del cuello 265
pie *m* fruncidor 557, 1079, 1171
piel *f* de cibelina 1082
pieza *f* separada 1210
piezas *fpl* hechuradas de confección 543
pieza *f* suelta 1210
pijama *m* 908, 1020
pinchar *v* 953
pinchazo *m* 948, 1018
pinza *f* 342
pinza *f* de la copa de la manga 1244
pinza *f* de la solapa 720
pinza *f* de manga 1239
pinza *f* de pecho 147
pinza *f* de pecho cis-són 231
pinza *f* lateral 1195
plancha *f* a vapor 1294
planchado *m* a prensa 1010
planchado *m* de costuras 1112, 1121, 1127
planchado *m* en seco 399, 400
planchado *m* final mediante prensa 1007
planchado *m* húmedo 1572
planificación *f* de marcada 732, 972
plastrón *m* 352, 1177
plegado *m* 1464
plegado *m* ancho 878, 879
plegado *m* de bordes 505
plegado *m* permanente 932
plegar *v* 1466
plegar *v* en forma de libro 504
pliegue *m* 502, 503, 973
pliegue *m* abierto 1288
pliegue *m* acampanado 248
pliegue *m* central de espalda 206
pliegue *m* circular 229
pliegue *m* cosido 1109, 1155
pliegue *m* de cintura 1538
pliegue *m* de comodidad 273
pliegue *m* de espalda de la camisa 1173
pliegue *m* de falda 681, 1551
pliegue *m* del tejido 446
pliegue *m* de montaje 725
pliegue *m* de vestido 681, 1551
pliegue *m* Dior 356
pliegue *m* encontrado 139, 662
pliegue *m* enrollado 1069
pliegue *m* no planchado 862, 1508
pliegue *m* permanente 931
pliegue *m* planchado permanente 934
plisado *m* 977, 978, 982, 983
plisado *m* de fuelle 4
plisado *m* permanente 933
plisado *m* sol 1347, 1349
pompón *m* 1002
ponerse *v* 1561
portabotones *m* 187
posicionado *m* de la aguja 843
posicionador *m* automático de la aguja 41
prenda *f* cruzada 368
prenda *f* de dos piezas 1482
prenda *f* de muestra 1274
prenda *f* de una sola pieza 872
prenda *f* de vestir 240
prenda *f* de vestir recta 1208
prendas *fpl* combinables 1136
prendas *fpl* de dormir 857, 860, 1234
prendas *fpl* deportivas 884
prendas *fpl* de vestir 552
prendas *fpl* de vestir en casa 627, 643
prendas *fpl* de vestir para caballero 798, 808
prendas *fpl* doble faz 376, 1049
prendas *fpl* para bebé 46
prendas *fpl* reversibles 376, 1049
prensa *f* 1004
prensa *f* de americanas 1008
prensa *f* de chaquetas 1008
prensa *f* de conformar 1158
prensado *m* 1010
prensado *m* del tronco 132
prensa *f* para pantalones 1448
prensatelas *m* de nervuras 956, 1463
presilla *f* 68, 74
presilla *f* de cuña 1367
presilla *f* de la bragueta 1267
presillado *m* 73
presillado *m* de la costura 1102, 1103, 1104, 1123
presilla *f* grande 724
presilla *f* punto 999
presión *f* 1013
pretina *f* 1529
pretina *f* aplicada 1540
pretina *f* de la falda 1536
pretina *f* del pantalón 1456
pretina *f* tipo túnel 391
pretina *f* troceada 943
primera costura *f* de vista 654
primer pliegue *m* de pretina 476
príncipe *m* de Gales 565
producción *f* de ensayo 1426
producción *f* de prueba 1426

profundidad *f* de las posaderas 619
prolongación *f* de la costura 1114
proporción *f* de la prenda 555
prueba *f* 480
puente *m* de cinturón fijado 97
puesta *f* de pasamanería 1370
puesto *m* de costura 1153
puño *m* 320, 1236
puño *m* ajustable 8
puño *m* de encaje 693
puño *m* derecho 70
puño *m* dobladillo 1237
puño *m* doble vuelto 372, 518, 1469
puño *m* elástico 427
puño *m* ornamental 455, 1078
puño *m* simple 70
puntada *f* 1304
puntada *f* adelante 513
puntada *f* a escalera 701, 1275
puntada *f* a mano 593
puntada *f* a máquina 781
puntada *f* angular 20
puntada *f* baloon 67
puntada *f* combinable 269
puntada *f* cordoné 690
puntada *f* de adorno 457
puntada *f* de aguja 847
puntada *f* de aplicación 26
puntada *f* de bordón 690
puntada *f* de cadeneta 213
puntada *f* de cadeneta doble 370
puntada *f* de cadeneta simple 1206
puntada *f* de cierre 72
puntada *f* de concha 1165
puntada *f* decorativa a mano 592
puntada *f* de costura 1150
puntada *f* de dobladillo 607
puntada *f* de espina 611
puntada *f* de festón 469, 1096
puntada *f* de fijación 1486
puntada *f* de gancho 634
puntada *f* de guarnicionero 1085
puntada *f* de hilván 81, 1356
(puntada de) hilván *m* en zigzag 1607
puntada *f* de nervuras 957, 1465
puntada *f* dentellada 942
puntada *f* de ojal 178, 1181
puntada *f* de picado 906
puntada *f* de realce del ojal 178
puntada *f* de recubrimiento 294
puntada *f* de recubrir de tres agujas 1387
puntada *f* de relieve del ojal 178
puntada *f* de remate 72, 1486
puntada *f* de seguridad 1086
puntada *f* de seguridad imitada 815
puntada *f* de trenza 477
puntada *f* de unión 305
puntada *f* diagonal 350
puntada *f* doble 383
puntada *f* en cruz 307
puntada *f* en diagonal doble 373
puntada *f* en vacío 11
puntada *f* espina de pez 611
puntada *f* espina (de pez) 477
puntada *f* fagot 78
puntada *f* fallada 813, 1218
puntada *f* flatlock 487
puntada *f* floja 771
puntada *f* flotante 1285
puntada *f* grande de guarnicionero 560
puntada *f* gruesa 1072
puntada *f* invisible 117
puntada *f* invisible a un solo hilo 1213
puntada *f* Merrow 809
puntada *f* musgo 819
puntada *f* para hacer el tallo del botón 186, 1296
puntada *f* picó 942
puntada *f* plana 489, 971
puntada *f* recta 1320
puntada *f* remallada 766
puntada *f* romboidal 1060
puntada *f* saltada 813, 1218
puntada *f* suelta 771
puntada *f* transversal 105
puntada *f* triangular 37
puntada *f* vacilante 1285
puntada *f* zigzag 1609
puntada *f* zigzag doble 388
puntada *f* zigzag múltiple 826
punta *f* del gavilán 318
punta *f* pronunciada 998
puntilla *f* aplicada 24, 821
puntilla *f* de guarnición aplicada 420
punto *m* ruso 477, 611
punzón *m* de taladrar para tejidos 790

Q

que no encoge 1194, 1509
quiebre *m* de la solapa 718
quiebre *m* del cuello 255
quiebre *m* del delantero 534
quiebre *m* del tejido 446

R

ranura *f* de la aguja 840
ranura *f* para el labio de la cremallera 1614

raya *f* 297, 1006
raya *f* del pantalón 1437
raya *f* planchada permanente 934
rayas *fpl* sombreadas 1156
rebaba *f* 1053, 1063
recorrido *m* del hilo 1383
recorte *m* 1038
refuerzo *m* 1040
refuerzo *m* de entrepiernas 316
refuerzo *m* de la pretina 1535
refuerzo *m* de la tapa del cuello 1413
refuerzo *m* del canto 60
refuerzo *m* del canto 412
refuerzo *m* del codo 430, 431
refuerzo *m* del cuello inferior 835
refuerzo *m* del fondo del pantalón 382
refuerzo *m* del ojal 176
refuerzo *m* del tallo del botón 185
refuerzo *m* de sisa 32
refuerzo *m* de sisa invisible 663
refuerzo *m* de termofijación por puntos 1278
refuerzo *m* preconfeccionado 1033
regulación *f* de la tensión del hilo de la aguja 851
remachar *v* 1065
remallado *m* 764
rematado *m* 73
remate *m* de la costura 1102, 1103, 1104, 1123
remetido *m* del dobladillo de la manga 1246
remetido *m* superior 1513
repaso *m* 474
repetición *f* del dibujo 924
resistencia *f* al uso 1563
resistencia *f* de la costura 1124
resistente al lavado en lavadora 1043
resistente al (lavado en) lavadora 1559
retoque *m* 474
revés *m* de la costura 1497
revés *m* liso 490, 969
revuelta *f* de puños 324
ribeteado *m* 106, 417
ribete *m* con cinta 1056
ribete *m* de cantos 417
ribete *m* de la costura de costado 1201
ribete *m* del cuello 254
ropa *f* 22, 238, 239, 552
ropa *f* ajustada 478
ropa *f* après-ski 27
ropa *f* ceñida 235, 236, 1407
ropa *f* cómoda 203
ropa *f* confeccionada 1034, 1316
ropa *f* confeccionada [de confección] 1032
ropa *f* de ceremonia 511
ropa *f* de confección 1035, 1316
ropa *f* de invierno 1586
ropa *f* de media estación 100
ropa *f* de niña 561, 563
ropa *f* de niños 219, 223
ropa *f* de piel de imitación 1594
ropa *f* de playa 86
ropa *f* de tejido de pelo alto 1594
ropa *f* de trabajo 1592, 1593
ropa *f* de vestir de noche 438, 439
ropa *f* entallada 236, 478, 1407
ropa *f* exterior 885, 886, 892, 895
ropa *f* exterior de señora 708
ropa *f* exterior masculina 797, 801
ropa *f* exterior para caballeros y chicos 797
ropa *f* exterior para niños 220
ropa *f* fácil de poner 1262
ropa *f* infantil 219, 223
ropa *f* informal 646
ropa *f* interior 661, 1491, 1502
ropa *f* interior de sanidad 1374
ropa *f* interior femenina 1492, 1503
ropa *f* interior masculina 799, 806, 807
ropa *f* íntima 661, 1491, 1502
ropa *f* íntima de señora 714
ropa *f* juvenil 680, 1371
ropa *f* masculina 798, 808
ropa *f* para chicos 141, 143
ropa *f* para niños 644, 645
ropa *f* para señora 705, 715
ropa *f* reversible 1049
ropa *f* tropical 1432
ropa *f* unisex 1505
rotura *f* del hilo 434

S

saco *m* del bolsillo 988, 994
sala *f* de costura 1146
sastre *m* 1358
segundo pliegue *m* de la cintura 1132
semiforrado 582, 914
semiforro *m* 519, 583
semimarcada *f* 581
sentido *m* de la costura 1107
shantung *m* de seda 1205
shorts *mpl* 1182, 1183
sin costura 1115
sin cuello 262
sin forro 1506
sin manga 1248
sin planchar 861, 1555
sin talla 865
sin tirantes 1328
sisa *f* 31, 1097
sisa *f* espalda 48

slip *m* 151
sobaquera *f* 395, 1488
sobrante *m* de la cintura 1530
sobrantes *mpl* de cinta 1057
sobrehilado *m* 894, 1149
sobreorillar *v* 1573
sobrepuesto 919
solapa *f* 716, 1045
solapa *f* brillante 567
solapa *f* chal 1162
solapa *f* de punta ascendiente 925, 1299
solapa *f* de punta ascendiente y cuello *m* 1368
solapa *f* de punta descendiente 868, 869, 1297
solapa *f* de seda 1203, 1204
solapa *f* de seda muy brillante 612
solapa *f* y cuello *m* 717, 1046
solidez *f* al plisado 461, 979
sólido al lavado 726, 1557
sudadera *f* con capucha 629
suelto 64, 768
suéter *m* Débardeur (con tirantes) 1017, 1366
sujetador *m* sin tirantes 1330

T

tabla *f* 569
tabla *f* de planchar 665
tabla *f* de planchar mangas 1247
talla *f* 1214
talla *f* de caballero 805
talla *f* de chico 142
talla *f* de confección 1031, 1036, 1216
talla *f* de niña 562
talla *f* de señora 712
talla *f* de traje 1344
talla *f* extra grande 900
talla *f* extra grande de señora 709
talla *f* infantil 222
talla *f* grande 761
talla *f* mediana 796
talla *f* normal 864, 1286
tallas *fpl* intermedias 585
talla *f* standard alemana 559
talla *f* standard francesa 521
talla *f* standard inglesa 435
talle *m* 1526
talle *m* alto 618
tallo *m* del botón 184
tapa *f* del cuello 259, 889, 1411
tapado 275, 292
tapeta *f* 483
tapeta *f* de botones 160, 164, 166, 182
tapeta *f* de botones festoneada 1092
tapeta *f* de botones tapada 277, 278
tapeta *f* de la bragueta del pantalón 500
tapeta *f* del bolsillo 996
tapeta *f* de ojales 190
tapeta *f* de ojales 163, 169, 170, 173
tapeta *f* superior de la bragueta del pantalón 1455
tensión *f* de las puntadas 1311
tensión *f* del hilo de coser 1386
tensión *f* del hilo de la aguja 850
tensión *f* del hilo superior 850
terciopelo *m* de lana 1591
termofijado *m* 1375
termofijado *m* del delantero 530
termofijado *m* directo 358, 1415
termosellado *m* directo 358, 1415
tijera *f* de sastre 1363
tijera *f* para dentellar 952
tira *f* de refuerzo de cantos 405, 1290
tira *f* de vivos 967
tirante *m* 1193
tirante *m* espagueti 1180
tolerancia *f* dimensional 355
toma *f* de medidas 794
tomar *v* medida 1365
torzal *m* para máquinas de coser 779
trabilla *f* de espalda 50, 580, 792
traje *m* 1341
traje *m* a medida 329, 785, 1361
traje *m* chaqueta 287, 479, 713, 1360
traje *m* combinado 271
traje *m* cruzado 367, 369
traje *m* dos piezas 271
traje *m* sastre 287, 479, 713, 1360
traje *m* sastre combinado de señora 1391
traje *m* tres piezas 1392
tratamiento *m* con vapor 10, 1292
tratar *v* con vapor 1291
trazado *m* 330
trazado *m* del cuello 263, 266
trencilla *f* 144
tres piezas *m* 1389
trinchera *f* 776, 1027, 1028, 1424
troceado *m* 337
tronco *m* 125, 130

U

unilateral 875, 1211
unión *f* de trozos 920
unir *v* trozos 944
vainica *f* 626

V

vaporizar *v* 1291
vaqueros *mpl* acampanados 91
vástago *m* de la aguja 845
vestido *m* 392

vestido *m* abierto y con botones 189
vestido *m* abrigo 244
vestido *m* a medida 1359
vestido *m* a portafolio 1597
vestido *m* bustier 157
vestido *m* casero 637
vestido *m* con capucha 319, 630
vestido *m* con faldón 928
vestido *m* cruzado 1597
vestido *m* de cóctel, vestido *m* de cocktail 249
vestido *m* de dos piezas 393, 1481, 1483
vestido *m* de encaje 694
vestido *m* entallado 204
vestido *m* de hombros desnudos 871
vestido *m* de tirantes 397, 1166
vestido *m* estilo sotana corta 319
vestido *m* estuche 1163
vestido *m* modelo 818
vestido *m* pantalón 1184
vestido *m* playero 396, 590, 1348
vestido *m* premamá 793
vestido *m* saco 770, 1083
vestido *m* suelto 1264, 1399
vestido *m* suéter 1352
vestido *m* tirolés 359
vestido *m* top 396, 590, 1348
vestido *m* tubo 962, 1461
vestido *m* y chaqueta *f* 393, 1481, 1483
vestimenta *f* 22, 238, 239
vestimenta *f* de dos filas de botones 368
vestuario *m* 552
vestuario *m* 22, 238, 239
vestuario *m* cómodo 203
vestuario *m* laboral 1592, 1593
vestuario *m* para señora 705, 715
vestuario *m* para tiempo libre 202, 737
vigilahilos *m* 1379, 1385
vintage look *m* 1522
vista *f* 449
vista *f* aplicada 675
vista *f* cortada al biés 102
viveado *m* 965, 1567
vivo *m* 965
vivo *m* de chintz 225
vivo *m* del bolsillo 990, 993, 997
vivo *m* de puntilla 699
vivo *m* para cantos 411
volante *m* 496, 544
volante *m* en zigzag 1062
volante *m* escalonado 1404
volante *m* plegado 974, 975
vuelta *f* 1052
vuelta *f* de la falda 1226
vuelta *f* de la pernera del pantalón 935, 1439, 1453
vuelta *f* del bolsillo 1471
vuelta *f* de manga 1238
vuelta *f* en los bajos de una prenda 1051

Nützliche Adressen deutscher Fachverbände

Arbeitgeberverband der Textilindustrie in Aachen und Umgebung
Theaterstraße 35-39
D-52017 Aachen
Tel.: +241/47433-13
Fax: +241/47433-44
E-Mail: norbert.wilkens@vuv-aachen.de

Arbeitgeberverband der Textilindustrie von Düren, Jülich, Euskrichen und Umgebung
Tivolistraße 76
D-52321 Düren
Tel.: +2421/4042-18
Fax: +2421/4042-25
E-Mail: h.sowka@vivdueren.de

Bundesinnungsverband für das Modistenhandwerk
Klosterstr. 73–75
D-40211 Düsseldorf
Postfach 10 33 53
D-40024 Düsseldorf
Tel.: +211/36 70 732
Fax: +211/3670733
E-Mail: lutz.denken@kh-duesseldorf.de
http://www.kh-duesseldorf.de

Bundesinnungsverband für das Stricker-, Sticker- und Weberhandwerk
Graflinger Straße 105
94469 Deggendorf
Tel.: +991/25 06-280
Fax: +991/25 06-282

German Fashion Modeverband Deutschland e.V.
An Lyskirchen 14
50676 Köln
Tel.: +221/7744 0
Fax: +221/7744 137
E-Mail: info@GermanFashion.net
http://www.germanfashion.net

Bundesverband des Deutschen Lederwareneinzelhandels e.V.
An Lyskirchen 14
D-50676 Köln
Postfach 29 02 63
D-50524 Köln
Tel.: +221/92 15 09-0
Fax: +221/92 15 09-10
E-Mail: Info@ledewareneinzel-handel.de
http://www.lederwareneinzel-handel.de

Bundesverband des Deutschen Schuheinzelhandels e.V.
Salierring 44
D-50677 Köln
Tel.: +221/2409107
Fax: +221/2408670
bdsw@bdse.org
http://www.bdse.org/

Bundesverband des Deutschen Schuhmacherhandwerks e.V.
Grantham-Allee 2–8
D-53757 St. Augustin
Tel.: +2241/990-188
Fax: +2241/990-100
E-Mail: info@schuhmacherhand-werk.de
http://www.schuhmacherhand-werk.de

Bundesverband des Deutschen Seiler-, Segel- und Netzmacherhandwerks e.V.
Daglfinger Straße 67/69
D-81929 München
Tel.: +89/939445-14
Fax: +89/939445-45
E-Mail: info@bv-seiler.de
http://www.bv-seiler.de

Bundesverband des Deutschen Textileinzelhandels e.V., BTE
An Lyskirchen 14
D-50676 Köln
Tel.: +221/921509-0
Fax: +221/921509-10
E-Mail: info@bte.de
http://www.bte.de

Bundesverband des Deutschen Versandhandels. e.V.
Johann-Klotz-Str. 12
D-60528 Frankfurt am Main
Tel.: +69/678656-0
Fax: +69/678656-29
E-Mail: info@versandhandel.org
http://www.versandhandel.org/

Bundesverband Konfektion Technischer Textilien e.V.
Parkstraße 60
D-41061 Mönchengladbach
Tel.: +21 61 / 29 41 81-0
Fax: +21 61 / 29 41 81-1
http://www.bktex.com/

Bundesverband Lederwaren und Kunstofferzeugnisse e.V., BVLK
Waldstr. 44
D-63065 Offenbach
Postfach 10 20 55
D-63020 Offenbach
Tel.: +69/887250
Fax: +69/812810
http://www.leathergoods.org/

Deutscher Naturfaserverband e.V.
Ebersbacher Straße 1
08396 Waldenburg
Tel.: +700/50100100
Fax: +700/50100200
E-Mail: info@naturfaserverbund.de
http://www.naturfaserverband.de

Deutscher Pelz- Groß- und Außenhandelsverband e.V.
Niddastr. 66–68
D-60329 Frankfurt am Main
Tel.: +69/24 26 35-0
Fax: +69/24 26 35-21
E-Mail: bs@fur-fashion-frankfurt.de
http://www.deutscherpelzverband.de

Deutsches Mode-Institut e.V. Krefeld
c/o Wirtschaftsförderungsgesellschaft Krefeld mbH
Untergath 43
47805 Krefeld
Tel.: 02151 – 82074-0
E-Mail:info@mode.institut.de
http//www.mode-institut.de

Handelsverband Berlin-Brandenburg e.V.
Haus des Handels
Mehringdamm 48
10961 Berlin
Tel.: (030) 881 77 38
Fax: (030) 881 18 65
E-Mail: info@hbb-ev.de
http://www.hbb-ev.de

Einzelhandelsverband Baden-Württemberg e.V.
Fachgemeinschaft Textil
Neue Weinsteige 44
D-70180 Stuttgart
Tel.: +711/64864-0
Fax: +711/64864-34
E-Mail: info@ehv-wuerttemberg.de
http://www.ehv-wuerttemberg.de

Einzelhandelsverband Nord-Ost e.V.
Hopfenstraße 65
D-24103 Kiel
Tel.: +431/97407-0
Fax: +431/97407-24
E-Mail: info@ehv-nord-ost.de
http://www.ehv-nord-ost.de

Einzelhandelsverband Nordrhein
Fachgemeinschaft Textil
Kaiserstraße 42a
D-40479 Düsseldorf
Tel.: +211/49806-0
Fax: +211/49806-36/-20
E-Mail: info@einzelhandelnrw.de
http://www.einzelhandelnrw.de

Einzelhandelsverband Nordsee
Bremen e.V.
Hinter dem Schütting 8
28195 Bremen
Fachgruppe Textil
Am Wall 146
D-28195 Bremen
Tel.: +421/326034
Fax: +421/328790
E-Mail:
ehvnordseebremen@t-online.de
http://www.einzelhandelsverband-bremen.de

Einzelhandelsverband Südbaden e.V.
Eisenbahnstraße 68–70
D-79098 Freiburg
Postfach 473
D-79004 Freiburg
Tel.: +761/36876-0
Fax: +761/36876-55
E-Mail: ehv-freiburg@einzelhandel.de
http://www.einzelhandel-suedbaden.de

Europäische Vereinigung der Spitzenverbände des Textileinzelhandels,
AEDT
Avenue des Nerviens 9–31
B-1040 Brüssel
Tel.: +32.2.230.52.96
Fax: +32.2.230.25.69
E-Mail: info@aedt.org
http://www.aedt.org/

European Fashion Group/BTE
An Lyskirchen 14
D-50676 Köln
Tel.: +221/92150921
Fax: +221/92150910
E-Mail: efg@bte.de
http://www.bte.de/efg/index.htm

Fachverband Berufs-, Sport-
und Freizeitbekleidung e.V.
An Lyskirchen 14
50676 Köln
Tel.: +221/7744133
Fax: +221/7744137
E-Mail: bespo@germanfashion.net

Gesamtverband der deutschen
Maschen-Industrie e.V.
Olgastraße 77
D-70182 Stuttgart
Tel.: +711/210310
Fax: +711/232807
E-Mail: gesamtmasche@t-online.de
http://www.gesamtmasche.de

Gesamtverband der Textilveredelungsindustrie in Deutschland e.V.
Karlstrasse 21
60329 Frankfurt
Tel.: 069 - 2556-1257
Fax: 069 - 2556-1260
E-Mail: info@tvi-verband.de
http://www.tvi-verband.de

Gesamtverband Leinen e. V.
Ritterstraße 19
33602 Bielefeld
Tel.: +521/171330
Fax: +521/137741
E-Mail: info@gesamtverband-leinen.de
http://www.gesamtverband-leinen.de

Handelsverband Sachsen e.V.
Fachgemeinschaft Textil
Täubchenweg 8
D-04317 Leipzig
Tel.: +341/6881879
Fax: +341/6891072
E-Mail: hvs-leipzig@handel-sachsen.de
http://www.handel-sachsen.de

Hauptverband der deutschen Schuhindustrie e.V.
Waldstrasse 44
D-63065 Offenbach/Main
Tel.: +69/8297410
Fax: +69/812810
E-Mail: info@hds-schuh.d
http://www.hds-schuh.de

Industrie Verband Garne und Gewebe e.V.
Frankfurter Str. 10–14
D-65760 Eschborn
Fachbereich Garne:
Tel.: +6196/47 23-0
Fax: +6196/47 23-40
Fachbereich Gewebe:
Tel.: +6196/47 23-5
Fax: +6196/47 23-70
http://www.textiles.de/IVGG

Industrievereiningung Chemiefasern e.V.
Karlstraße 21–23
D-60329 Frankfurt am Main
Tel.: +69/279971-30
Fax: +69/279971-37
E-Mail: ivc@ivc-ev.de
http://www.ivc-ev.de

Interessenverbund ModeCentren e.V.
Modering 3
D-22457 Hamburg
Tel.: +40/ 5 50 59 56
Fax: +40/5 50 44 35
E-Mail: info@modecentren-imc.de
http://www.modecentren-imc.de

Landesverband des Bayerischen Textileinzelhandels e.V.
Fachgemeinschaft Textil
Brienner Straße 45
80333 München
Tel.: +89/55118-0
Fax: +89/55118-163
E-Mail: info@lbe.de
http://www.lbe.de/index2.php4

Landesverband des Hessischen Einzelhandels e. V.
Berliner Staße 72
D-60311 Frankfurt/Main
Tel.: +69/1330910
Fax: +69/13309199
E-Mail: info@einzelhandel-hessen.de

Landesverband Einzelhandel Rheinland-Pfalz e.V.
Fachgemeinschaft Textil
Ludwigstraße 7
D-55116 Mainz
Tel.: +6131/232631
Fax: +6131/238315
E-Mail: buero-mz@handels-verbaende-rlp.de
http://www.handelsverbaende-rlp.de/EHV/Mainz/mainz.html

Sachsen-Leinen GmbH (ehem. e.V.)
Ebersbacher Straße 1
08396 Waldenburg
Tel.: +3763/527 92
Fax: +3763/527 91
http://www.sachsenleinen.de

Unternehmerverband Einzelhandel Niedersachsen e.V.
Landesfachgemeinschaft Textil
Hinüberstr. 16
30175 Hannover
Tel.: 0511/3370826
Fax: 0511/3370831
E-Mail: info@einzelhandel-niedersachsen.de
http://www.einzelhandel-niedersachsen.de

Verband der Baden-Württembergischen Textilindustrie
Kernerstraße 59
D-70182 Stuttgart
Postfach 10 50 22
D-70044 Stuttgart
Tel.: +7 11/21050-0
Fax: +7 11/233718
E-Mail: info@suedwesttextil.de
http://www.textilverband.de

Verband der Bayerischen Textil- und Bekleidungsindustrie, VTB
Gewürzmühlstraße 5
D-80538 München
Postfach 22 15 21
D-80505 München
Tel.: +89/21 21 49-0
Fax: +89/29 15 36 und 29 14 60
E-Mail: vtb-muenchen@vtb-bayern.de
http://www.vtb-bayern.de

Verband der Berliner Bekleidungsindustrie
Berlin-Brandenburg e.V.
Wichmannstr. 20
10787 Berlin
Tel.: +30/2621009
Fax: +30/2621000

Verband der Damenoberbekleidungsindustrie e.V.
An Lyskirchen 14
50676 Köln
Tel.: +221/77441-30
Fax: +221/77441-37
E-Mail:info@germanfashion.net
http://www.germanfashion.net

Verband der Deutschen Heimtextilien-Industrie
Hans-Böckler-Straße 205
D-42109 Wuppertal
Tel.: +202/7597-0
Fax: +202/7597-97
E-Mail: info@heimtex.de
http://www.heimtex.de

Verband der Deutschen Lederindustrie e.V.
Fuchstanzstr. 61
D-60489 Frankfurt am Main
Tel.: +69/97843141
Fax: +69/78800009
E-Mail: Info@vdl-web.de
http://www.vdl-web.de

Verband der Hemden- und Wäscheindustrie
An Lyskirchen 14
50676 Köln
Tel.: +221/77441-30
Fax: +221/77441-37
E-Mail:info@germanfashion.net
http://www.germanfashion.net

Verband der Kaufleute
Sachsen-Anhalt e.V.
Fachgemeinschaft Textil
Liebigstr. 5
D-39104 Magdeburg
Tel.: +391/5619631
Fax: +391/5430266
http://www.bzeonline.de/Vdk

Verband der Nord-Ostdeutschen
Textilindustrie
Annaberger Straße 240
D-09125 Chemnitz
Tel.: +371/5347-0
Fax: +371/5347-245
E-Mail: vti@vti-online.de
http://www.vti-online.de

Verband der Nord-Westdeutschen
Textilindustrie
Molkestraße 19
D-48151 Münster
Tel.: +251/53000-0
Fax: +251/53000-35
E-Mail: info@textil-bekleidung.de
http://www.textil-nord-west.de

Verband der Rheinschen
Textilindustrie
Wettinerstraße 11
D-42287 Wuppertal
Tel.: +202/25 80-0
Fax: +202/25 80-258
E-Mail: info@agv-wuppertal.de
http://www.agv-wuppertal.de

Verband der Saarländischen
Textileinzelhandels e.V.
Feldmannstraße 26
D-66119 Saarbrücken
Tel.: +681/92717-0
Fax: +681/92717-10
E-Mail: mail@einzelhandel-saarland.de
http://www.einzelhandel-saarland.de

Verband der Textil- und Bekleidungsindustrie Hessen, Rheinland-Pfalz
und Saarland e.V.
Friedrich-Ebert-Straße 11/13
D-67433 Neustadt
Tel.: +6321/852230
Fax: +6321/852221
E-Mail: info@verband-textil-bekleidung.de
http://www.verband-textil-bekleidung.de

Verband des Norddeutschen
Textileinzelhandels e.V., VNT
Bei dem Neuen Krahn 2
D-20457 Hamburg
Tel.: +40/3698120
Fax: +40/36981222
E-Mail: info@fhe.de
http://www.fhe.de

Verband Deutscher Mode- und
Textil-Designer e.V., VDMD
Semmelstrasse 42
D-97070 Würzburg
Tel.: +931/4654290
Fax: +931/4654291
E-Mail: vdmd@fashiondesign.de
http://www.modedesign.de

Verband Thüringer Kaufleute e.V.
Fachgemeinschaft Textil
Lessingstraße 7
D-07545 Gera
Tel.: +365/8323469
Fax: +365/8323316
E-Mail: ehv-gera@einzelhandel.de

Verein Deutscher Maschinen- und
Anlagenbauer
Fachbereich Textilmaschinen
Lyoner Straße 18
D-60528 Frankfurt am Main
Tel.: +69/6603-1525
Fax: +69/6603-2525
E-Mail: isabel.sabir@vdma.org
http://www.vdma.de

Vereinigung der Textilindustrie von Berlin e.V.
Wichmannstr. 20
10787 Berlin
Tel.: +30/26210092
Fax: +30/2621000

Handelsverband
Berlin-Brandenburg e.V.
Haus des Handels
Mehringdamm 48
10961 Berlin
Tel.: +30/881 77 38
Fax: +30/881 18 65
E-Mail: info@hbb-ev.de
http://www.hbb-ev.de

Vereinigung des Wollhandels e.V.
Frankfurter Straße 10–14
D-65760 Eschborn
Tel.: +6196/47230
Fax: +6196/472340

Zentralstelle für Berufsbildung im Einzelhandel e.V.
Mehringdamm 48
D-10961 Berlin
Tel.: +30/780977-3
Fax: +30/780977-50
E-Mail: info@zbb.de
http://web.zbb.de

Zentralverband des Kürschnerhandwerks
Burgstraße 39
D-67659 Kaiserslautern
Tel.: +631/371 22-0 oder -20
Fax: +631/371 22-50
E-Mail: info@kuerschner-verband.de
http://www.kuerschner-verband.de